Sebastian Haffner

Das Leben der Fußgänger

Feuilletons 1933–1938

Herausgegeben von
Jürgen Peter Schmied

Carl Hanser Verlag

1 2 3 4 5 08 07 06 05 04

ISBN 3-446-20490-3

Satz: Satz für Satz. Barbara Reischmann, Leutkirch
Druck und Bindung: Friedrich Pustet, Regensburg
Printed in Germany

Inhalt

Im Laufe des Jahres

Aller Anfang ist leicht!! 10
Kalender 16
Monate 21
Kindliches Fest 27
Berlin 30
Ich und der Weihnachtsmann 36

Wunder des Alltags

Die Ansichtspostkarte 52
Robben im »Ruhestand« 59
Vom Wetter 61
Fantasie über Getränke 66
Die Zigarette 71
Vom Geheimbund der Erfolgreichen 75

Die Tücken der Technik

Ketzerische Autochronik 80
Das Leben der Fußgänger 88
Neue Haustiere 92
Der Dämon in der Hörmuschel 98

Die lieben Mitmenschen

Heute 11–12 Uhr: Ehekrach! 104
Wo hast du dir das wieder geholt? 109
Der Mitreisende 115
Die Fensteröffner und die Fensterschließer 120
Vor den Garderobenschranken … 125

Marotten und Laster

Männliche Eitelkeit 130
Vom Laster des Rauchens 135
Rumliegenlassen 139
Die Pünktlichen 142
Die Langschläfer 147
Ermunterung zum Müßiggang 152

Ratschläge und Lebensweisheiten

Gute Ratschläge für Briefschreiber 160
Vorsicht, nicht zu neckisch! 166
Die Kunst, sich beschenken zu lassen 169
Über den Umgang mit Geld 174
Opfer des Kostüms 180
Deine Maske verrät dich! 184
Lob der List 187
Pferde-Moral 191
Wer führt, verliert …? 197

Stil, Mode, Lebensart

Kleines Credo 202
Die Hose 206
Alle Moden erzählen Kulturgeschichte 208

Pariser Modehäuser machen Puppenkleider 210
Über die Kunst, Frauen zu fotografieren 212
Herzensbrecher Rauhbein 214

Kurioses und Skurriles

Wer hätte nicht schon gelegentlich ... 218
Wochenend 220
Jene historische Linie ... 225
Innenseite. Englische Miniaturen 227
Kinder-Ehen 238
Hier wird schnell geheiratet! 243

Juristische Grenzfälle

Auch *Sie* können morgen Richter sein! 250
Dürfen Beamte essen? 256
Paragraph und Leben im Ehescheidungsrecht 260
Stärker als Paragraphen! 268
Was ist eine »hinkende Ehe«? 270

Unterwegs

Rheinsberg, Elegie des Ruhms 274
Marienburg – Verschüttete Geschichte 282
Zwei Völker essen 292
Bessarabien an der Seine 298
Pawel Pawlitsch speist 303
Die Lampen von Paris 308
Die Geschichte vom Hammel Tonton 313
Der Salon Europas 320
Der Angler an der Seine 323
Erziehung durch Uniform 325
In Oxford und Cambridge 329

Großmächte des Sports 334
... auf dem Rücken der Pferde 338

Es war einmal...

Kintoppromantik 346
Wiedersehen mit Fräulein Else 349
Nachruf auf das Klavier 356
Schumannalbum 363
Die Sage von der Nachwelt 367

Anhang

Nachwort 374
Nachweise und Erläuterungen 384
Editorische Notiz 397

Im Laufe des Jahres

Aller Anfang ist leicht!!

Eine Neujahrsbetrachtung

Vor Jahren kannte ich einen älteren Herrn – einen sehr sympathischen Mann, der die Angewohnheit hatte, jedes größere Stück Arbeit, das er vorhatte, damit zu beginnen, daß er einen Kognak trank. Er pflegte dazu, halb entschuldigend, halb erklärend, »Aller Anfang ist schwer« zu murmeln. Dann pustete er ein wenig, als hätte er das Schwerste nun immerhin hinter sich, und dann begann er.

Wie ich gehört habe, ist die Praxis dieses Mannes – er war Rechtsanwalt – späterhin erheblich zurückgegangen, während sein Kognakkonsum übermenschliche Ausmaße angenommen hat. Er konnte sich von den Schwierigkeiten des Anfangs überhaupt nicht mehr trennen, er verliebte sich in den heilig feststehenden schweren Anfang seiner Arbeiten so sehr, daß er von der leichten Fortsetzung jeweils großzügig absah und gleich dazu überging, die nächste Arbeit anzufangen, wieder mit einem Kognak und wieder mit der Bemerkung, daß aller Anfang schwer sei. ... Der Arme! Ich sehe ihn vor mir, an seinem Schreibtisch sitzend wie Barbarossa an seinem Tisch von Marmelstein im Kyffhäuser, und pausenlos Kognak trinkend. Ich weiß nicht, was aus ihm geworden ist.

Man glaube bitte nicht, daß ich mir vorgenommen hätte, am Beispiel dieses meines alten Bekannten die verheerenden Wirkungen des Alkohols zu demonstrieren. Erstens ist Kognak ein wundervolles Getränk, das übrigens, in vernünftigen Mengen genossen, keineswegs schädlich, sondern im Gegenteil anregend und von Ärzten empfohlen ist, und zweitens ist der Kognak in meiner Geschichte nur ein zufälliges Beispiel. Nicht der Kognak ist das Gefährliche und Berauschende, sondern der Anfang. Jeder, der etwas anfängt, eine große Arbeit, ein großes Abenteuer oder gar – das Gefährlichste – ein neues Leben, trinkt damit zunächst einmal einen Kognak. Er hat etwas vor, er hat etwas angefangen, er berauscht sich, er fühlt seine Kräfte wachsen, und er pustet ein wenig in dem trügerischen Wohlgefühl, das Schwerste schon hinter sich zu haben. Und dann kommt der erste Kater, und es ist nichts als eben nur ein Anfang gemacht. Aller Anfang ist leicht.

Jetzt, da wir gerade wieder ein neues Jahr anfangen – übrigens auch mit Alkohol; man sieht, wir sind alle nicht anders als mein alter Anwalt –, haben wir ja eine hervorragende Gelegenheit, auch wieder einmal ein neues Leben anzufangen. Vielleicht haben auch Sie, mein unbekannter Leser, es vor; das ist keine Schande; sehr viele Leute fangen im neuen Jahr ein neues Leben an. Wenn Sie dazugehören – bitte, achten Sie doch einmal darauf, wie leicht Ihnen das neue Leben im Anfang wird, und notieren Sie, ganz still für sich, wie lange Sie es durchhalten könnten. Das führt zu überraschenden Ergebnissen. Meine eigenen Erfahrungen auf diesem Gebiet sind lehrreich. Ich greife ein paar heraus.

1930: Vorgenommen, von nun an endlich über alle Ausgaben Buch zu führen. Prächtige Buchführung bis zum 11. Januar. Seitdem gelegentliche Notizen, seit dem 13. Februar nur noch unleserlich. Letzte Notiz: 26. Februar.

1932: Vorgenommen, Tagebuch zu führen. Ausführlicher, zwölf Seiten langer Bericht über den Neujahrstag, verbunden mit tiefernsten Betrachtungen über mein Leben. Weitere kurze Eintragungen am 2., 3., 5., 9., 10., 27. Januar (die letzten drei im Telegrammstil). Dann schweigt das Tagebuch.

1933 – das war ein besonders lehrreiches Experiment. 1933 legte ich mir einen Umschlagkalender an mit dem Vorsatz, auf die Vorderseite jedes Tagesblattes zu schreiben, was ich an diesem Tag tun wollte, und auf die Rückseite, was ich dann wirklich getan hatte. Ich versprach mir Wunder der Selbsterziehung von diesem Unterfangen. Leider kann ich nicht mehr feststellen, wie lange ich dabeiblieb, denn ich habe mit diesem Kalender an einem Tage des Zorns meinen Ofen geheizt.

Ja, Neujahr ist ein prächtiger Anfang für ein neues Leben. Andere berühmte Anfänge sind: Rückkehr von der Sommerreise, Genesung von einer schweren Krankheit, Beendung einer unglücklichen Liebe. Die neuen Leben sehen natürlich je nach dem Anlaß verschieden aus; aber gemeinsam ist ihnen, daß ihrer aller Anfang leicht ist. Wenn man von der Sommerreise zurückkommt zum Beispiel – ach, man kann es sich gar nicht mehr vorstellen, wie man je wieder in den alten Schlendrian zurückfallen sollte. Selbstverständlich wird von jetzt an jeden Morgen um 6 Uhr aufgestanden! Und selbstverständlich wird dann erst einmal eine eiskalte Dusche genommen! Wie das erfrischt! Und dann eine Viertel- – nein, eine halbe Stunde Freiübungen, eine halbe Stunde mindestens! Und kein Mittagsschlaf mehr, statt dessen ein zweistündiger Spaziergang in Gottes freier Natur. Und Milch trinken, Milch vor allen Dingen, zu jeder Mahlzeit, den ganzen Tag. Und abends mit den Hühnern ins Bett. Man sieht sich schon nach vierzig Jahren eines solchen Lebens und siebzig Lebensjahren im ganzen als rüstig-jugendfrischen Greis mit dem diamantenen Sportabzeichen auf der Brust in allen Illustrierten abgebildet. So geht es frisch ins neue Leben hinein, mit Wogenprall und Sturmgebraus. Nun ja, am ersten Tag macht es auch Spaß. Nach drei Tagen läßt man dann die kalte Dusche aus, nach vieren legt man sich abends eine

Stunde zu, die am fünften Tag morgens in Gestalt von zwei Stunden längeren Schlafens wieder auf dem Konto erscheint – und nach vierzehn Tagen schläft man wieder bis zehn Minuten nach dem Wecken, stürzt völlig verstört und unrasiert ins Büro – freut sich den ganzen Vormittag lang auf den Mittagsschlaf und fängt nach 7 Uhr abends an aufzuleben.

Das neue Leben nach Krankheit und unglücklicher Liebe besteht hauptsächlich aus Unterlassungen. Hier macht sich der Anfang schlechthin von selber; es wäre geradezu eine Anstrengung, ihn nicht zu machen. Am Anfang – nein, es ekelt einen ja geradezu davor, wieder zu rauchen, zu trinken oder fremde Leute zu lieben. Man erschrickt ja geradezu bei dem Gedanken, man sollte es noch einmal tun. Wieviel Geld man spart, wenn man es nicht mehr in die Luft pafft, wieviel Zeit man freibekommt, um endlich einmal seine Bildung zu erweitern. Und auch für den Beruf kann man jetzt etwas tun. Alles das wirklich lernen, was man seinerzeit beim Examen hätte wissen müssen. Es ist alles so einfach. Der Weg zum Erfolg liegt offen. Man braucht ja nicht mehr den ganzen Tag im Bett zu liegen und Medizin zu schlucken oder am Telefon zu hängen und auf Irmchen zu warten. Daß die andern Leute noch nicht darauf gekommen sind! Wie leicht es ist!

Vier Wochen lang. Dann wartet man auf Ilschen. Und raucht Fünfpfennigzigaretten statt Vierer, weil man ja inzwischen so viel Geld gespart hat …

Überhaupt die Liebe! Was ist wohl das Schwerste in der Liebe? Der Anfang? Der Anfang steht in den Romanen. Am Anfang scheint der Vollmond. Der Birkenhain, oder was es nun gerade ist, säuselt, und man ist nichts als berauscht – als hätte man einen Kognak getrunken. »Und nun ewig so mit dir vereint –.« Hier endet der Anfang. Hier enden die Romane. (Das Leben denkt gar nicht daran, hier zu enden.)

Es ist das *happy end*, zu deutsch: das glückliche Ende, oder auch: das Ende des Glücks. Oder, um ein wenig von uns Schriftstellern zu reden: Wenn wir einen Roman anfangen, dann ist das eine großartige Sache. Das Ganze liegt lockend vor uns, alle Figuren, alle Handlungen wunderbar ausgearbeitet wie eine Landschaft unter dem Blick eines Fliegers. Und es wird natürlich der beste deutsche Roman seit Goethe! Wir können es kaum erwarten, ihn zu schreiben. Wir stürzen uns nur so hinein. Es ist eine Lust – bis Seite 50 oder 100. Später schreibt man ihn dann stöhnend und fluchend zu Ende, weil der Lieferungstermin überschritten und der Vorschuß verbraucht ist.

So. Habe ich jetzt hinlänglich bewiesen, daß aller Anfang leicht ist? Und ist das Sprichwort, das das Gegenteil behauptet, nunmehr so kompromittiert, daß kein Hund mehr ein Stück Brot von ihm nimmt? Dann darf ich jetzt vielleicht verraten, daß dies Sprichwort natürlich doch richtig ist. Ich habe es soeben am eigenen Leibe erfahren. Der Anfang dieses Artikels war entsetzlich schwer. Ich habe ihn mit mehreren Kognaks erzwingen müssen. Nachher ging alles ganz leicht. Und einen Roman gut anzufangen ist auch nicht so einfach. Oder in der Liebe richtig anzufangen – manchem glückt's bekanntlich nie. Und die Trennung nach einem Abschied zu ertragen – wann ist das leichter, am Anfang oder später? Tja, und selbst mit dem Anfang eines neuen Lebens ist es so eine Sache. Man versuche nur einmal, plötzlich nicht mehr zu rauchen. Verdammt schwer ist das am ersten Tag. Aller Anfang ist schwer.

Und was soll man nun eigentlich glauben? Was stimmt nun eigentlich? Ist aller Anfang schwer oder leicht?

Es scheint eben beides zu stimmen. Im Leben stimmen von zwei widersprechenden Weisheiten immer beide – das ist eins seiner Geheimnisse. Das Leben ist entsetzlich kompliziert; zu kompliziert, zu schwierig für einen schlichten, gesunden Menschenverstand. Es ist nichts von diesem schwierigen Leben. Machen wir es uns leichter. Fangen wir ein neues an. Mit einem Kognak.

Kalender

Jetzt haben die Kalender wieder ihre kleine Saison. In allen Schaufenstern jubeln sie mit ihren bunten Farben, die neue Jahreszahl wie eine sieghafte Fahne vor sich herschwingend, und jeder kauft sich schnell einen Kalender, um sich auf das neue Jahr zu abonnieren.

Man kann diese Saison der Kalender ziemlich genau begrenzen: Sie dauert so lange, wie man noch dazu neigt, auf seine Briefe aus Versehen die Zahl des vergangenen Jahres zu schreiben. Nachher sinkt die Existenz der Kalender ins trübe Grau unbeachteter Alltäglichkeit herab; Blatt für Blatt wandern sie in den Papierkorb, und wer nachdenklich genug wäre, sich mitten im Jahr einmal zu fragen, wozu er sich eigentlich an seinem Anfang einen Kalender gekauft hat, würde um die Antwort verlegen sein. Vielleicht, um immer zu wissen, welches Datum man gerade hat? Du lieber Gott! Das weiß man auch so, aus Zeitungsköpfen, von Verabredungen her – und wenn man es wirklich einmal nicht weiß, fragt man eben über die Schulter: »Wievielten haben wir'n heute?« Den Kalender, soviel ist sicher, hat man bestimmt gerade nicht bei der Hand, wenn man es einmal vergessen hat. Nein, der Gebrauchswert ist es nicht, was den Kalendern ihren Absatz sichert. Es ist etwas viel Vornehmeres und Geheimnisvolleres: nämlich ihre Dämonie.

Ein unangebrochener Kalender mit seinen dreihundertfünfundsechzig Blättern, von denen jeder ein Lebenstag ist, ist etwas wie ein Fetisch oder ein Talisman. Wer ihn erstanden hat, trägt körperlich und greifbar eins von den dreißig oder siebzig Jahren in seiner Tasche, die er zu konsumieren hat – mit Mai und Juni und Oktober, mit vielen rotgedruckten Sonntagen und schwarzgedruckten Montagen, mit einem Osterfest, einem Pfingstfest und einem Weihnachtsfest, wie es sich gehört – sein Kalender versichert ihm, daß alles noch und wieder für ihn da sein wird, schwarz auf weiß kann er es getrost nach Hause tragen. Und wer vom Leben noch ein übriges verlangt, für den gibt es viele schmeichlerische Spezialkalender, die ihn darüber beruhigen, daß auch das neue Jahr sich befleißigen wird, seinen Liebhabereien täglich neuen Stoff zuzutragen: Da gibt es Kunst- und Sportkalender, Jagdkalender und Angelkalender, Kalender für Weinkenner und für Alkoholgegner, für Pflanzen-, Tier- und Kinderfreunde, ja, sogar für die ängstlichen und bescheidenen Freunde der Hygiene und der rationellen Ernährung gibt es Gesundheitskalender, die ihnen täglich die abschreckenden Bilder vieler von ihnen klüglich vermiedener gräßlicher Krankheiten wohltuend vor Augen führen. So darf man, wenn man durch den Kauf eines Kalenders sein Leben für ein Jahr versichert, auch noch durch die Wahl des Kalenders seine Weltanschauung bekräftigen. Was will man mehr?

Früher freilich, in der »guten alten Zeit«, gab es Kalender, die noch viel mehr bieten wollten – schöngedruckte große Bücher, zum Umschlagen, nicht zum Abreißen eingerichtet, denn ihre Blätter verloren ihren Wert nicht mit dem Tage, für den sie bestimmt waren, und die gelebten Tage fielen nicht, wie heute, in die Vergessenheit, sondern in die Erinnerung –; und auf ihren Blättern stand viel Erbauliches für jeden Tag, schöne Geschichten mit nützlichen Moralen, Ratschläge für Krankheitsfälle, Bibelsprüche, Kochrezepte und Wetterregeln. Ehrwürdige alte Kalender! Wer kennt nicht ihre berühmten Namen: den »Rheinischen Hausfreund«, den »Lahrer Hinkenden Boten«! Wem schlägt nicht noch aus den Namen ein gemütlicher Duft nach Bratäpfeln, Lavendel und Räucherwurst entgegen! Ach, diese Patriarchen unter den Kalendern gehören der Vergangenheit. Ihre Art fängt an auszusterben: weil nämlich die Menschen ausgestorben sind, für die sie bestimmt waren. Als die Menschen es sich angewöhnten, ihre Tage nicht mehr aufzuschlagen und umzuwenden, sondern abzureißen und wegzuwerfen, mußten natürlich auch die Kalender sich dem anbequemen. Ich glaube, für die Wende, die das europäische Leben um die Mitte des vorigen Jahrhunderts nahm, ist die Erfindung des Abreißkalenders nicht weniger bezeichnend als die Erfindung von Eisenbahn, Dampfschiff und Elektrizität. Gewiß, diese dünnpapierigen Abreißkalender, wie sie sich heute noch in Kanzleien, Vorzimmern und ähnlichen säuerlichen Orten finden, enthalten noch wie ihre würdigen Vorgänger Sinnsprüche und sonderbarerweise meist auch noch Küchenzettel, aber wie lieblos, unpersönlich und kalt sind sie abgefaßt – so recht dazu bestimmt, ungelesen dem Papierkorb überantwortet zu werden. Irgend etwas in ihnen erinnert an die fabrikmäßig hergestellte Gemütlichkeit der Wohnungen von 1890. Wer sie wohl zusammenstellt, diese Zitate von Goethe, Rückert, Waldmann und diese Kernsprüche ungenannter Verfasser: »Taktlose Menschen werden überall Anstoß erregen« – »Gewöhne deine Kinder schon frühzeitig daran, sich vor dem Essen die Hände zu waschen« –, um dann fortfahrend für den 26. Oktober unerbittlich Nudelsuppe mit Kraut, gefüllte Schweinsohren mit Kartoffelschaum und Zitronenpaste vorzuschreiben! Ob es wohl irgendeinen Menschen gibt, der sich den Küchenzettel des Kalenders zu eigen macht? Ich würde ihn gern kennenlernen.

Heute sind freilich auch diese Kalender schon im Aussterben. Unsere Zeit ist nicht herzlicher geworden als die, der sie entstammen; aber sie hat gelernt, auf falsche Traulichkeit zu verzichten. Der eigentliche Kalender von heute ist der Umlegekalender für den Schreibtisch – der glatte Block weißer Blätter, deren sphinxhaft lockendes und drohendes Schweigen oben ein Datum als Überschrift trägt, und die praktische kleine Maschine zum Ein- und Ausspannen. Ich muß sagen, daß ich bei keiner Kalenderart so stark wie bei dieser die Magie des Kalenders empfinde. Wenn ich den alten, mit Bleistiftnotizen vollgekritzelten Jahresblock gegen den neuen, jungfräulichen, unheimlich unbeschriebenen vertausche, geschieht es nie ohne jenen Schauder, mit dem des Menschen Hand in des Geschicks geheimnisvolle Urne greift. Der Zauber wäre vielleicht noch nicht so stark, wenn der Block wirklich nur aus 365 weißen Blättern bestände; aber das Datum darüber, das macht es. Hier stehen schon, geheimnisvoll lächelnd, all die Tage vorgezeichnet, die es wirklich geben wird: Dieser 14. September wird ein Sonnabend sein; wenn er anbricht, werden all die Tage schon gelebt sein, die man jetzt, mit leisem Rauschen der leeren Blätter, großzügig durch die Finger gleiten läßt: dieser 23. Juli, dieser 19. Mai ... Diese Daten werden Begriffe für Glück, Hoffnung, Arbeit, Trübsal, Enttäuschung, Streit, Liebe geworden sein; wofür? Mit unheimlich sprechender, eindringlicher Anspielung, wie sie im Klang jedes Datums liegt, scheinen sie sich schon einen Augenblick zu verraten und entziehen sich wieder. Es ist, als wäre schon unsichtbar mit magischer Tinte die Geschichte des Tages in den weißen Raum unter der Tageszahl eingeschrieben. Wenn man den neuen Kalender einspannt, ist einem, als verschriebe man sich seinem Schicksal.

In Wahrheit dürfte es so sein, daß der Kalender mit seinem Schweigen blufft. Wenn man ihn über ein Jahr heraushebt, um ihn zu seinen Vorgängern zu legen, wird nichts Bedeutenderes auf seinen Blättern stehen, als was man heute in dem Kalenderblock des vergangenen Jahres lesen kann: »16. April. Geburtstagsgratulation an Tante Meta!! Meyer anrufen wegen Akkumulator. 5 Uhr Konferenz mit B. Manuskript fertig machen.« »3. Juli. Reisebüro. Bademantel besorgen. Bank. 3 Uhr Lilli anrufen. Hermann wegen der Blumentöpfe anrufen. Nachricht über Vertretung an Stoll.« »6. Oktober. Schnupfensalbe besorgen...« Er wird vollgeschrieben und tot sein. Heute aber, da er noch unbeschrieben ist, lebt er. Hört ihr nicht, wie er lebt? Er lächelt, er haucht, er flüstert, er spricht uns an. Könnte man doch verstehen, was er spricht! Es scheint wie Abenteuer und Schicksal zu klingen. Wenn man mit der Hand durch die Blätter fährt, meint man den Zauberwind der Zukunft darin rauschen zu hören.

Monate

Bis auf den Oktober sind sie gut erfunden. Mit dem Oktober ist es eine Not. Solange man lebt und so viele Oktober man erlebt, man wird sich nie völlig klar über ihn. Oberflächlich betrachtet, zerfällt er in zwei Hälften, die voneinander geschieden sind wie Tag und Nacht oder September und November; bis zum 15. Oktober ungefähr ist noch September, dann bricht der November aus. Genauer besehen, stimmt das freilich doch nicht; auch vor dem 15. Oktober ist es nicht mehr der richtige September, irgend etwas hat sich unnachweisbar schon geändert; und auch was nachher kommt, ist der richtige November noch nicht, ganz abgesehen davon, daß der ganz richtige November erst der Dezember ist. Also zwei kurze Monate eigenen Gepräges? Auch dabei kann man sich noch nicht beruhigen; irgendwo sind der September-Oktober und der November-Oktober trotz allem zusammengewachsen; ungefähr so wie eine Dur-Variation und eine Moll-Variation über dasselbe Thema. Schon in seiner freundlichen Zeit liebt der Oktober, den Menschen mit unvermuteten Zornausbrüchen zu schrecken, unbestimmt, ob im Scherz oder im Ernst; später, wenn sich gezeigt hat, daß es leider nur zu ernst war, verschenkt er wieder plötzlich Sommertage. Ein Sonderling, ein Unberechenbarer, man weiß nicht, ist die Schale rauh und der Kern golden oder umgekehrt; er bleibt die Ausnahme unter den Monaten, eine leicht skurrile Mißgestalt, ein Sonderfall, ein Scherzo, wie es dem alten tauben

Beethoven die Wut über einen verlorenen Groschen entlockte.

Die andern Monate sind alle einwandfreie, wohlgeratene Kinder, jeder in seiner Art, der guten oder der bösen; und wir selbst, wenn man uns freistellte, das Jahr in Monate nach unserm Gutdünken einzuteilen, könnten nicht viel besser machen. Die Monate sind Individuen; mehr als die Jahreszeiten, die leicht abstrakt bleiben und eigentlich nur Typen sind. Wenn so ein neuer Monat »die Herrschaft antritt«, so ist das wirklich wie ein Regierungswechsel. Man merkt es freilich nicht sofort; scheinbar ändert sich nichts zwischen dem 31. Januar und dem 1. Februar. Aber auch das ist wie beim Regierungswechsel; während der neue Minister die Akten des alten durchstudiert, um herauszufinden, was er alles anders machen kann, verkündet er noch: »Der Kurs bleibt der alte.« Und dann geht es los, daß kein Stein auf dem andern bleibt.

Alles in allem sind von den zwölf Monaten des Jahres nur drei bösartig, drei sind ausgesprochen liebenswert, der Rest ist annehmbar. Ein befriedigendes Ergebnis, das zugleich lehrt, daß das Leben des Menschen nicht so schlecht sein kann, wie immer behauptet wird. Denn da dieses Leben ja in nichts anderem als einem fortgesetzten Durchleben von Monaten besteht, so folgt aus unserer Feststellung, daß seine Annehmlichkeiten zu seinen Widerwärtigkeiten in einem Verhältnis von 3:1 stehen, womit zugleich die uralte Menschheitsfrage nach dem Wert dieses Lebens eine endgültige und präzise Antwort gefunden hat. Dies nebenbei. Die drei schlechten Monate sind der November, der April und der Dezember. Von ihnen ist der November der berüchtigste und dementsprechend der harmloseste. Er ist bei milder Beurteilung besser als sein Ruf, womit nicht gesagt sein soll, daß er gerade gut sei. Er ist erträglich wie eine mittelschwere Grippe, und er befördert die Einkehr und den Spirituosenkonsum. Es ist ein Zeugnis von Stilgefühl, daß man den Bußtag in den November gelegt hat. Damit wären die Vorzüge des November freilich erschöpfend aufgezählt. Aber man neigt zur Milde gegen ihn, weil gleich darauf der Dezember folgt, die härteste Probe auf die Vitalität eines jeden, ein Monat von so ausgeprägter Muffigkeit, Scheußlichkeit, breiiger Langweiligkeit, Schleimigkeit, Finsternis und Verzweiflung, daß man jedes Jahr aufs neue fürchtet, darin zu versinken wie in einem Sumpf. Als unsere Vorfahren, um dem Überhandnehmen der Selbstmordepidemien zu steuern, das Weihnachtsfest für das Dezemberende erfanden, wußten sie, was sie taten.

Der Dezember gleicht dem würgenden Alter und dem langen, schweren, mit großer Geduld ertragenen Leiden, von dem in den Todesanzeigen die Rede ist; der April gleicht der andern typischen Wunde, die jedes normale Leben aufzuweisen hat: der großen Desillusionierung, mit der die Jugend abschließt. Das kleine Drama, das das Jahr mit den Monaten März, April und Mai aufführt, ist uns vom häufigen Durchleben schon so geläufig, daß man es füglich der Liebe vergleichen kann, von der Goethe sagt, »daß sie müßte trivial geworden sein, wenn sie sich nicht naturgemäß in voller Kraft und Glanz immer wieder erneute.« Der März, ein unsäglich lieber Monat, jung, federnd, lächelnd, schlank, süß, kühl und sanft – der März betört, bezaubert und wiegt uns in Hoffnungen ein, die der April dann sämtlich enttäuscht; der April mit seinen taktlosen Clownsspäßen, seinen Flegelmanieren, seiner Schadenfreude, seiner durch aufdringliche Albernheit schlecht kaschierten inneren Bosheit und Niedertracht; und wenn man dann nach dreißig Apriltagen endgültig zu verbittern im Begriff ist, kommt der gutmütige, liebenswürdige, ein wenig banale Mai und zeigt, daß alles halb so schlimm war und daß immer noch eine ganze Menge Hübsches übriggeblieben ist. Der Mai, obwohl zweifellos zu den besseren Monaten gehörend, ist von happy-end-süchtigen Dichtern ein wenig übers Maß emporgelobt worden. Das meiste, was man ihm nachsagt, gebührt dem März. März, das ist etwas wie Mozart und erste Liebe; Mai, wie Léhar und das nette Mädchen mit Geld, das man dann schließlich heiratet. Zum ganz großen Glück fehlt dem Mai das Gefährdete, Verbotene, eigentlich Unmögliche; auch das Ende mit Schrecken. Der Mai hat überhaupt kein richtiges Ende; er versickert; nirgends sind die Übergänge so sanft und unmerklich wie vom Mai in den Juni und vom Juni in den Juli; nur daß sich von Monat zu Monat die leise schlaffe Gereiztheit zu langen Wohlbefindens ein wenig steigert. In dem kompakten Raum dieser drei Monate ist die solide Rücklage jedes menschlichen Daseins an durchschnittlichem, animalischem Glück aufgespeichert, die wir vergessen und von der wir leben.

So etwas Schönes wie den März gibt es erst wieder im August und September, und das sind freilich die beiden Glanz- und Paradestücke des Jahres, geniale Monate, von einer Fülle, Empfindungsprallheit und inneren Dramatik, gegen die selbst der März verblaßt – mit seinen »unerfahrnen Farben des Verlangens.« Im August und September ist das Leben glanzvoll und spannend, auch wenn gar nichts weiter passiert, als daß August und September ist. Im August zieht das Jahr alle Register; die Sommerpracht ist im August am prächtigsten, und was am Winter prächtig ist, ist auch schon da. Der August ist der Monat der größten Sportfeste und der ersten Theaterpremieren, er überschüttet alles mit Birnen, Aprikosen, Äpfeln, Pflaumen und Trauben, was die Rosen betrifft, die haben wir im August selbstverständlich auch. Ein Wunder, daß es nicht auch mal einen Fasching und ein Weihnachtsfest im August gibt. Die Menschen gehen gebräunt, verjüngt und leuchtend einher, sie haben kaum Zeit, den Tennisdress mit dem Smoking zu wechseln; die Tage pressen dem Sommer das Letzte an Glut und Glanz aus, und nie gibt es so sinnliche Nächte wie im August. Das alles rollt und orgelt dahin, funkelt, glitzert, strahlt und prahlt wie ein Concerto grosso von Händel. Und dazwischen die Verfinsterungen, die plötzlichen zornigen Vorherbsttage, die Regengüsse, die Unheilsahnungen! Im August ist man mitten im dritten Akt einer großen heroischen Tragödie.

Im September ist man im fünften Akt, kurz vor der Katastrophe, gerade an dem Punkt, wo die Dichter noch einmal, ehe sie ihn ins Bodenlose stürzen lassen, alles Licht auf ihrem Helden zu versammeln pflegen. Der September ist der Monat des Noch. Es ist alles noch da, die ganze Pracht des August, nur seltsam verklärt und ins Rührende gewendet durch die Nähe des Endes. Des Menschen, der die Tage immer köstlicher und immer kürzer werden sieht, bemächtigt sich Torschlußpanik; so wird der September der Monat der überfüllten Ausflugsorte, des übermäßigen Obstgenusses und der ansteigenden Kriminalität. Liebesgeschichten, die im September anfangen, haben ein banges Horoskop; meist gehören sie zu jenem Typ, der ein kurzes, rasches, überschwengliches, giftig-süßes Glück bringt und schlimm endet. Kein Monat macht so sentimental wie der September – freilich nur den Städter; auf dem Lande besteht der September aus Stoppelfeldern und Kartoffelernte. Aber man darf Naturgefühl, dem Vorurteil zuwider, nicht auf dem Lande suchen. Der eine liebt's, der andre hat's. Was die Beziehungen mit der Natur anlangt, so hat Gott dem Landmann die mehr geschäftlichen, dem Städter die zarteren zugeteilt.

Noch haben wir den Januar und den Februar nicht behandelt. Brave Monate, nicht von den schlimmsten, ein bißchen kalt mitunter. Da sie nicht mehr der Dezember sind, ist man zufrieden mit ihnen. Der Januar enthält Neujahr, der Februar ist der kürzeste Monat. Wenn es erlaubt ist, eine persönliche Meinung zu äußern, so ist der Januar blau, der Februar gelbbraun. Freilich wird es Leute geben, die das nicht anerkennen wollen; gibt es doch sogar welche, die behaupten, die Zahl 8 wäre rot, während sie doch natürlich weiß ist, wie die 5 preußisch blau und die 4 orange; die 3 dagegen hat die Farbe des Buchstabens e, nämlich eben das gewisse Gelbbraun, das auch dem Februar eignet, und mehr wäre über den Februar kaum zu sagen.

Kindliches Fest

In den frühesten Zeiten meiner Erinnerung hatte das Jahr für mich zwei strahlende Höhepunkte, auf die ich mich lange freute und deren Ton in mir unendlich nachhallte. Das eine war Weihnachten, und namentlich der beklemmend-süße Augenblick, wenn die Tür zur Weihnachtsstube aufging; man ging unwillkürlich auf Zehenspitzen, die Kerzenpyramide leuchtete zauberisch, und es roch nach Fichtenharz, Wachs und Geheimnis. Das war das Fest des Winters und der Nacht. Das andere war das Fest des Sommers und des Lichts. Das war der Tag, wenn auf dem Gut in Pommern, wo wir alle Sommerferien wohnten, der Roggen eingefahren wurde.

Das Gut lag auf einem Hügel, die Zufahrt war mit Kopfsteinen gepflastert, und wenn wir sie am frühsten Morgen auf Leiterwagen im Trab herunterfuhren, begannen die Latten und Leitern, auf denen wir saßen, einen klirrenden und dröhnenden Freudentanz. Unten ging es durch weiche Waldwege, die Pferde purrten und schlugen mit den Schwänzen, die Sonne fleckte und tigerte den Weg, und in der Luft waren Lerchen. Wir fuhren rasch, in schlankem und weichem Trab, und bald taten sich die Felder auf.

Der Blick, plötzlich befreit, flog über eine unendliche fruchtbare Landschaft. Das Land warf lange, flache Wellen weit, weit bis gegen den hellen Himmel hin, und klar und bunt waren überall die Felder aufgetragen, Stiege an Stiege feierlich und prächtig aufgereiht. Wir sprangen ab, ich stand bei den Pferden und klopfte ihre Hälse und roch ihren schönen wilden Geruch; Bremsen schwirrten herum, und die Pferde schüttelten die Köpfe und stampften kräftig mit den Beinen. Ein Knecht zerrte sie an den Köpfen von Stiege zu Stiege, ein anderer stand oben majestätisch auf dem Wagen, das wachsende Fuder hob ihn immer höher, und ein dritter langte ihm mit großen Bewegungen Garbe um Garbe hinauf. Mit der letzten Garbe aber wurde ich selbst hinaufgehißt, und nun fuhren wir langsam heim.

Nichts war so träumerisch, wie oben in einem Fuder Korn, in das man tief einsank, die weichen Waldwege entlang nach Hause zu fahren. Man war dem Himmel so viel näher als sonst; die Wipfel kleiner Bäume hatte man neben sich. Bedächtig schwankte der schwergeladene Wagen; bei jeder Biegung warf es einen weich zur Seite. Gewaltig aber, im Sturm, mit He und Ho und Geprassel fuhren wir zum Schluß die Kopfsteine der Anfahrt hinauf und in die Scheune, den »Taß« hinein.

Der Taß war dunkel, der beladene Wagen füllte seine Einfahrt bis zur Decke, und nur wenige flammende Sonnenstreifen schossen schmal hinein. Ich sprang vom Wagen auf den Kornboden, wo schon die Mägde auf uns warteten, und wir rissen die Garben vom Wagen, warfen sie von Hand zu Hand und packten sie unter uns hin, es ging geschwind und im Takt, es war heiß, das frische Korn duftete betäubend, und alle Gesichter glänzten vor Hitze und Freude. Dann packten wir uns bei den Händen, und zu ein paar plattdeutschen Versen – ich habe noch ihren glücklichen Singsang im Ohr – begannen wir das Abgeladene festzustampfen. Es war ein wilder Stampftanz, wir schrien im Chor unsere Verschen und schwenkten die Arme und sprangen mit beiden Beinen orgiastisch auf den Garben herum. Wir waren die Herren der Welt.

Und schon ging es wieder donnernd die Auffahrt hinunter, mit Ho und He und Peitschenknall, die Pferde wieherten, die Leiterwagen tanzten und dröhnten, und über uns stand ungeheuer der Sommertag.

Berlin

Festlicher Dezember

Von Anfang November ab liegt über Berlin Dunkelheit, Trübsinn, Regen, Nebel, nasser Schnee, nasser Wind, und die reinlichste Stadt der Welt ist in eine Art von kosmischem Schmutz gehüllt; die Straßen werden nie richtig sauber, sie tragen einen unausrottbaren klebrigen Belag aus geschmolzenem Schnee, festgetretenem Staub und niedergeschlagenem Nebel, und es hilft den Berlinern wenig, daß sie von sich aus alles tun, um ihre Stadt so reinlich wie immer zu halten. (Es ist übrigens ein ewiges Rätsel, daß dieselben Berliner, die ihre Wälder mit Fortgeworfenem übersäen, ihre Straßen so reinhalten wie eine gute Stube; man muß zuzeiten wirklich auf den Gedanken kommen, sie würfen ihre Stullenpapiere und leeren Zigarettenschachteln im hohen Bogen über das Weichbild der Stadt hinweg in den Grunewald und in die Müggelberge hinein). Gegen den Dezember jedenfalls ist kein Kraut gewachsen; sein Schmutz, seine Finsternis, seine nasse Kälte hocken zäh und ausdauernd auf der Stadt. Es weht eine Luft, die die Grippe begünstigt und die Melancholie.

Anfang Dezember hat denn auch die Stadt Berlin einen fühlbaren toten Punkt. Man meint vielleicht, daß Berlin sein Winterprogramm mit dem rührigen Gleichmaß und Einteilungsvermögen einer alten Hauptstadt durchführte? Wer das meint, der kennt die Stadt Berlin schlecht. Berlin stürzt sich auf die winterliche Saison mit einer wilden Begeisterung, mit dem ganzen unverdorbenen Eifer eines jungen Mädchens, das seinen ersten Ball nicht erwarten kann. Was ein richtiger Berliner ist, der fängt seinen Winter an, wenn er von der Ostsee zurückkommt. Der September wird mit einem Trommelfeuer von Theaterpremieren empfangen, Anfang Oktober treten die Konzerte und Bälle dazu, zwei Monate lang herrscht, während draußen noch die Sommersonne scheint, eitel winterlich-städtische Festlichkeit. Dann im November, zugleich mit dem Einzug des schlechten Wetters, beginnt die Saison abzubröckeln, und Anfang Dezember ist der tote Punkt da – viel später erst, im Februar, März, findet der Berliner wieder die rechte Freude daran, den Frack anzuziehen. Berlin würde in Trübsinn und schlechtem Wetter ertrinken, gäbe es nicht, und dafür sei Gott gelobt, das Weihnachtsfest.

Weihnachten ist ein Fest, das der deutsche Volksgeist offenbar selbst erfunden hat: jeder feiert es für sich allein und so, wie er will, auf seine eigene Art und mit seinen eigenen Bräuchen, jeder schmückt seinen Weihnachtsbaum anders, und grade dadurch fühlen sich alle verbunden, denn so sind die Deutschen. Aber auch jede Landschaft und jede Stadt hat ihre besondere Weihnachtssitte, auch das ist sehr deutsch, und Berlin zum Beispiel hat sich als besondere Würze des Festes das Weihnachtsgeschäft erfunden. Das Weihnachtsgeschäft hat einen häßlichen, prosaischen Namen, aber es ist etwas ganz anderes als ein gewöhnliches trockenes Geschäft; es ist eine vierzehntägige Vorfeier, ein Fest, an dem die ganze Stadt teilnimmt, und für Berlin in der Öde seines Dezembers ist es gradezu die Rettung. Andere Städte haben den Fasching; Berlin hat das Weihnachtsgeschäft.

Das Weihnachtsgeschäft ist es, das Berlin für vierzehn Tage wieder zu Alt-Berlin macht, das überall wieder die Karren, Buden und Stände einer langsameren und gutmütigeren Zeit auftauchen läßt, das den urtümlichen Berliner

Dialekt, in weltstädtischen Zeiten verachtet und fast vergessen, aus dem Munde von tausend Straßenhändlern wieder zu Ehren bringt, das kurzum der guten alten Zeit einen wehmütig-großartigen Triumph bereitet. Wer sich so um den 15. Dezember herum an einem dunkeln Spätnachmittag die Leipziger Straße lang über Spittelmarkt und Rathaus zum Alexanderplatz drängelt – eine andere Fortbewegungsart als das »Drängeln« gibt's um diese Zeit hier nicht –, der wird seltsam eingefangen von einer historischen-heimatlichen Luft. Diese Weihnachtsmärkte können vor hundert Jahren nicht viel anders gewesen sein, mit demselben Tonfall, mit demselben Humor müssen diese selben Männer – steigen sie nicht gradewegs aus einem Lustspiel von Glaßbrenner oder Kalisch? – auch damals ihre Lebkuchen, Tabakspfeifen und Spielsachen angepriesen haben.

Genaugenommen gibt es auf diesen Weihnachtsmärkten nichts Rechtes zu kaufen, fast nur tanzende Mickymäuse und Kindertrompeten und unverlierbare Kragenknöpfe und Patenthosenspanner – aber was man hier kauft, ist auch gar nicht die Ware; hier kauft man schmunzelnde Rührung, gute kernige Berliner Witze und Weihnachtsstimmung. Das ist Alt-Berlin, das hier aufersteht und triumphiert, aber Neu-Berlin ist deshalb nicht gestorben, es ist mit seiner ganzen Freude an Betrieb, Tempo und Sensation beim Fest des Weihnachtsgeschäfts beteiligt, es läßt sich nicht lumpen und macht der Historie, so gut es kann, Konkurrenz. Am Leipziger Platz zum Beispiel stehen sich die alte und die neue Zeit leibhaftig wie zwei Heerlager gegenüber. Rechts, wenn man vom Potsdamer Platz kommt, steht die alte Zeit, sie steht wie ein gewaltiger Troß bei ihren Buden und Wagenburgen und trägt langschäftige Stiefel und Pelzmützen und stampft die Erde, denn es ist kalt, und preist zungengewaltig ihre Ware an, in Wahrheit aber preist sie sich selbst, wie sie da steht. Links aber steht das Warenhaus von Wertheim und lockt mit seinen listigen Schaufenstern jung und alt. Da kann man ganz natürlich sehen, wie der Prinz das schlafende Dornröschen weckt, und ein Fenster weiter, wie die sieben Zwerge, von Schneewittchen bedient, Abendbrot essen, von richtigen kleinen Tellerchen, und dann haben sie noch Desserttellerchen, die noch kleiner sind, und wieder ein Fenster weiter marschiert die SA und SS durch das Brandenburger Tor – sie marschiert richtig, auf einer großen Walze, und alles, was man hier sieht, unwahrscheinlicher Gedanke, gibt es drinnen zu kaufen. Da kann man auch die reizendsten Damen und die feinsten Herren die Qualitätserzeugnisse der deutschen Konfektionsindustrie tragen sehen, und so wie diese Schaufenstertypen, so möchte mancher aussehen. So lockt auch die neue Zeit ihr Volk an, genau wie die alte, und alles drängt sich und staunt und kauft, und es ist ein Fest.

Man kauft um diese Zeit nicht, um etwas zu erwerben, sondern um zu kaufen. Man kauft beileibe nicht nur Weihnachtsgeschenke, sondern alles mögliche, zum Beispiel Wintersachen. Wintersachen werden in Berlin grundsätzlich nicht gekauft, wenn der Winter beginnt, sondern im Weihnachtsgeschäft, denn dann ist es ja viel schöner zu kaufen, weil dann alle kaufen und viel mehr Betrieb ist. Wer diese Logik nicht versteht, ist kein Berliner. Man kauft auch nicht etwa alltags, sondern wenn man irgend kann, kauft man sonntags, am kupfernen, silbernen und goldenen Sonntag, denn alltags kann man ja immer kaufen, und wer wird alltags kaufen, wenn man sensationellerweise auch einmal sonntags kaufen kann? Diese drei Sonntage sind die wahren Berliner Fastnächte; in ihrem Getöse und Gedränge empfindet der Berliner die ihm eigentümlichste Freude, die am Betrieb, und hier erkennt der Eingesessene auch mitten in aller Altberliner Gemütlichkeit sein amerikanisches Berlin wieder. Der eigentliche Höhepunkt dieses Festes aber sind auch diese drei Sonntage noch nicht, der eigentliche Höhepunkt ist der Heiligabendvormittag (ein Wort übrigens, das durchgeschmeckt sein will).

Am Heiligabendvormittag entdeckt der Berliner, daß er noch nichts zu schenken hat. Er müßte ja kein Berliner sein, wenn er vor lauter Betrieb dazu gekommen wäre, zu kaufen, was er braucht. Am Heiligabendvormittag mithin beginnt ein letzter Generalangriff auf allen Fronten des Weihnachtsmarkts. An diesem Tag gleicht die Stadt einem Hexenkessel. Wem sein Leben lieb ist, der bleibt zu Hause, wer aber ein Berliner ist, der geht jetzt einkaufen – jetzt und zu keiner andern Zeit! Man muß an diesem Vormittag zum Beispiel ein Grammophongeschäft aufsuchen – wenn man nur die Tür öffnet, so züngelt einem durch den Spalt wie eine Stichflamme eine losgelassene musikalische Hölle entgegen. Dann frisch hinein und aus tausend durcheinanderbrüllenden Weihnachtsglocken, Carusos, Badenweilermärschen und Marie-Luisen die richtige Casalplatte herausgefischt! Und dann hinaus – denn die Zeit drängt – und weiter durch das Gewühl, wo demagogischer als je die Straßenhändler ihr Volk bearbeiten, wo hitziger die Knarren geschwungen und die Kindertrompeten geblasen werden, und unerschrocken von Stand zu Stand, von Geschäft zu Geschäft gedrängelt! Welche Orgie, welch ungeheurer Karneval!

Das Schöne aber an diesem Karneval ist, daß an seinem Ausgang nicht Aschermittwoch steht, sondern Heiligabend. Zwischen vier und fünf brüllt das berlinische Fest noch einmal auf – dann, mit einem Schlage, verlischt es. Eine Stunde lang sind noch die Verkehrsmittel überfüllt, dies ist die Stunde des Übergangs. Wer zwischen sechs und sieben durch die Straßen geht, findet sie leer. Er findet auch nichts mehr in ihnen, was ihn belehrte, daß er grade in Berlin ist – es sei denn der Matsch, der traditionellerweise zu Weihnachten in den Berliner Straßen herrscht. Er geht durch irgendeine deutsche Stadt an dem Tage, wo die Deutschen sich einmal im Jahr auf ihre liebenswerten Eigenschaften besinnen und Weihnachten feiern. Die Straßen sind still, die Buden verlassen, die Geschäfte dunkel, vielleicht sind irgendwo Glocken in der Luft. Hinter den Fenstern aber werden jetzt überall, ernst und lieblich, die Kerzen hell.

Ich und der Weihnachtsmann

Gewisse zweideutige Erlebnisse und Begegungen, die ich späterhin mit dem Weihnachtsmann hatte, haben meine Beziehungen zu ihm so erschüttert und seine Gestalt in ein solches Zwielicht gerückt, daß ich, wenn man mich geradeheraus fragt, im ersten Augenblick nie ganz sicher bin, ob ich wirklich einmal an den Weihnachtsmann geglaubt habe. Und doch, ja, ich habe an ihn geglaubt. Ich brauche mir nur die Gegenfrage zu stellen, ob ich etwa auch an seine Konkurrenz, das Christkind, geglaubt habe, um wieder ganz sicher zu sein. An das Christkind nämlich habe ich nie geglaubt. Von dem Christkind hatte ich immer stillschweigend despektierliche Überzeugungen. Das Christkind war etwas für kleine Mädchen. Gewiß, ich ließ mir gutwillig und nachsichtig von ihm berichten und hörte mit frommem Gesicht zu – meist waren es jüngere Tanten, die mir das Christkind aufreden wollten, dieselben Tanten, in deren Märchen immer viele Blümelein und Vögelein vorkamen. Ich machte auch gar nicht erst Einwände, weil das ja doch ins Uferlose geführt hätte, und weil ich ohnedies viel zu fest davon überzeugt war, daß es mit dem Christkind nichts auf sich hatte. Wie sollte denn ein Kind die ganzen Spielsachen auf die Erde bringen? Es hatte ja nicht einmal einen Sack! Und überhaupt, Kinder kannte ich. Kinder schenkten keine Spielsachen und waren auch nicht »wunder-wunderlieblich und sanft«. So etwas glaubten nur die jüngeren Tanten, die immer nur von den langweiligen Blümelein und Vögelein zu erzählen wußten und überdies die ekelhafte Angewohnheit hatten, einen immerfort abzuküssen. Nein, mit dem Christkind war es nichts.

Aber mit dem Weihnachtsmann, das war eine ganz andere Sache. Der Weihnachtsmann war vom echten Schrot und Korn, ihn zu fürchten und zu lieben war keine Schande, im Gegenteil! Er bestand ja auch nicht wie das angebliche Christkind aus lauter Liebenswürdigkeit und Zuckrigkeit, sondern er führte unter anderm auch die Rute bei sich; zwar war kein Fall bekannt, in dem er Gebrauch von ihr machte, jedenfalls kannte ich kein noch so unartiges Kind, das zu Weihnachten Prügel statt Spielsachen geschenkt bekommen hätte, aber immerhin war mit dem Weihnachtsmann nicht unbedingt zu spaßen, obwohl er natürlich die herrliche goldene Gutmütigkeit selber war. Außerdem hatten Spielsachen, die der Weihnachtsmann brachte, auf diese Weise einen doppelten Wert. Sie waren sozusagen ehrlich verdient, sie waren eine Bestätigung der eigenen Bravheit und bedeuteten eine Art großzügige Amnestie und Sündenvergebung für das ganze Jahr; man war also – und das war wunderschön und erhebend – trotz des kaputtgesägten Klavierstuhls und der eingeworfenen Fensterscheibe, der gestohlenen Fruchtbonbons und anderer schrecklicher Zwischenfälle, bei denen sich im Laufe des Jahres der Höllenrachen aufgetan hatte, doch alles in allem ein braves Kind, dem der Weihnachtsmann nicht die Rute brachte, sondern Bleisoldaten und sogar eine Ritterburg mit richtigen Verliessen, Kemenaten und Fallbrücken. Man war sozusagen vom Weihnachtsmann öffentlich geehrt worden, und vor lauter Ergriffenheit darüber war man vielleicht sogar wirklich drei Tage lang artig.

Daß ich den Weihnachtsmann nie zu sehen bekam, tat meinem Glauben keinen Abbruch, sondern steigerte ihn eher – wer etwas anderes erwartet, zeigt, daß er vom Wesen des Glaubens und des Mythos keine Ahnung hat. Seine Existenz bewies der Weihnachtsmann ja auch schließlich genugsam durch seine Gaben und Taten, und zwar mehr noch als durch die Geschenke durch den Weihnachtsbaum; denn den hatte der Weihnachtsmann natürlich auch mitgebracht und zwar aus dem Wald, den er allnächtlich durchstapfte, um alle Kinder in der Welt zu beliefern. Der Weihnachtsbaum in seiner Ungewöhnlichkeit, Feierlichkeit und Unerklärlichkeit war zweifellos seine allerpersönlichste Gabe, fast so etwas wie eine Art Stellvertreter von ihm. Etwas vom Wesen des Weihnachtsbaums ging nämlich in meine Vorstellung vom Weihnachtsmann über, die im übrigen leise Anklänge an den lieben Gott hatte und stärkere und deutlichere an meinen eigenen Großvater. Mein Großvater konnte wunderbar Märchen und Geschichten erzählen, und wahrhaftig, das waren andere Geschichten als die Tantenmärchen von den Blümelein und Vögelein! Mir blieb dabei stets der Mund offenstehen. Ferner konnte mein Großvater plattdeutsch sprechen und auf eine zugleich komische und ehrwürdige Art fluchen, und ich war im stillen überzeugt, daß der Weihnachtsmann als echter Mann dasselbe tat – etwa wenn er dicht daran war, schon zur Rute zu greifen, es sich aber dann doch noch überlegte und es bei einem langen und wunderbar schauerlichen Fluch bewenden ließ, ja dann womöglich, besänftigt, doch sogar noch eine kleine etwas schadhafte Spielsache herauskramte. Mein Großvater aß ferner Schinken nur in Würfel geschnitten von einem Holzbrettchen, rauchte englischen Pfeifentabak – ich hätte geschworen, daß der Weihnachtsmann keinen andern rauchte! – und trank, seines Magens wegen, wie er sagte, einen Schnaps, dessen Geruch unter allen Gerüchen der Welt dem des Weihnachtsbaums am nächsten kam, so daß sich der Kreis völlig rundete. Mein Großvater – der, nebenbei gesagt, auch ein bißchen zaubern konnte – war sozusagen der irdische Verbindungsmann zum Weihnachtsmann, der nach der andern, transzendenten Seite langsam und unmerklich in den lieben Gott überging ...

Gern würde ich noch eingehender vom Weihnachtsmann und von meinem herzhaften Glauben an ihn erzählen, aber ich fürchte, schon jetzt den Leser zu langweilen. Ist es doch so, daß aller ruhige und sichere Frieden in der Darstellung langweilig ist und nur das angenehm zu lesen und anzuhören, was zu erleben schmerzlich und grausam ist. Und so bin ich auch sicher, den Leser besser zu unterhalten und zu erheitern, wenn ich jetzt davon erzähle, wie mein Kinderglauben traurig in die Brüche ging.

Den ersten Stoß versetzte ihm die Erzählung eines Schulkameraden... Nicht etwa eines »Aufgeklärten«, der mit den Achseln zuckte und verachtungsvoll erklärte: »Was, du glaubst noch an den Weihnachtsmann? P! Bei uns kauft alles mein Vater!« Solche gab's auch, aber ich hatte nur Mitleid und Verachtung für sie. Dazu war ich viel zu fest im Glauben, als daß die bloße zynische Verneinung mir auch nur die Mühe des Widerspruchs abgenötigt hätte. Nein, es war eine ganz andere Erzählung. Ein Kamerad nämlich zeigte überlegenes Befremden, als ich eingestand, den Weihnachtsmann »natürlich« noch nie gesehen zu haben. »So?« sagte er. »Na, ich hab' ihn gesehen.« Das fand ich unendlich aufregend. »Was?« schrie ich. »Wie sieht er aus?« »Schon zweimal«, antwortete er darauf nur und schwieg lange. Mir klopfte das Herz, und ich bestürmte ihn, zu erzählen, wie der Weihnachtsmann aussähe und wie und wann es ihm gelungen sei, ihn zu Gesicht zu bekommen. »Wie? Ganz einfach! Bei uns kommt er immer Heiligabend!« – Ich bin ganz sicher, daß ich schon in diesem Augenblick eine gewisse Bangigkeit empfand. Ich wußte doch, daß der Weihnachtsmann nur in der Zeit *vor* Weihnachten arbeitete, überall herumging und Weihnachtsbäume und

Geschenke brachte, nachdem er sich zuvor erkundigt hatte, ob die Kinder auch hinlänglich artig gewesen seien. Heiligabend war er dann fertig, da ruhte er von seiner Arbeit aus, während alle Kinder auf der Welt sich an seinen guten Gaben freuten... Und ausgerechnet zu diesem meinem nicht einmal so besonders netten Mitschüler sollte er am Heiligabend selbst immer kommen? Da stimmte etwas nicht. »Wie sieht er denn aus, und was macht er denn?« fragte ich atemlos.

»Och«, sagte der Kamerad. »Ganz verschieden. Das erste Mal, da war er ganz groß und hatte einen langen weißen Bart und den Pelz von meinem Vater umgedreht an und eine lange rote Nase. Und dann fragte er mit ganz tiefer Stimme, ob wir artig gewesen wären und fuchtelte mit der Rute, und dann mußten wir ein Gedicht aufsagen, und dann sagte er na gut, ich sehe, ihr seid artig gewesen, und dann holte er allerhand Geschenke aus dem Sack, und nur die Eisenbahn für mich gab er meinem großen Bruder, und überhaupt verwechselte er noch allerhand, und meine Mutti mußte nachher alles umtauschen, und mein Bruder war sehr wütend und wollte die Eisenbahn nicht wieder abgeben, und deswegen haben wir uns nachher das Hauen gekriegt. Und das zweite Mal, das war dies Weihnachten, da war er ganz fuchtig und machte furchtbar viel Faxen und sprang immer im Zimmer rum und verlor etwas aus dem Sack, und dann sprang er hin und schrie: ›Huch, mein Sack! Hat ihn doch der olle Petrus wieder nicht gut zugenäht! Diesmal beschwer ich mich aber!‹ Und dann lachten wir und versuchten uns das zu mopsen, was er verloren hatte, aber er versuchte es wieder einzustecken, und wenn einer hingrapschte, dann zog er ihm eins mit der Rute über und schrie immer: ›Du kriegst gar nichts! Du kriegst gar nichts!‹ Und Vater sagte immer: ›Aber nicht doch so wild, nicht doch so wild‹, und Mutti fing an zu weinen und sagte: ›Er hat wieder getrunken‹, aber Jux hat es doch gemacht. Und es war mein Onkel Otto.«

Ich war wie erstarrt von dieser Erzählung, das kann man sich wohl denken. Aber der letzte Satz schlug doch dem Faß den Boden aus. »Was«; schrie ich beinah, »dein Onkel Otto? Ich denke, es war der Weihnachtsmann?«

»Natürlich war es der Weihnachtsmann«, sagte der Unselige ganz verwirrt.

»Aber du sagtest doch eben, es war dein Onkel«, drängte ich. »Na ja, weißt du, das war so ... Aber es war eben natürlich der Weihnachtsmann.«

»Aber wo es doch dein Onkel war?«

»Es war der Weihnachtsmann«, sagte der andere jetzt ganz bockig und stampfte mit dem Fuße auf. Ich merkte, daß nichts weiter aus ihm herauszuholen war, und zog mich verstört in mich zurück.

– Man muß nicht denken, daß hiermit nun der Weihnachtsmann für mich zerstört gewesen wäre. Dazu war ja alles zu unklar, und überhaupt, so glatt geht so etwas nicht zu. Das gibt es nur in Romanen, daß ein einzelnes Erlebnis ein ganzes Weltgebäude, einen Glauben, eine Liebe – hast du nicht gesehen! – zum Umstürzen bringt. Aber ich war mißtrauisch und unsicher geworden. Es fiel mir auf, daß meine Mutter eine gewisse Verlegenheit zeigte, als ich ihr diese Geschichte unterbreitete. Sie beruhigte mich zwar, sicher habe der alberne Onkel Otto, wie das manche Leute in ihrer Dummheit täten, den Weihnachtsmann nur nachmachen wollen, und mein törichter Mitschüler habe das nicht begriffen. Aber sie zeigte bei dem allen – wie mein in dieser Sache plötzlich geschärftes Auge erkannte – etwas wie ein schlechtes Gewissen, und sie wußte auch nichts Rechtes darauf zu erwidern, als ich sie fragte, woher sie denn nun wisse, daß es den richtigen Weihnachtsmann gäbe, und wie er aussähe. Sie verwickelte sich in Widersprüche, und ich weiß noch heute ganz genau, daß ich mich schließlich nur aus einem gewissen Mitleid zufriedengab, so wie ein gutmütiger Lehrer einen Schüler nicht weiterfragt, wenn er merkt, daß er nicht präpariert ist.

Eins kommt zum andern, und wenn ein Kleid erst einmal einen Fleck hat, kann man sicher sein, daß es bald mehrere haben wird. Eines Tages im Laufe des Jahres hatte ich ein Schienenstück von meiner guten Eisenbahn verbracht, die ich zu Weihnachten bekommen hatte, und nun konnte man das ganze Geleise nicht mehr zusammensetzen, das Spielzeug war entwertet. Meine Mutter war sehr böse und schimpfte mich heftig aus. »So bist du nun«, rief sie, »und so achtlos gehst du mit den guten Sachen um! Aber so bald schenk' ich dir keine neue, warte nur! So gute Sachen sollte man dir noch gar nicht schenken, ich habe es Papa schon damals gesagt, als er sie aussuchte. Es lohnt sich noch gar nicht, soviel Geld für dich auszugeben.«

Ja, der Zorn, immer ist er unbedacht und ein Ausplauderer. »Aber Mama«, sagte ich, »die Eisenbahn, hat die denn nicht der Weihnachtsmann gebracht?«

Meine Mutter errötete mitten im Schimpfen wie jemand Ertapptes, drehte mir plötzlich wortlos den Rücken und ging hinaus, indem sie die Tür hinter sich zuwarf. Obwohl dies im Juni geschah und die Kraft des Weihnachtsmanns um diese Zeit gering ist – er hält nämlich gewissermaßen Sommerschlaf – machte mir dieses Verhalten doch großen Eindruck, und es wurde mir immer deutlicher, daß mit dem Weihnachtsmann irgend etwas ganz, aber auch ganz faul war. Das war mir sehr schrecklich, denn ich liebte den Weihnachtsmann. Ich dachte an den Weihnachtsbaumgeruch seines Schnapses, an seine plattdeutschen Flüche, an seine wunderbar rauhe große Güte, an die mystische Rute, die er nie wirklich benutzte – und das Herz quoll mir vor Schmerz, daß ich ihn verlieren sollte, daß es ihn womöglich gar nicht gab und daß alles Schwindel sein sollte ... Nein, ich beschloß, doch noch einmal und trotz allem an ihn zu glauben. Auch meine Mutter konnte schließlich irren, sie war immerhin nur eine Frau. Der Weihnachtsmann aber, das war ja klar, war im tiefsten Grunde eine Männerangelegenheit. Meine Mutter schimpfte ja auch manchmal ganz töricht und von unten herauf auf meinen Großvater, weil er mit seinem englischen Pfeifentabak ihre Gardinen schwarz rauchte – als ob alle Gardinen der Welt auch nur im geringsten ins Gewicht fielen gegenüber dem wonnevollen Knastergeruch englischen Pfeifentabaks! Dies beruhigte mich, und der Weihnachtsmann war noch einmal für mich gerettet.

Aber nur noch für kurze Zeit. Noch vor Weihnachten dieses Jahres war es aus damit. Da nämlich nahm mich meine Mutter mit auf den Weihnachtsmarkt.

Eins muß ich gestehen: Es war meine eigene Schuld. Ich selbst war es, der so lange quälte, bis er mitgenommen wurde. Meine Mutter widerstand lange – sie ahnte wohl, daß die bunt schillernde und lustig quirlende, aber ganz vorschriftmäßig rauhe Wirklichkeit des Weihnachtsmarkts mit meiner inneren Weihnachtswelt hart zusammenstoßen mußte. Aber was half es ihr und mir! Eine Frau wird wohl mit einem dreißigjährigen Mann fertig, aber nie und nimmer mit einem sechsjährigen – gar noch, wenn er ihr Sohn ist. Ich ging mit auf den Weihnachtsmarkt.

Ich will mich nicht mit dem Drum und Dran aufhalten. Vieles war schön und betäubend auf dem Weihnachtsmarkt, ich durfte Karussell fahren und bekam buntes Marzipan in den Mund gesteckt; ja ich sah sogar in einer Bude den ersten Film meines Lebens, von dem ich vor lauter Aufregung nicht das Geringste auffaßte, es war der erste Eindruck von Volksfest, Jahrmarkt, Theater, Fasching – vieles, was später im Leben weitergehen sollte, fing auf diesem Weihnachtsmarkt an. Aber etwas ging auch kläglich und traurig zu Ende, etwas sehr Schönes und nie Wiederkehrendes – nämlich mein Glaube an den Weihnachtsmann.

Es verwirrte mich von vornherein, daß auf diesem Weihnachtsmarkt viele Weihnachtsmänner herumliefen und, man kann es nicht anders nennen, herumlungerten. Es war nicht einmal einer, es waren viele. Zuerst dachte ich, es sei ein und derselbe, der uns immer wieder begegnete, und schon das war haarsträubend genug – man denke, der Weihnachtsmann, der nur nachts durch den Wald stapfte, geheimnisvoll und ehrwürdig, der lief am Tage ganz öffentlich und überflüssig, jedem sichtbar, hier auf diesem Markt herum! Aber dann merkte ich mir von einem genau, daß er eine auffallende und offenbar falsche rote Knollennase hatte. Und siehe da, der nächste, der uns begegnete, hatte keine solche, sondern eine kleine dürre und längliche, weißgefrorene Nase, an der ein Tropfen hing. Und gerade dieser näherte sich mir, als hätte er es auf mich abgesehen, klopfte mir, der ich mich ängstlich an meine Mutter drängte, auf den Kopf und fragte mit einer Stimme, die nicht einmal tief war, und in einer Sprache, die unverfälschtes gemeines Berlinisch war, ob ich artig gewesen wäre. Ich wollte gar nicht antworten, denn ich fühlte deutlich, daß ihn das gar nichts anging, aber meine Mutter ließ mich im Stich, sie lachte und sagte: »Antworte ihm doch«, und so sagte ich hastig und leise »Ja, ja«, nur um ihn los zu werden. Aber er faßte darauf in seine Manteltasche – nicht einmal in den Sack, nur in die Manteltasche! – und hielt mir etwas hin, worin ich widerstrebend einen Pfefferkuchen erkannte. Mir fuhr in diesem Augenblick durch den Kopf, daß man mir beigebracht hatte, von fremden Leuten nichts anzunehmen, es war mir auch gar nicht appetitlich, einen Pfefferkuchen aus der Manteltasche eines

Mannes entgegenzunehmen, von dessen Nase ein Tropfen hing; wirklich, ich wäre am liebsten davongelaufen. Aber meine Mutter stand unbegreiflicherweise auf der Gegenpartei, sie verständigte sich über meinen Kopf hinweg mit dem unangenehmen Weihnachtsmann durch freundliches Lächeln, und sie ermunterte mich: »Nimm nur und sag schön danke! Es kommt doch vom Weihnachtsmann!« Worauf ich hilflos den Pfefferkuchen nahm und sehr leise »danke« sagte. Der Weihnachtsmann aber setzte die Verständigung mit meiner Mutter über meinen Kopf hinweg fort, indem er ordinär lachte und fragte: »Ist wohl noch sehr scheu, der Kleine, was?« Ich kam mir wie verkauft vor, am tiefsten aber traf es mich, daß meine Mutter wirklich behauptet hatte, dieser Pfefferkuchen käme vom Weihnachtsmann, daß also eine gewisse, wenn auch unfaßbare und mystische Personalunion zwischen diesen aufdringlichen und unsauberen Weihnachtsmännern und dem einen, wahren, wirklichen, meinem Weihnachtsmann zugegeben war. Danach schien mir auch die mystische Einheit jenes widerlichen Onkel Otto, der sich mir tief eingeprägt hatte, und des geliebten Weihnachtsmanns nichts Unmögliches mehr – und Trauer senkte sich in meine Seele.

Flüchtige Trauer – denn viele Sensationen kamen und verjagten sie: Karussell, Marzipan und Kinderkino ... Aber noch einmal sollte an diesem Tage ein Schlag gegen meinen Glauben geführt werden, und dieser Schlag war endgültig.

Es war schon dunkel und meine Mutter schon mit Paketen beladen, mein Kopf schwirrte schon von all den Erlebnissen des Tages, und wir machten uns schon auf, den Weihnachtsmarkt zu verlassen, da sah ich noch etwas, woran ich keineswegs vorbeikam: einen Menschenauflauf! Ein Auflauf ist ein Magnet für Kinder. Ich riß mich von der Hand meiner Mutter los, drängelte mich zwischen den Beinen der Menschen hindurch, stand schließlich ganz vorn und sah:

Zuerst einen Schutzmann. Der Schutzmann, groß, ruhig, sehr einschüchternd, beherrschte ohne Zweifel das Ganze. Von Zeit zu Zeit fuhr er uns rauh an, weiterzugehen, womit er freilich nicht erzielte, daß wir es taten, aber doch, daß uns heilsamer Schrecken und Respekt vor seiner Macht in die Glieder fuhr. Er hielt einen Block und einen Bleistift in der Hand, was ihn nur noch respekteinflößender machte. Ich persönlich hatte nie etwas Böses von einem Schutzmann erfahren, ich wußte sogar, daß ich mich an einen Schutzmann wenden konnte, wenn ich mich einmal verlaufen hatte, und daß er mir nichts tun, sondern mich freundlich nach Hause bringen würde. Ich wußte aber immerhin auch, daß derselbe Schutzmann die Macht hatte, Menschen, die etwas Böses getan hatten, am Kragen zu nehmen und ins schwarze Loch zu stecken; ich war nicht so felsenfest überzeugt davon, daß ich nie etwas Böses getan hätte, und deswegen hatte ich auch im Stillen ein für allemal beschlossen, von der Möglichkeit, mich durch einen Schutzmann nach Hause bringen zu lassen, nie Gebrauch zu machen. Es konnte doch vielleicht sein, daß er die Sache anders auffaßte und mich ins schwarze Loch steckte. Besonders nah aber – das wußte ich aus mancher Erfahrung – war das schwarze Loch dann, wenn der Schutzmann einen Block und einen Bleistift in der Hand hielt und etwas aufschrieb. Stets stand dann ein armer Mensch in der Nähe, der aufgeschrieben wurde, und dieser Mensch, das hatte ich gelernt, war dazu ausersehen, ins schwarze Loch zu kommen. Nie sah ich ohne Mitleid und Grauen auf diese Armen.

Richtig, da stand er ja auch, der Lochkandidat – ein recht armer, abgerissener Bursche, so dürftig angezogen, daß man bei seinem Anblick fror, und mit erbärmlichem Gesichtsausdruck. Wer aber hielt ihn am Kragen, schrie auf ihn ein und schüttelte ihn so, daß selbst der Schutzmann ihn in Schutz nehmen mußte? Ein Weihnachtsmann.

Ich war starr vor Graus. Es war wahrhaftig ein Weihnachtsmann, er hatte Sack, Rute, Zipfelmütze und sternbestickten Mantel, auch über einen weißen Bart verfügte er, der sich aber gelöst hatte, so daß er nur noch schief von einem Ohr herunterhing und ein nacktes puterrotes Gesicht mit kleinen bösen Augen freigab. Erst jetzt nahm ich auch wahr, daß er, während der Schutzmann schrieb, ohne Unterlaß schrie und den armen Sünder stieß und schüttelte, so daß der Schutzmann ihn mehrfach barsch unterbrach und zur Ruhe wies. Was schrie er? Unverständliche, aber darum nicht weniger fürchterliche Drohungen. *Ihm*, so rief er mit Betonung und meinte dabei immer den armen dürren Jungen, den er vorhatte, ihm werde er's »eintränken«, ihm »die Flötentöne beibringen«, ihn »klauen lehren«, ihm »die Hammelbeine langziehen« – und viele andere Drohungen mehr, die ich nicht verstand, weil sie noch dunkler und wohl noch gräßlicher waren. Und dazu benutzte der Weihnachtsmann jeden unbewachten Augenblick, wenn der Schutzmann gerade ins Schreiben vertieft war, um sein Opfer roh mit dem Ellenbogen von der Seite ins Gesicht zu puffen.

Ich war nahe daran, meinerseits auf den Weihnachtsmann loszugehen – oder einfach zu weinen... Vor der Macht des Schutzmanns hatte ich einen dunklen Respekt, und ich sah auch ein, daß der Jämmerliche, der nun ins schwarze Loch mußte, zweifellos etwas Böses getan hatte; freilich sah ich auch, daß er klapperdürr und ganz unzulänglich angezogen war. Aber wie dem auch sein mochte – ganz sicher war, daß alles, was der Weihnachtsmann hier tat und redete, von Grund aus unweihnachtsmännlich war, ja daß es ganz einfach gemein und widerwärtig war, fast so gemein und widerwärtig wie das Tun der bösen Kutscher, die erbarmungslos ihre Pferde prügelten und denen damals mein tiefster Urhaß galt – oft nachts im Traum nahm ich mir solche Kutscher vor und bearbeitete sie selbst aus Leibeskräften mit ihren Peitschen! Mit diesen Kutschern also stellte sich hier der Weihnachtsmann auf eine Stufe! Und da hatte ich auch nicht mehr Zeit und Lust, so tifteligen und schwierigen Fragen nachzugrübeln wie der, ob dieser Weihnachtsmann mit dem echten identisch oder welcher Art die verwickelte Beziehung zwischen beiden sei. Nein, blitzhaft, mit einem Gefühl, als risse ich mir selbst mit einem schmerzhaften Ruck einen Milchzahn heraus, entschied ich, daß alles Schwindel sei, daß es überhaupt keinen Weihnachtsmann gäbe und daß nur Widerwarte wie dieser und der mit dem Tropfen an der Nase und jener Onkel Otto unsern Irrglauben ausnutzten und sich seine Rolle anmaßten, um sich auf ihre ekelhafte Art aufzuführen ... Und erst, als ich mich zu dieser Erkenntnis durchgerungen hatte, verließ mich die Beherrschung, und ich begann laut und gräßlich zu heulen.

Meine Mutter zog mich weg. Alles, was dann geschah, wie und womit man mich beruhigte und was ich zur Erklärung angab, habe ich restlos vergessen. Nur daß es nicht die Wahrheit gewesen sein kann, weiß ich leider. Denn meine Beziehung zum Weihnachtsmann war noch nicht ganz zu Ende. Sie hatte ein schlimmes und vergiftetes Nachspiel – nur beschämt und der Wahrheit zuliebe erzähle ich davon. Obwohl mein Glauben an den Weihnachtsmann dahin war – es war nur noch eine nebensächliche Bestätigung, daß auf dem Weihnachtstisch meiner kleinen Schwester, angeblich vom Weihnachtsmann gebracht, eine Puppe prangte, die ich meine Mutter eigenhändig auf dem Weihnachtsmarkt gegen Barzahlung hatte kaufen sehen –, trotzdem wagte ich noch nicht, mich öffentlich zu meiner Ernüchterung zu bekennen. Der alte, wunderbare, großartig gütige, bartumwallte, nie strafende, plattdeutsch fluchende, englischen Pfeifentabak rauchende und Weihnachtsbaumschnaps trinkende Kindergott war tot. Aber aus Feigheit, alle Brücken zu ihm abzubrechen, aus Scheu vor der Unbequemlichkeit öffentlichen Bekenntnisses und vor der Veränderung des Hergebrachten, aus böser List und Rache schließlich und aus Lust, die Erwachsenen zu betrügen und mich ihnen heimlich überlegen zu fühlen, – aus einem ganzen Bündel unsympathischer Motive also gab ich seinen Tod nicht zu, sondern gab noch lange Zeit vor, an ihn zu glauben. Ja, wie die Bigotterie immer einsetzt, wenn der Glaube stirbt, begann ich erst jetzt ein großes Gerede und Gefrage um den Weihnachtsmann zu veranstalten, ich nötigte die armen Erwachsenen, immer mehr über ihn zu erfinden und sich immer tiefer in ihre Lügen zu verstricken – ein übles und bösartiges Spiel, bei dem es nur Betrogene gab. So ging es mir nur später noch einmal – gar nicht so sehr viele Jahre später –, als ich schon längst wußte, woher die Kinder kommen, aber schandenhalber noch vorgab, an den Storch zu glauben, der damit in eine unverdiente Nachbarschaft mit dem Weihnachtsmann geriet. Um diese Zeit aber war ich mir über die Nichtexistenz des Weihnachtsmanns immerhin schon mit den Erwachsenen einig.

Vielleicht aber ist auch das noch nicht das letzte Kapitel meiner Beziehungen zum Weihnachtsmann gewesen. Es wäre ja auch ein betrübliches Ende. Jetzt zum Beispiel habe ich einen Jungen, der seinerseits wieder an den Weihnachtsmann glaubt – an den echten, richtigen. Und obwohl ich mit Bangigkeit voraussehe, daß es ihm mit seinem Glauben eines Tages nicht besser gehen wird als mir, frage ich mich doch manchmal, ob er heute nicht die tiefere Wahrheit besitzt – und fange schüchtern selber wieder an zu glauben, was ich sage, wenn ich ihm vom Weihnachtsmann erzähle.

Wunder des Alltags

Die Ansichtspostkarte

Es gibt zwei Arten von Ansichtspostkarten: die, die man im Schaufenster des Papierladens ausgestellt sieht, und die, die man wirklich bekommt. Darin gleichen die Ansichtspostkarten dem Leben, das es offenbar auch in zwei Ausgaben gibt: einer, die in Romanen und Zeitungen (hauptsächlich in den Rubriken »Vermischtes« und »Aus dem Gerichtssaal«) ausgestellt ist, und einer, die man wirklich lebt. Die erste Art ist offensichtlich sehr viel aufregender, ausgefallener und scheußlich-schöner; ob es nun sehr viel glücklicher machen würde, sie wirklich geliefert zu bekommen, steht dahin. Da gibt es – ich spreche von den Postkarten – serienweise wunderbare Liebesszenen, auf denen samtäugige Mädchen und schlanke Jünglinge einander im Vollmondschein unter Blütenbäumen im Arm halten, aber gleich daneben hängt eine Serie höchst fratzenhafter und widerwärtiger Szenen, wie etwa, daß eine riesige und abstoßende Frau mit furchtbarem Gesichtsausdruck den Ausklopfer über einem unnatürlich kleinen und nicht minder widerlichen Mann schwingt, und darunter steht dann ungefähr: »Er soll dein Herr sein!« Auch grob unflätige Situationen finden sich in diesem Zusammenhang abgebildet, und über ihre Darstellung ist ein gewisses unterweltliches Behagen ausgegossen ... Dann gibt es reihenweise schalkhafte Postkarten, auf denen niedliche kleine Kinder auf dem Töpfchen sitzen, und darunter steht: »Ich bin eingeschnappt«, oder so ähnlich. Welch eine Welt! Sogar gewisse

Fotoserien, die man sich etwa unter dem Kennwort »Folies Parisiennes« in diskretem Umschlag schicken lassen kann, sollen, wie ich mir habe sagen lassen, häufig die Form von Ansichtspostkarten haben – mit Einteilung für Mitteilungen, Adresse und Briefmarke auf der Rückseite. Ob die Menschen, die sich diese Fotos im diskreten Umschlag schicken lassen, sie wohl wirklich nachher frankieren und ganz indiskret in den Briefkasten werfen, wenn sie ihrem Freund einen Feriengruß schicken wollen? Ich wüßte es gar zu gern.

Ich jedenfalls habe noch nie eine solche Ansichtspostkarte bekommen. Unsereins bekommt nur ganz langweilige und anständige Postkarten, wie etwa »München, Frauenkirche« oder »Bad Nenndorf, Kurpark« oder »Luftkurort Klein-Biehlsdorf, Gesamtansicht«. Deswegen sind wir dann auch ganz übellaunig, wenn uns der Postbote morgens aus dem Schlaf klingelt, und dann ist es »wieder nur eine Ansichtskarte«. Wir sehen sie gar nicht an, werfen sie auf den Nachttisch und versuchen weiterzuschlafen. Wir sind richtig undankbar gegen sie, – genau so undankbar wie gegen unser langweiliges und anständiges Leben, das so gar keinen Roman und schon überhaupt keine Notiz für das »Vermischte« oder »den Gerichtssaal« hergeben würde, dies Leben, in dem das Scheußlich-Schöne, Aufregende und Ausgefallene so selten ist, in dem man ins Büro oder in die Ferien fährt, arbeitet, faulenzt, schläft, ins Kino geht, sich gelegentlich ein bißchen betrinkt und ganz bieder seine eigene Frau liebt ... Und dabei hätten wir so viel Grund, dankbar dafür zu sein! Das Unauffällige, Langweilige und Nichterzählenswerte – das gerade ist das Glück. Und so ist es auch mit den Ansichtskarten. Die Ansichtskarte ist recht eigentlich die Glückspost. Sie und nichts anderes! Natürlich, die Nachricht, daß man das große Los gewonnen hat, wäre noch angenehmer. Aber diese Nachricht bekommt man nie; die Ansichtskarten haben vor ihr den nicht zu unterschätzenden Vorzug, daß man sie wirklich kriegt. Alle übrige Post kann den Vergleich mit ihnen nicht aufnehmen. Briefe enthalten meist etwas Unangenehmes; aber wer hätte schon je etwas Unangenehmes auf einer Ansichtskarte mitgeteilt? Das ist ja das Schöne an den Ansichtskarten, daß sie so wenig Raum für Mitteilungen enthalten. Wenn einer uns eine Ansichtskarte schreibt, so ist das, als ob er (überflüssiger-, aber gerade darum herzerfreuenderweise) sein Glas gegen uns hebt und sagt: »Dein Wohl!« Solche Gesten haben keinen besonderen Sinn und Verstand, aber sie erfreuen. Armer Mann, der wenig oder keine Ansichtspostkarten bekommt! Er tut gut, seine Lebensführung von Grund auf zu überprüfen. Wahrscheinlich versteht er es nicht, Freundschaft zu wecken; wahrscheinlich ist er finster und ein Sonderling; gewiß, ein solcher Mann ist kein glücklicher Mann. Die Zahl der Ansichtspostkarten, die wir empfangen, ist das Thermometer unserer Beliebtheit; Ansichtspostkarten sind der freiwillige Tribut von Liebe und Freundschaft, den uns unsere Umwelt entrichtet. Er ist nicht gerade ungeheuerlich – aber das kann man von einem Tribut auch nicht verlangen; am wenigsten von einem freiwilligen.

Überdies ist eine Ansichtspostkarte schließlich gar nicht so wenig, wie sie scheint. Sie ist immerhin groß genug, um in drei Teile zu zerfallen – unter Umständen sogar in vier, wenn wir nämlich noch an die Briefmarke denken, die, sofern es eine ausländische ist, an den Markensammler geschenkt werden kann, den jeder in seiner Bekanntschaft hat und der sie zwar auch nicht gebrauchen kann, aber seinerseits wieder die Freude hat, sie weiterverschenken zu können, und so fort und fort. Ganz hiervon abgesehen also zerfällt eine Ansichtskarte immerhin in drei Teile, nämlich die Ansicht, die Mitteilungen und die Adresse, und jeder dieser Teile hat seinen besonderen Reiz für den Genießer.

Die Ansicht, es sei zugestanden, hat den geringsten. Das empfinden übrigens auch die Absender der Ansichtspostkarten, und sie tun daher gern ihr Bestes, die Ansicht durch persönliche Züge ein bißchen aufzuwerten. Sie machen irgendwo auf der ansprechenden, aber nichtssagenden Gesamtansicht von Klein-Biehlsdorf ein Kreuz und schreiben dazu: »Hier um die Ecke wohnen wir«. Oder sie tragen auf »Norderney, Badestrand« ein roh gezeichnetes Männchen ein, machen einen Pfeil und schreiben an den Rand: »Das bin ich«. Nicht besonders geistreich, zugegeben, aber gut gemeint. Außerdem haben alle diese Ansichten einen mehr oder weniger großgeratenen Himmel, und der Himmel wird, besonders von Ehefrauen, gern zu Mitteilungen benutzt. Gerade diese Mitteilungen allerdings liegen etwas abseits vom eigentlichen Sinn und Wesen der Ansichtskarte, sie nähern sie dem Brief an, der ja bekanntlich immer etwas Unangenehmes enthält. Da steht denn in dem blauen Himmel über dem Markusplatz: »Du kannst Frau Meier sagen, sie soll doch jetzt, wo sie nicht so viel zu tun hat, mal die Gardinen im Herrenzimmer abnehmen, sie müssen wirklich mal gewaschen werden, sie sind ja schon ganz grau von dem Pfeifenrauch.« So taktlos kann nur eine Ehefrau sein! Aber so ganz taktlos ist es auch wieder nicht, denn sie hat immerhin Gefühl dafür, daß solche Anweisungen eigentlich nicht auf eine Ansichtskarte gehören und flieht deshalb mit ihnen aus dem eigentlichen Mitteilungsraum in den Himmel.

Der eigentliche Mitteilungsraum ist dagegen mit Grüßen und Unterschriften angefüllt. Es ist ein stillschweigendes Gesetz der Sitte – das auch meines Wissens nie übertreten wird –, daß die Mitteilungsspalte einer Ansichtskarte für nichts irgendwie Sinnvolles, Zweckhaftes, Tatsächliches oder überhaupt Bemerkenswertes mißbraucht werden darf. Man teilt nicht auf Ansichtskarten mit, daß man Geld braucht, daß jemand gestorben ist, daß das Kind erkrankt ist oder daß man sich scheiden lassen will. Man teilt überhaupt nichts mit: man verewigt sich. Das Ansichtskartenschreiben ist eine erstens gesellige, zweitens zwanghafte und drittens lustbetonte Beschäftigung. Es ist die ins Gesittete und Humane erhobene Betätigungsform desselben Triebes, der minderkultivierte Leute zwingt, ihre Namen in die Wände von Sehenswürdigkeiten zu ritzen. Wenn ein paar Leute auf Reisen gemütlich zusammensitzen, wenn der Durst gestillt ist, die Sonne untergeht, und ruhig fließt der Rhein – was tun sie dann? Sie schreiben Ansichtspostkarten. Eine magische Handlung! Man verleiht damit dem Augenblick eine Art Dauer, man vertieft und verfestigt ihn, und gleichzeitig zieht man seine entfernten Lieben mit in den Kreis ... Wie bei aller Magie kommt es sehr darauf an, daß der Kreis geschlossen ist, und deswegen nötigt man auch alle Anwesenden so eifrig, ihren Namen mit auf die Karte zu setzen. Der Einwand, daß man den Adressaten ja gar nicht kenne, gilt nichts. »Doch, doch, Sie müssen unterschreiben!« Der Empfänger rätselt nachher vergeblich an den vielen fremden Namenszügen herum ... Immerhin, es läßt sich nicht verkennen, daß manchmal noch ein wenig von der magischen Wirkung vorhanden ist, wenn die Karte ankommt. Besonders bei Karten, die in einem gewissen Stadium geselliger Betrunkenheit entstanden sind. Die liest der Empfänger mit wehmütigem Neid; vielleicht lacht er ein paarmal auf; und – die Wirkung des Zaubers – im stillen beschließt er, sich heute abend auch einmal wieder ein bißchen zu entnüchtern.

Der dritte und wichtigste Teil der Ansichtskarte aber ist die Anschrift. Denn man schreibt ja Ansichtskarten nicht nur an seine Frau oder an die Freunde, die man in vierzehn

Tagen wiedersieht; auch an sie, natürlich, aber damit ist es nicht getan. Ansichtskarten schreiben ist eine so leichte und angenehme Beschäftigung, sie macht träumerisch; unwillkürlich überlegt man, an wen man denn noch eine Ansichtskarte schreiben könnte. Und dabei fallen einem halb vergessene alte Freunde ein ... Einen Brief würde man nie an sie schreiben – nach so langer Zeit ... Aber eine Ansichtskarte; warum nicht? Und schnell entschlossen schreibt man die Adresse hin, von der man gar nicht mehr so genau weiß, ob sie noch stimmt.

Und das ist der große Augenblick der Ansichtskarte. Wer weiß, vielleicht ist dies der eigentliche Zweck, für den sie Gott in seinem Wohlwollen geschaffen hat. Eine solche Ansichtskarte nämlich ist mehr als eine angenehme, aber unbedeutende Geste. Sie ist wirklicher Zauber, sie hat Macht, das Leben zu verändern, und zwar sehr zum Guten zu verändern: es zurechtzurücken und ins Gleichgewicht zu bringen.

Wie ist es denn mit dem Leben? Ist es eine einheitliche, befriedigende Komposition, fließt es in stetiger Strömung vor sich hin, dürfen wir sicher sein, daß ein Thema, einmal angeschlagen, an seinem Ort in der Reprise wiederkommt, daß spät erklingt, was früh erklang? Ach, keineswegs. Sagen wir's nur, unser Leben ist Stückwerk. Freunde gehen verloren, Hoffnungen und Pläne kommen uns aus den Augen, sehr geliebte Menschen bleiben irgendwo zurück, wir nehmen Abschied und glauben, es sei auf ein paar Wochen, und es ist für immer. Wir schreiben Briefe, erst innige, dann kühlere, erst häufig, dann seltener; eines Tages schreiben wir keine Briefe mehr. Jemand ist einen kleinen Tod für uns gestorben, und es weht kalt an der Stelle, wo er gewohnt hat.

Und dann kommt eines Tages in der Reisezeit eine Ansichtspostkarte: »Wir sitzen im ›Goldenen Löwen‹ und schreiben vor Langerweile Ansichtspostkarten. Es regnet nämlich wie damals in Blankenese (weißt du noch?), und wir werden hier wohl bis ins Aschgraue sitzen müssen. Wie geht es Dir? Herzliche Grüße«, und dahinter, an der Spitze von ein paar fremden Unterschriften, ein Name, der uns vor drei, fünf, zehn Jahren lieb und vertraut war. Und drüben steht richtig unser eigener Name. Die Adresse stimmt natürlich nicht mehr, aber die tüchtige Reichspost hat uns gefunden ...

Das ist schön. Wir sind also noch nicht vergessen. Das Leben ist nicht ganz so sehr Stückwerk, wie wir denken. Es hat doch eine stille, verborgene Kontinuität. Damals in Blankenese ... Natürlich weiß man noch. Nichts geht verloren, und die Freunde unserer Vergangenheit sind also nicht ganz tot; vom anderen Ufer des Letheflusses schicken sie noch Lebenszeichen – Ansichtspostkarten.

Wie frisch das Herz wieder schlägt! Man beschließt, gleich einen langen Brief zu schreiben. Natürlich tut man es nicht. Das schadet auch nichts. Vielleicht ist es sogar besser so. Vielleicht schreibt man nächstens auch eine Ansichtspostkarte.

Robben im »Ruhestand«

Zoo-Komiker vor der Kamera

Man vergleicht die Tiere im Zoo gern mit Gefangenen – warum eigentlich nie mit Ferienreisenden oder Pensionären? Gewiß mögen manche Tiere ihr Zoodasein als Gefangenschaft empfinden, wie jener Panther, über den Rilke ein unvergeßliches Gedicht geschrieben hat. Aber ehe man das verallgemeinert, sehe man sich einmal z. B. die Robben an! Wahrhaftig, sie sehen nicht aus, als ob sie sich als Gefangene fühlten; auf ihren verschmitzten Rentnergesichtern ist der Ausdruck innigster, satter Zufriedenheit zu Hause, und wenn wir ihr scharfes Geschrei verstehen könnten, würden wir wahrscheinlich hören, daß sie sich täglich versichern, sie hätten das große Los gewonnen.

Das harte, anstrengende, schlankmachende Räuberleben, das eine Robbe draußen führen muß – sie haben es hinter sich. Sie leben im Ruhestand; dreimal täglich kommen ihnen die Fische aus der Hand des Wärters in den Mund geflogen, wie den Einwohnern des Schlaraffenlandes die gebratenen Tauben, und den ganzen Tag haben sie Zeit zum Spielen und zum Verdauen. Das gibt eine wunderbare Seelenstimmung von aristokratischer Gemütsruhe, Behaglichkeit und Würde. Und immerfort stehen Menschen an den Felsenrändern, sehen ihnen zu und quittieren jede ihrer Lebensäußerungen mit lautem Jubel. Da soll so eine Robbe nicht eitel werden!

Die Robben, das wird jeder Zoobesucher bestätigen, sind selbstbewußte, ein wenig komödiantische Geschöpfe, und sie haben ein lebendiges Verhältnis zu ihrem Publikum wie ein Bühnenstar oder ein Sportchampion. Sie wissen, daß ihre schönen Kopfsprünge, ihre Tauch-, Schwimm- und Fangleistungen durchaus als Kunststücke gewürdigt werden; und wenn sie nach gelungener Tat sich auf ihrem Felsen graziös aufrichten und ihre schlauen Köpfe mit den eleganten Schnurrbärten hin und her wenden, dann erinnert das auf unbeschreiblich drollige Weise an die insgeheim höhnischen Verbeugungen des Artisten nach seiner Nummer, die mit boshafter Höflichkeit einzuladen scheinen: »Macht mir's nach!«

Untereinander sind die Robben von einer spiel- und necksüchtigen, ein wenig schwatzhaften Kameradschaftlichkeit – die nur einmal unterbrochen wird: wenn die große Stunde der Fütterung naht. Dann freilich bricht noch einmal der alte Räuber in ihnen durch. Vergessen ist die schauspielerische Würde vor dem Menschenpublikum, vergessen die ganze Spielkameradschaft mit der Mitrobbe – und nichts bleibt übrig als ein zusammengedrängter Haufen von schreienden, jappenden, mit den Schwänzen drängelnden Interessenten, deren jeder dem anderen den fettesten Happen wegschnappen möchte. Freilich, wer je nach einer Theatervorstellung seine Garderobe erringen mußte, dem wird Ähnliches auch aus dem menschlichen Leben geläufig sein.

Zoologisch besteht ein ungeheurer Abstand zwischen Mensch und Robbe ... Ob wohl auch psychologisch? Wer sich Zeit nimmt, die Robben ein Weilchen zu studieren, wird staunen, wie viele liebe und bekannte Gesichter er unter ihnen wiedersieht. Onkel Rudolf, Rechungsrat Meier und Tante Mathilde, sie sind alle da, alle deutlich erkennbar. Und ihr Leben und Treiben, ist es wirklich so sehr verschieden von unserem eigenen Ferienleben am Strand des Wannsees oder der Ostsee? Ja, wer ein Menschenkenner werden will, der gehe in den Zoo, zu den Robben.

Vom Wetter

Vom Wetter zu reden gilt ganz mit Unrecht als fade. Das Wetter hat den tiefen unverdorbenen Reiz aller der Dinge, die sich dem Einfluß des technischen Menschengeistes bis jetzt noch entzogen haben, mit denen das Schicksal noch unverfälscht und unverbogen auf das Leben der Menschen wirkt. Und was für wichtige Wirkungen es damit erzielt! Ich denke nicht nur an Badereisen und Sonntagsausflüge oder an die Landwirtschaft und sonstige Gelegenheiten, bei denen der Mensch notgedrungen eine seriöse Geschäftsverbindung mit dem Wetter eingeht, um dann dauernd vor den Launen seines verrückten Partners zu zittern: Nein, auch der Städter, der seinem Beruf und seiner Zerstreuung unter Dach nachgeht, ist ein Sklave des Wetters geblieben. Gute Laune, Arbeitsfähigkeit, Einfälle, Optimismus – solche schönen und lebenswichtigen Dinge hängen, wenn man genau hinsieht, meist an solchen Angelegenheiten wie Niederschlagsdichte, Luftdruck und Sonnenstrahlung. Es gibt gewisse Vorgewitterstimmungen und gewisse nieselnde Nebeltage und ein gewisses unentschlossen naßkaltes Winterwetter, das Selbstmord, Zank, Wahnsinn und Katastrophen jeder Art begünstigt. Man sollte einmal die Kriminalstatistik mit der Wetterstatistik vergleichen, das wäre sicher lehrreich. Auch die Verliebungs- und Verlobungsstatistik, wenn es eine gäbe, würde gewiß eigentümliche Parallelen mit der Witterung zeigen. Hemingway weiß schon, was er tut, wenn er es bei allen schrecklichen Ereignissen, an denen seine Bücher reich sind, regnen läßt. Das Wetter ist unser Schicksal.

Und dabei ist es unberechenbar. Welche Tücke, es ist ihm nicht beizukommen. Wir können es sowenig lenken wie die Kugel im Roulette. Daß man noch nicht darauf gekommen ist, Wetten aufs Wetter zu legen! Es wäre eine großartige Chance zur Bereicherung des Lebens, unendlich viel spannender als Pferdewetten; zudem, welche Steuerquelle für den Staat! Aber statt dessen sind die Menschen auf etwas anderes verfallen; nämlich auf die Wettervorhersage.

Die Wettervorhersage wird mit einem Ernst betrieben, zu dessen Bezeichnung man zwischen den Beiworten heilig und tierisch schwanken mag. Sie verfügt über eine wissenschaftliche Geheimsprache von ehrfurchtgebietender Unverständlichkeit und Eingeweihtheit. Isobaren, Cyklonen, Depressionen, Hochs und Tiefs – das ist noch gar nichts. Die Männer, die ihr frönen, keineswegs Narren und Gaukler, sondern ernste Männer der Wissenschaft, schlecht bezahlt wie hohe Beamte und allgemein geachtet wie einst die Teufelsaustreiber und Ablaßhändler, hausen in kostspieligen steinernen Türmen und Warten, von wo sie täglich eine Prophezeiung über das Wetter des nächsten Tages an die wartende Menschheit herausgeben, die in einer besonderen, sonst ungebräuchlichen Sprache gehalten ist (namentlich das Wort »vorwiegend« kennzeichnet sie) und die mit einem gewissen stumpfen, respektvollen Ernst aufgenommen und überallhin verbreitet wird. Die Stimme des Rundfunkansagers zittert keineswegs von unterdrücktem Lachen, wenn er bekanntgibt, daß es morgen vorwiegend heiter sein wird, keine nennenswerten Niederschläge, nur in Ostdeutschland vorwiegend trübe, im Nordosten leichte Eintrübung, strichweise Gewitter. Die Zeitungen, wie verschieden sie sonst über Gott und die Welt denken mögen, drucken einträchtig die vollkommen unverständlichen, mit

Ringen und Punkten übersäten Landkarten ab, aus denen sich das Wetter von morgen ergibt und von denen sie wissen, daß keiner ihrer Leser sie betrachtet.

Diese solcherart Tag für Tag verbreiteten Prophezeiungen treffen nun bekanntlich nicht ein. Sie treffen bis zu dem Grade nicht ein, daß sie es sich sogar leisten können, gelegentlich einmal einzutreffen; es ist nicht einmal im Negativen Verlaß auf sie. Den Interessen der wetterabhängigen Menschheit wäre ebenso gedient, wenn sie täglich durch Ziehung aus einem Zettelkasten zusammengesetzt würden, der die Worte »heiter«, »Niederschläge«, »Eintrübung«, »Gewitterneigung« und mehrmals das Wort »vorwiegend« enthält. Das hat aber die Wetterpropheten noch niemals veranlaßt, sich ein bißchen zu entschuldigen und vielleicht die Stimme ein wenig zu dämpfen, wenn sie am Abend eines strahlenden Sonnentages, für den sie vorwiegend schwere Niederschläge, Hagel und Gewitter angesagt hatten, für den nächsten Tag weitere Wetterverschlechterungen prophezeien. Die Wetterpropheten verlassen sich einfach auf ihre Autorität und auf das schlechte Gedächtnis ihres Publikums. Sie verstehen sich auf die Psychologie des Volkes.

Übrigens würden sie an Ansehen schwerlich einbüßen, wenn man die erwähnten Wetterwetten einführte. Im Gegenteil; die Wetteraussichten, heute sowenig beachtet wie der Zeitungskopf und die Zigarettenreklame, würden verschlungen werden, es würden Wetterzeitungen aus dem Boden schießen, mit einem Absatz wie die Organe des Rennsports und der Astrologie. Die Wetterprophezeiungen brauchten keinen Deut zuverlässiger zu werden als jetzt. Sie würden dennoch, als Papierform des Wetters, an Popularität bei weitem gewinnen. Als ob überhaupt Zuverlässigkeit und Popularität etwas miteinander zu tun hätten! Das Geheimnis der Popularität – aber dies führt zu weit vom Thema fort.

Wer wirklich etwas über das Wetter vorauszuwissen begehrt, hält sich besser an Bekannte mit ausgesprochenem Wetterglück und Wetterpech, nach deren Unternehmungen er die seinen richten möge, oder an die Erfahrungen alter, gereifter Leute, von denen hier einige unter Ausschluß jeder Haftung mitgeteilt seien. Was zum Beispiel Feste betrifft, so ist Ostern meist kalt und windig und Weihnachten stets matschig und mild. Himmelfahrt verregnet immer. Von Wochentagen neigen Sonnabende vorwiegend zur Eintrübung, wodurch man sich aber nicht abschrecken lassen darf, denn Sonntage verregnen ganz oder gar nicht. Das beste Wetteranzeichen sind Veranstaltungen: Theaterpremieren im September bringen Nachsommer und Hitze, Weihnachtsferien in den Bergen Tauwetter; Sportfeste Regen. Für gutes Wetter sorgt man am besten durch Beginn mit der Umordnung der Bibliothek oder Herauskramen alter Briefe.

Dies führt bereits auf ein anderes Kapitel, nämlich die Beeinflussung des Wetters. Das Wetter ist sowenig zu beeinflussen wie die Roulettekugel, also durch mancherlei List und Berechnung immerhin zu locken und zu kirren. Selbstverständlich ist hier alles Sache der Einfühlung und der Intuition. Dasselbe Mittel verfängt nicht immer. Zorn, Verzweiflung, Gebete sind dem Wetter gegenüber jedenfalls stets ganz unangebracht. Manchmal hilft scheinbare Gleichgültigkeit. Eine bewährte Methode ist, dem Wetter ein Opfer anzubieten: etwa ein Opfer persönlicher Eitelkeit durch bewußt entgegengesetzte, sehr sicher ausgesprochene Prophezeiung oder ein Geldopfer durch kostspielige Spekulation auf unerwünschtes Wetter. Ein gutes, in tausend Fällen erprobtes Hausmittel besteht ferner darin, einen Schirm mitzunehmen. Der Schirm schützt zwar nicht, wenn es zu regnen anfängt, wohl aber schützt er im allgemeinen davor, *daß* es zu regnen anfängt, und zwar um so sicherer, je älter, lästiger und abscheulicher er ist. Mitunter läßt sich das Wetter aber auch imponieren durch unbedingtes, hingebendes Vertrauen in seine Gunst – dies aber nur bei Leuten, die wirklich den bergeversetzenden Glauben haben. Zweifel schadet immer; er schließt den Mißerfolg in sich und darf nur bei vorgefaßter Resignation gewagt werden. Man muß glauben, obwohl man weiß, daß man zweifeln müßte. Das ist überhaupt das Geheimnis der Beeinflussung des Wetters.

Nicht nur des Wetters.

Fantasie über Getränke

Der Mensch ißt, um zu leben, und trinkt, um zu träumen. Seit alters ist der Durst ein willkommener Anlaß, sich ein wenig zu beschwingen. Deswegen ist Trinken auch so viel interessanter als Essen. Das Essen, wie vergnüglich es immer sein mag, bleibt eine Angelegenheit des Körpers; selbst zu seiner Lieblingsspeise hat man nicht mehr als ein derbfleischliches Verhältnis. Das Trinken aber gehört in jenes zauberische Gebiet, wo Körper und Seele sich nicht mehr unterscheiden lassen und wo die Liebe, die Musik, der Rausch und der Tod angesiedelt sind. Was einer trinkt, das hilft mit, sein innerstes Wesen zu formen; was er ißt, formt höchstens seinen Körper.

Was wäre der Stadtmensch unseres Jahrhunderts ohne den Kaffee, sein Grundgetränk, sein Lebenselixier, sein Leib- und Magengift! Ich behaupte: Unser ganzes unwahrscheinliches Leben wäre überhaupt nicht möglich ohne Kaffee. Der Kaffee ist der Mephistopheles, der den faustischen Menschen begleitet. Er verleiht dem Mann, der einen Pakt mit ihm schließt, ungeahnte Fähigkeiten und Kräfte – freilich nicht, ohne ihn hinterher in das Fegefeuer der Herzattacken herunterzuholen. Gleichviel: Solange es nicht soweit ist, ist er ein Freund, wie auch Mephisto es ist, ein richtiger, guter Freund, wie man ihn brauchen kann; seine Sprache ist direkt, männlich, witzig, zynisch, brutal, sein Zuspruch ist von Rippenstößen begleitet, und seine Hilfe fehlt nie, wo man sie anruft. Der Kaffee ist ein betont männliches Getränk; deswegen wissen auch die meisten Frauen mit Kaffee nicht das Rechte anzufangen. Sie schütten Milch hinein und rühren mit Löffeln darin herum. In Haushalten ohne starken männlichen Einfluß ist der Kaffee nie wirklich gut. Frauen, die viel Kaffee trinken, nehmen einen männlichen Charakter an.

So wie Männer, die sich dem Tee verschreiben, leicht etwas Zartes bekommen. Der Tee – welch eine Roheit der Sprache, aus diesem weiblichsten aller Getränke ein Maskulinum zu machen! – ist charmant, leise, anheimelnd, einhüllend wie weibliche Gastlichkeit. Er hat keinen Geschmack, er hat ein Aroma. Er macht nicht unternehmend wie Kaffee, aber er macht liebenswürdig und geistreich; er gibt einem die kleinen Gedanken ein, die wie Seifenblasen emporsteigen und lautlos zerplatzen, wenn man ihnen derb zu Leibe rückt; er ist die Mutter der Konversation und des Feuilletons, wie der Kaffee der Vater der Diskussion und des Romans.

Das Geheimnis des guten Kaffees ist leicht zu lernen: Man kaufe eine gute Sorte und brühe nach einer der vielen, immer richtigen Vorschriften auf. Die Geheimnisse eines vollkommenen Tees dagegen sind unergründlich; seine Geister sind so schwer zu benennen und so leicht zu verscheuchen wie eben nur Geister. In den meisten Fällen ist der Tee, der einem vorgesetzt wird, nur dazu gut, mit Rum und Zitrone und Bergen von Zucker totgeschlagen zu werden. Guter Tee, das ist etwas so Seltenes wie die große Liebe.

Außer in England, wo die Bereitung eines Tees mit derselben Hingabe, Umsicht und tiefen Ernsthaftigkeit betrieben wird wie die Eroberung eines Kontinents oder die Durchführung einer Henleyregatta. Es mag einen Augenblick verwirrend wirken, daß ein so maskuliner Schlag wie der englische den Tee zum Nationalgetränk erhoben hat, während man in den romanischen Ländern an jeder Straßenecke ein klassisches Kaffeehaus findet, ein wahres Männerparadies, wo man schimpft, politisiert, spielt, streitet, Kaffee trinkt und womöglich in Hemdsärmeln herumgeht. In den germanischen Ländern sind die Kaffeehäuser viel seltener und zudem ein wenig denaturiert; die Männer, ausgeglichen und häuslich, trinken in ihrer Familie den maßvollen Kaffee, den die deutschen Frauen, oder den guten Tee, den die Engländerinnen kochen. Dafür brauchen sie dann freilich auch einen stärkeren Ausgleich als den Kaffee und das Kaffeehaus; die Engländer den Whisky und den Klub, die Deutschen den Wein und den Stammtisch.

Das Nationalgetränk der Norddeutschen ist, wenn man einem Wort Bismarcks folgt, der Rotspon. Daran ist viel Wahres. Es ist kein Zufall, daß in Norddeutschland der Rotwein, im deutschen Süden dagegen der Weißwein über die Gemüter herrscht. Wer einem Fremden den Unterschied norddeutschen und süddeutschen Wesens klarmachen wollte, kann dafür dies beredte Symptom anführen. Weißwein ist eine Ermunterung zum Leben; Rotwein ist ein Ersatz für das Leben. Weißwein, anfeuernd schon durch seine lachende Morgenfarbe, macht optimistisch, heiter, draufgängerisch, leichtsinnig, glücklich. Er ist das Getränk der Jugend und der lustigen Menschen, er ist das beste Getränk für Liebende. Alle Geschichten, die der Weißwein dichtet, haben ein Happy-End. O ihr schalkhaften Bocksbeutel, ihr hochgemuten Moselweine, ihr strahlend-pathetischen, beethovenhaften Rheinweine, ihr süßen Graves, du würziger Chablis, ihr holden Gewächse des Anjou und Saumur! Glückliche Menschen, die euren Zauberliedern lauschen! Aber getrost, für die weniger Glücklichen hat Gott die Musik des Nordens, Knut Hamsun und den Rotwein geschaffen. Der Rotwein lacht nicht; er lächelt. Happy-End? Der Rotwein kennt kein Ende; er weiß um die Ewigkeit der

Welt, und er schenkt seinen Jüngern und Kennern eine tiefe, humoristische Erhabenheit über ihre Zufälle. Er ist das Getränk alter, gefestigter Herrn und die letzte Liebe aller Leute, die ein reiches Leben hinter sich haben; und diese Liebe höret nimmer auf. Der Rotweinkater will nicht, wie der anmutige Weißweinkater, mit Wasser heruntergespült sein, sondern mit neuem Rotwein – so wie in den großen humoristischen Dichtungen die Rätsel des Lebens sich nicht glatt auflösen, sondern als Lösung ein neues Rätsel stellen. Die Rotweintrinker lernen, geduldig und lange in die Lebensrätsel zu blicken, die auf dem Grunde ihres vollen, dunkelschimmernden Glases aufgeschrieben stehen; ihre Augen werden freundlich, duldsam und weise, und ihre Nasen nehmen allmählich die edle Farbe ihres Lieblingsweins an. Mit Rotweintrinkern über eine Flasche von altem Jahrgang zu schweigen, das ist eine der bildendsten Unterhaltungen, die einem Beflissenen der Weltweisheit begegnen können.

Der Wein ist das klügste Getränk der Welt. Das gute Bier, das läßt sich nicht leugnen, wirkt, damit verglichen, ein bißchen treuherzig. Aber es gibt keinen besseren Durststiller. Alle die, die uns das Bier durch Limonaden, Frappés und Kribbelgetränke aller Art und Unart ersetzen wollen, bedenken nicht, daß jeder Durst auch Sache des Herzens ist und daß es zu seiner Stillung nicht genügt, einen halben Liter Flüssigkeit mit einem Geschmack nach Bonbons und Chemie durch den Körper zu jagen. Nein, das Bier bleibt die beste innere Dusche für jedermann – wenn man es nicht etwa vorzieht, klares Wasser zu trinken.

Klares Wasser ist die feinste, fast schon perverse Sensation der ganz Vorgeschrittenen. Es ist zu empfehlen, kein Gefäß dazu zu benutzen, sondern es aus der hohlen Hand zu trinken. Wer Phantasie hat, kann sich dabei wie ein Hirt vorkommen, der schutzbekleidet und flöteblasend, nüchtern, jung und heilig wie der erste Mensch auf einem Felsen in Arkadien sitzt –

– nur soll er sich nicht einbilden, die pure Gesundheit zu trinken, und höhnisch auf die Sklaven des Reizgifts herabsehen. Ein Wassertropfen enthält nach den Feststellungen der Chemiker eine Million zweihundertachtundachtzigtausenddreihunderteinunddreißig Bazillen aller Art und Qualität …

Die Zigarette

Es gibt eine Sorte Menschen, die auf die Zigarette mit Abneigung und Verachtung blickt. Das sind die Zigarrenraucher. Man muß zugeben, daß sie die Würde und Stattlichkeit auf ihrer Seite haben. Wieviel Gottvertrauen und Selbstbewußtsein spricht aus der Geste, mit der sie ihre Zigarre anzünden! Wo nehmen sie nur die ruhige Sicherheit her, daß sie überhaupt so lange zu leben haben werden, bis ihre Zigarre beendet ist?! Welch lebensstarker Optimismus gehört dazu, sich auf Unternehmungen von solcher Tragweite einzulassen! Was sage ich Unternehmungen! Eine Zigarre ist keine Unternehmung, sie ist eine Einrichtung. Zigarrenraucher geben gute Ehemänner ab.

Von den Zigarettenrauchern läßt sich das bezweifeln. Denn die Zigarette verwöhnt ihren Mann und verdirbt ihn möglicherweise ein bißchen für den Ernst des Lebens – wie eine allzu liebe, süße und leichte kleine Freundin. Selbstverständlich. Mit der Zigarre verglichen, der stattlichen Patrizierdame, ist die Zigarette nur ein Flittchen. Sie hat nichts Repräsentatives, sie ist billig und unpersönlich, und es gibt sie massenhaft. Aber wie liebenswürdig ist sie in ihrer Anspruchslosigkeit, wie treu und bescheiden und auch wieder wie kokett und pikant! Sie ist leicht zu haben; sie macht keine Umstände. Wenn man sie braucht – bitte! Sie stellt auch keine Ansprüche. Man braucht gar nicht viel auf sie zu achten, während man sie raucht. Man darf sie sogar mittendrin wegwerfen; sie weiß ohnehin, daß sie zum Schluß totgemacht wird. Sie nimmt nichts übel.

Ist Zigarettenrauchen ein Laster? Vom hygienischen Standpunkt: gewiß nicht. Die Zigarrenraucher behaupten zwar unter anderm auch, die Zigarre sei gesünder. Du lieber Gott! Auch die Zigarrenraucher sterben. Sogar die Nichtraucher sterben, was das betrifft. Und viele Zigarettenraucher werden ur-, uralt. Wenn man hier schon von »Laster« sprechen will, dann nur im guten alten streng moralischen Sinne. Die Zigarette ist so »lasterhaft« wie alles Süße, Weiche und Liebenswürdige. Sie kommt uns gar zu sehr entgegen. Sie ermutigt unsere Schwächen. Sie bestärkt uns in unserer Faulheit. Wenn uns der Versucher betören will, die Arbeit zu unterbrechen, nimmt er die Gestalt einer Zigarette an. In der Diskussion ersetzt eine mit flotter Geste angezündete Zigarette einen sachlichen Einwand, in der Unterhaltung einen geistreichen Einfall. Immer verführt sie dazu, es sich leicht zu machen, sich gehenzulassen. Sogar im Äußerlichen. Die Zigarette hat es ausgesprochen gern, wenn man ihre Asche auf den Teppich schnippst. Die Zigarre würde sich darüber empören; sie ist eben eine Dame. Kein Zigarrenraucher tut so etwas. Aber die Zigarette ist die nur allzuwillige Gefährtin aller schlechten Streiche.

Sie hilft uns dann auch wieder. Sie ist kameradschaftlich, das muß man ihr lassen. Sie schenkt uns Mut, Grazie, Frechheit und Sicherheit. Nehmt dem Gentleman seine Zigarette weg, und er steht so hilflos da, als hätte man ihn nackt ausgezogen. Er weiß nicht mehr, wo er seine Hände lassen soll, er weiß nicht, was er für ein Gesicht machen soll, der ganze Mann wird ein Häufchen Unglück. Und nun gebt ihm die Zigarette wieder! Sofort hat die rechte Hand etwas zu halten, die linke wandert ganz von selbst in die Hosentasche, die Augen ziehen sich geistreich-schmal zusammen, die Lippen spitzen sich kokett, um die Rauchringe zu entlassen. Ein Denkmal männlicher Eleganz steht vor uns! Man empfiehlt schüchternen Leuten oft, vor einer Gesellschaft ein paar Gläser Sekt zu trinken. Ganz falsch, Alkohol ist für Schüchternheit nur ein Betäubungsmittel, keine Medizin. Das wirklich wirksame, verläßliche, ehrliche und wohlfeile Mittel gegen Schüchternheit ist die schlichte, kleine Zigarette.

Das hängt wohl übrigens damit zusammen, daß die Zigarette überhaupt die Freundin der Geselligkeit ist. Man kann zweifeln, was eigentlich der Hauptberuf der Zigarette ist: geraucht zu werden – oder angeboten zu werden. Eine Zigarette darf jeder jedem anbieten, und jeder darf sie von jedem nehmen; nicht nur Freunde, auch ganz Fremde, sogar Geschäftsgegner tauschen zur Einleitung des Gesprächs Zigaretten, ja selbst der Untersuchungsrichter bietet dem Delinquenten gern eine Zigarette an; und zwischen allen stellt die Zigarette eine freundliche, gelöste, menschliche Atmosphäre her. Gar nicht davon zu reden, daß die Zigarette ja auch noch angezündet werden muß, was unendliche Möglichkeiten bietet, Höflichkeit, Zartsinn und menschliche Gesittung spielen zu lassen. Da wetteifert man zunächst, im Streichholzsanzünden schneller zu sein, tauscht sodann die im toten Rennen aufgeflammten Hölzchen zuvorkommend aus, versucht auch dann damit nicht etwa die eigene Zigarette anzuzünden, sondern die des andern, was dieser indessen höflich abwehrt – so lange, bis der erste mit einem leisen Aufschrei das Streichholz fallen läßt... Auch die unangenehmste Unterhaltung verliert nach einer solchen Einleitung ihren Schrecken. Die Zigarette schafft eine Stimmung des Entgegenkommens und der Versöhnlichkeit. Sie hat etwas Gleichmachendes, menschlich Annäherndes. Mit der Zigarette zwischen den Fingern ist es unmöglich, den Übermenschen zu spielen. Es ist kein Zufall, daß kein Direktor je eine Zigarette raucht.

Und doch, das alles ist noch nicht das Beste an der Zigarette – obwohl es schon genug sein sollte, um mit Harfen und Zymbeln ihr Lob zu singen. Aber das Beste und Schönste tut die Zigarette ihrem Freund in aller Stille, auf ganz intime Weise und unter vier Augen an. Die schönste Zigarette ist nicht die angebotene. Die schönste raucht man ganz allein, langsam mit Hingabe – und zwar nicht nach dem Essen oder nach der Tasse Kaffee (gewiß, das auch), sondern zum Beispiel, wenn man eine Enttäuschung erlebt hat; oder wenn man sich mit seiner Freundin verkracht hat; oder sogar – jawohl! – wenn jemand sehr Teures gestorben ist. Denn seltsam: Diese kleine, harmlose, ordinäre, billige Zigarette – sie kann trösten wie nichts anderes. Sie beginnt plötzlich zu sprechen. Ihr Duft haucht uns tröstliche Weisheitsworte zu. Auf einmal erkennen wir, wie sie schmeckt; sie schmeckt trocken, bitter und leicht. So schmeckt auch das Leben. Ihr blauer Rauch gleicht unsern Träumen, und ihre Asche mahnt an die Vergänglichkeit. Von allen Geheimnissen weiß die Zigarette – wer hätte es dem kleinen billigen Ding zugetraut! Man vergißt es auch schnell wieder. Sie selbst vergißt es. Morgen schon verführt sie uns wieder munter zur Faulheit, läßt sich fremden Leuten anbieten und nimmt es nicht übel, wenn man sie halbgeraucht wegwirft.

Vom Geheimbund der Erfolgreichen

Eine Frau charakterisiert sich durch ihren Schmuck; ein Mann durch das, was er raucht. Man sollte die Entscheidung: *Zigarette oder Pfeife?* nicht zu leicht nehmen. Es ist eine von den unscheinbaren Entscheidungen, mit denen man, bewußt oder unbewußt, sein Schicksal bestimmt. Wodurch haben die Engländer die Welt erobert? Lord d'Abernon antwortet: Durch Pfeifenrauchen. Jeder erfolgreiche englische Diplomat, so sagt er irgendwo in seinen Erinnerungen, war Pfeifenraucher; wenn man unter den englischen Staatsmännern einen Versager findet, so wird eine nähere Durchforschung seiner Lebensgewohnheiten alsbald ergeben, daß er Zigaretten rauchte. Leicht erklärlich; Zigarettenraucher sind zum Mißerfolg prädestiniert. Wer mit Zigaretten hantiert, ist launenhaft, unzuverlässig, haltlos, dekadent, neurasthenisch. Wer sich aber eine Pfeife zwischen die Zähne klemmt, der verbreitet sofort eine unentrinnbare Atmosphäre von Ruhe, Entschlossenheit, Treue, Naturliebe, Humor, Bodenständigkeit und gemütlicher Kraft. Einen Zigarettenraucher nimmt man nicht ernst, er kann noch so klug reden; alles, was er sagt, flößt Mißtrauen ein und reizt zum Widerspruch. Einem Pfeifenraucher aber zu widersprechen, dazu gehört eine Charakterstärke, die die wenigsten haben. Deshalb setzen die Pfeifenraucher auch fast stets ihren Willen durch. Pfeife rauchen heißt Erfolg im Leben haben.

Was man allgemein noch nicht hinlänglich erkannt zu haben scheint, ist die außerordentliche psychotherapeutische Bedeutung des Pfeifenrauchens. Tabakspfeife ist indiziert bei Nervenschwäche, Mattigkeit, Niedergeschlagenheit, Schlaflosigkeit, Kopfschmerzen, Schwindel, Funktionsstörungen, Erröten, Störungen des Selbstbewußtseins, Pessimismus, Angstzuständen und Verlegenheiten aller Art. Man behandelte Derartiges früher mit Aderlässen, dann mit Psychoanalyse. Das ist Kurpfuscherei. Man stecke dem Patienten eine Pfeife zwischen die Zähne. Die Pfeife erhöht das Selbstbewußtsein, belebt den Blutumlauf, erneuert den Lebensmut, kräftigt das Zentralnervensystem, stärkt die Vitalität, gibt der ganzen Persönlichkeit den Halt, dessen sie bedarf. Bei manchen Leuten tut dieselben Dienste auch ein Bart. Die Pfeife aber wirkt gefahrloser und prompter. Ich empfehle sie jedermann.

Die Pfeife lehrt die Zähne zusammenbeißen; sie erzeugt eine Stimmung von Lebenskraft und Energie, gibt ein Air von aparter Charakterstärke und befreit von der Pflicht zu gesellschaftlicher Höflichkeit. Wer Pfeife raucht, wird Mitglied einer mächtigen und respektierten Geheimorganisation. Die Pfeifenraucher erkennen einander, selbst wenn sie gerade ohne Pfeife sind: an ihrem schiefen, verkniffenen, energischen Mund, den herausgearbeiteten Kinnbacken, dem blinzelnd spähenden Blick, den steilen, strengen Stirnfalten, der ungewöhnlichen Sicherheit des Auftretens und der Ungeniertheit des Ausspeiens. Wenn sich zwei Pfeifenraucher begegnen, huscht ein unmerkliches Lächeln über ihr Gesicht, als bestätigten sie sich still das gemeinsame Wissen um ein wertvolles Geheimnis.

Was England betrifft, so verdankt es den Pfeifenrauchern nicht nur seine politischen Erfolge, sondern auch die konzise Gedrungenheit seiner Sprache. Bekanntlich ist die englische Sprache im strengsten Wortsinn einsilbig. Das kommt vom Pfeifenrauchen. Der Pfeifenraucher schwätzt nicht, weil er seinen Mund zu Wichtigerem gebraucht. Die Konversation des Pfeifenrauchers besteht im Schweigen, Paffen und Spucken. Unter die letzte Kategorie fällt auch das Sprechen. Es entsteht dadurch jene Knappheit, Kargheit und Keuschheit des Ausdrucks, die wir in der Dialogführung eines Kipling oder Hemingway bewundern. Die Pfeife ist die Grundlage einer gesellschaftlichen Kultur und der Nährboden einer literarischen Schule.

Manche Leute behaupten, daß ihnen die inneren Voraussetzungen zum Pfeifenraucher fehlen. Ausrede. Die Pfeife formt sich ihren Mann. Wer erst einmal angefangen hat, Pfeife zu rauchen, wird staunen, wie bald es ihm gelingt, sein Äußeres zu vernachlässigen, lapidar aufzutreten, die Menschheit zu verachten und Liebe zur Natur und zum Weidwerk zu empfinden.

Manche Leute behaupten, sie hätten kein Pfeifengesicht. Diese Leute wissen nicht, daß jedes Gesicht zum Pfeifengesicht wird, wenn man eine Pfeife hineinsteckt. Es muß nur die richtige Pfeife sein. Nicht jedem steht die herabhängende, deckelgeschützte Försterpfeife, die am wohligsten in einem weichen Vollbart ruht.

Rasierte Leute bedienen sich besser einer geraden Shagpfeife. Nur Blonde (übrigens ist es Pfeifenrauchern zu empfehlen, blond zu sein; es wirkt überzeugender) – nur Blonde sollten Bernsteinpfeifen rauchen; andere wählen besser dunkles Bruyèreholz. Länge, Dicke und Formung sind zu beachten; der Pfeifenkopf muß in einem gewissen Größenverhältnis zur Nase stehen. Am besten probiert man seine Pfeife vor dem Spiegel. Man sei sich stets bewußt, daß man mit einer Pfeife keinen gewöhnlichen Gebrauchsgegenstand erwirbt, sondern einen Körperteil.

Weniger wichtig ist die Auswahl des Tabaks. Pfeifentabak schmeckt nämlich doch unter allen Umständen scheußlich: Ein Genuß ist es selbstverständlich nicht, Pfeife zu rauchen. Es wäre auch ungerecht, wenn es auch noch ein Genuß wäre. Wer den Genuß sucht, mag unter die Zigarettenraucher gehen, wo er hingehört.

Die Tücken der Technik

Ketzerische Autochronik

Wir leben im Zeitalter des Automobils – und das nicht nur in jenem harmlosen Sinne, in dem man zurückblickend vom Zeitalter der Postkutsche oder des Reifrocks und noch ein wenig weiter zurückblickend von der Stein- oder Bronzezeit spricht. Denn das Automobil ist nicht nur ein malerisch-nebensächliches Requisit des Zeitalters und bei Gott nicht nur ein Werkzeug in der Hand des Menschen dieser Zeit. Nein, wenn wir unsere Zeit die des Automobils nennen, dann etwa mit dem Ton, mit dem wir vom Zeitalter der Caesaren, der Kreuzzüge oder Napoleons sprechen. Damals waren es große Männer und Ideen, denen sich die Menschen unterwarfen und in deren Zeichen sich ihr Leben abspielte. Heute ist es das Auto. Es herrscht über uns, es zensiert unser Leben, es formt uns nach seinem Bilde. Man betrachte die Eigenschaften, die in unserm Jahrhundert hoch im Kurse stehen, man setze sich daraus den Idealmenschen der Zeit zusammen, und was hat man vor sich? Einen guten Chauffeur.

Der Ruhm des Autos ist unser Ruhm. Wir alle, die wir mit der Straßenbahn ins Büro fahren, fühlen uns angenehm geschmeichelt, bestätigt und erhoben, wenn wir lesen, daß der Blue bird oder der Spezialwagen der Autounion einen neuen Geschwindigkeitsrekord aufgestellt hat. Und ganz verläßt uns dies Gefühl nicht einmal, wenn wir die amerikanische Statistik in uns aufnehmen, die jetzt herausgekommen ist.

Danach gab es in Amerika im Laufe von 10 Monaten 600 000 Autounfälle. 740 000 Menschen wurden dabei verletzt, 28 400 getötet, nicht gerechnet die Kinder, von denen, wie der Bericht großzügig überschlägt, alljährlich etwa 100 000 auf den Straßen umkommen. Mit ihrer Freude an statistischen Späßen haben die Amerikaner noch ausgerechnet, daß sie ihre 18 Monate Weltkrieg weniger Menschenleben gekostet haben als 18 Monate Autoverkehr.

Halten wir hier einen Augenblick inne. Was empfindet der Leser, der diese Statistik in seiner Zeitung überfliegt? Wir machen uns anheischig, es ganz genau zu sagen: Nichts. Die Opfer des Krieges sind seiner Ehrfurcht, die Opfer des Bergbaus, der Polforschung, des Alpinismus und des Liebeskummers sind seines Mitleids sicher; für die Opfer des Autos hat er nur ein Achselzucken. Das Auto ist sakrosankt. Ein Mensch, der mit dem Auto in Konflikt gerät, ist von vornherein im Unrecht. Wenn der Mensch nicht so schnell denkt, wie das Auto fährt, so ist das seine Schuld. Diese eigenartige Schuld bringt denn übrigens auch in der Tat täglich Hunderte und Tausende von Menschen überall auf der zivilisierten Welt ins Gefängnis, zusammen mit den Dieben, Räubern und Brandstiftern. Ja, wir leben im Zeitalter des Automobils.

Dabei wird die Lage des Menschen dem Auto gegenüber immer hoffnungsloser. Die Autos fahren von Jahr zu Jahr schneller; daß die Menschen auch schneller denken, davon merkt man nichts. Schon heute reicht ein menschliches Normalgehirn nicht mehr aus, um ein Auto zu »bedienen«. Die amerikanische Statistik enthält auch hierüber Feststellungen; sie kommt zu dem Ergebnis, daß von den 740 000 Verunglückten fast keiner dem Beruf des Chauffeurs oder des Fußgängers in Wahrheit gewachsen war. Fast 50% der Schuldigen hatten – und das ist freilich unverzeihlich – Alkohol im Blut. Einer der Chauffeure war, wie es weiter heißt, vollkommen wahnsinnig, 10 waren schwachsinnig, 42 hatten einen beschränkten Geist. Das alles war bis dahin gar nicht unangenehm aufgefallen, aber das Auto brachte es an den Tag. Nur bei 13 Fahrern war man von ihrer vollen Verantwortlichkeit überzeugt. Wie es mit den restlichen 739 934 stand, ist dem uns vorliegenden Bericht freilich nicht zu entnehmen. Aber vielleicht hilft uns hier eine Nachricht auf die Spur, die gleichzeitig aus London kommt.

Dort hatte sich vor dem Polizeigericht der sechzigjährige Chauffeur Warren wegen sorglosen Fahrens zu verantworten. Er erklärte zu seiner Entschuldigung, daß er gerade seine schwerkranke Tochter besucht und Tränen in den Augen gehabt habe; deshalb habe er nicht genau sehen können. Der Richter brachte zum Ausdruck, daß diese Rührung zu achten und zu ehren sei, konnte aber nicht umhin, den sentimentalen Chauffeur zu verurteilen. Im Sinne des Zeitalters ohne Zweifel ein gerechtes Urteil. Dem Chauffeur ist es verboten, sich an Alkohol zu berauschen; genausowenig kann ihm gestattet sein, dem Rausch der Freude und des Schmerzes zu frönen. Ja, man muß weitergehen und sagen, daß ein Mensch, der eine Seele und damit eine Quelle fortgesetzter Störungen seines zerebralen Verbrennungsvorgangs mit sich herumträgt, zum Autoführer überhaupt nicht voll qualifiziert ist, sondern unter jene 739 934 gehört, die nur dazu gut sind, den statistischen Ruhm des Autos zu erhöhen. Um vor einem strengen Herrn, wie es das Auto ist, zu bestehen, wird der Mensch guttun, seinen inneren Mechanismus dem des Autos tunlichst anzugleichen; wer ebensoviel Seele aufzuweisen hat wie das Auto selbst, wird am besten mit ihm fahren.

Unter solchen Umständen ist es für manchen Unverbesserlichen tröstlich, Anzeichen dafür zu entdecken, daß auch die Herrschaft des Autos, wie bisher noch jede Herrschaft, vergänglich und vorübergehend ist. Ein solches Anzeichen wird jetzt aus Rom gemeldet. Der Glaube an das Auto hat dort eine Schlappe erlitten.

Freilich darf man nicht meinen, daß man in Rom plötzlich auf den Gedanken verfallen wäre, das Heil seiner Seele sei wichtiger für den Menschen als die schnelle Fortbewegung seines Körpers, oder 30000 Menschenleben wögen schwerer als ein neuer Geschwindigkeitsrekord. So pflegt sich Geschichte nicht abzuspielen; das Schießpulver wurde nicht durch das Genie der Waffenmeister erfunden, sondern durch die Ungeschicklichkeit eines Goldmachers, der spanische Erbfolgekrieg nicht durch die Feldherrnkunst Lord Marlboroughs, sondern durch ein von Lady Marlborough im unrechten Augenblick verschüttetes Glas Wasser entschieden, und die Weltgeschichte wäre anders verlaufen, wenn Cleopatras Nase einen Zentimeter länger oder kürzer gewesen wäre. Nein, die Römer haben sich keineswegs frontal gegen die Tyrannei des Autos empört. Etwas viel Harmloseres ist es, was ihren Unwillen erregt und Ereignisse von unabsehbarer Tragweite heraufbeschworen hat: nämlich der Lärm, den die Autos vermittels ihrer Hupe erzeugen.

Dieser Lärm überstieg in Rom, zuverlässigen Nachrichten zufolge, nachgerade jedes erträgliche Maß, und so sah sich die römische Polizeiverwaltung eines Tages zu einem radikalen Schritt gezwungen: Sie verbot jeden Gebrauch der Hupe.

Das wäre nichts Besonderes. Aber nun kommt das Epochemachende: Die Wirkung dieser Maßnahme, so heißt es nämlich in dem amtlichen Bericht aus Rom, ist die segensreichste: Die Autos fahren unvergleichlich langsamer als zuvor... Spürt man, was hier geschehen ist? Die Menschen sind plötzlich wieder auf den Gedanken gekommen, daß Langsamfahren ein Segen ist – und das allerdings eröffnet Perspektiven, die man heute kaum auszudenken wagt.

Das Auto wurde bekanntlich seinerzeit erfunden, um schneller zu fahren. Da die menschliche Geschichte sich im Kreise zu bewegen pflegt, ist es nur natürlich, daß auch die Erfindung des Autos nur dazu geführt hat, schneller im Kreise herumzufahren, und daß eines Tages, am Ende der Epoche des Autos, das Langsamfahren erfunden werden mußte. Es ist typisch, daß diese Erfindung nicht durch die Menschenopfer verursacht wurde, die das Auto gefordert hat – nichts opfert der Mensch leichter als sein Leben –, sondern durch das lästige Hupengeräusch, das den Menschen in seinem Mittagsschlaf störte. Gleichviel: Die Entdeckung ist einmal gemacht, daß man ohne Hupe langsamer Auto fahren kann als mit einer solchen. Von hier aus ist nur noch ein Schritt zu der Idee, daß man ohne Auto noch langsamer fahren kann als ohne Hupe. Der Ausblick auf eine Welt ohne Autos tut sich auf; eine Welt ohne Autos und ohne Weltrekorde, eine Welt der Langsamkeit, wo wieder langsam die großen Menschheitsgedanken und Gedichte reifen, langsam der Tag und langsamer das Jahr vergeht und niemand mehr ein schlechtes Gewissen zu haben braucht, wenn er von seinen schönsten Stunden wünscht, sie möchten langsam vergehen. Der Alkohol und die Träne wären wieder erlaubt, das Privatleben nähme einen allgemeinen ungeahnten Aufschwung, und die Menschen, des Autofahrens müde, beschäftigten sich mit Dichtkunst, Musik und Philosophie; die Dichter wären so angesehen und wohlgenährt wie zuvor die Chauffeure ...

Ach, wie weit sind wir noch von dieser Zeit entfernt! Noch steht das Automobil im Zenit seiner Macht, und die Dichter müssen ihren Geist sehr anstrengen, um einer ungläubigen Welt ihre Existenzberechtigung darzutun. So hat die französische Dichterin Lucie Guillet, deren Namen man bei dieser Gelegenheit erfährt, in der näheren Umgebung von Paris ein Sanatorium eingerichtet, in dem sie

Gemütskranke mit Poesie behandelt. Nachdem sie sich zunächst mit der Vorlesung von Klassikern begnügt hatte, hat sie neuerdings die Feststellung getroffen, daß noch besser als das Vorlesen klassischer Dichtung der Selbstvortrag der Autoren wirke; sie hat daher Hausdichter engagiert, deren Aufgabe darin besteht, den Gemütskranken, die sich Frau Guillets Sanatorium anvertrauen, so lange aus ihren Werken vorzulesen, bis diese es vorziehen, sich als geheilt entlassen zu lassen. Eine wundervolle Idee, die uns außerordentlich einleuchtet und der wir vollen Erfolg wünschen. Nicht zwar, daß wir darin irgendeinen Beitrag zur Heilung Gemütskranker erblickten; wohl aber glauben wir, daß die uralte Dichterfrage, wie sich das Betreiben der Dichtkunst mit dem Vermeiden von Unterernährung kombinieren lasse, hier wieder einmal der Lösung einen Schritt nähergebracht worden ist. Die Frage ist zur Zeit wieder recht aktuell. Seit der Abschaffung der Samtjacke ist die Lage der Dichter wie aller Künstler wieder einmal eine äußerst prekäre geworden. Bekanntlich leidet der Dichterberuf seit je unter dem Übelstande, daß die Menschen, die die Erzeugnisse der Dichter zu schätzen wissen und angemessen zu bezahlen bereit wären, hieran verhindert sind, sei es dadurch, daß sie in einem andern Zeitalter leben, sei es dadurch, daß sie selbst zu ihrem Lebensunterhalt auf den Erlös der Besprechungsexemplare angewiesen sind, sei es schließlich dadurch, daß ihnen die Bekanntschaft mit den betreffenden Dichtwerken mangels Drucklegung derselben entgeht. Die Dichter sind daher stets genötigt gewesen, irgendwelche Kniffe und Kunstgriffe anzuwenden, um ihre Werke an *den* Mann zu bringen, der sie zwar nicht zu schätzen weiß und nicht zu bezahlen bereit, dafür aber dazu in der Lage ist. Früher haben sie derartigen Männern weiszumachen gewußt, daß es ihrem guten Ruf abträglich sei, wenn sie nicht einen oder mehrere Dichter einfach alimentierten; das war das Zeitalter der Mäzene; wo ist es hin! Später, im bürgerlichen Zeitalter, wußten sie wenigstens die Meinung zu verbreiten, eine mit ihren Werken gefüllte Bibliothek gehöre zu einer anständigen Wohnungseinrichtung. Heute verfängt auch das nicht mehr. Man beweist heute seine Vornehmheit nicht mehr dadurch, daß man einen Dichter, sondern dadurch, daß man einen Chauffeur in Brot setzt, und seine Bildung nicht mehr durch den Besitz einer Bibliothek, sondern durch den eines Achtzylinders. Der Dichter aber, der sich nicht hat entschließen können, umzusatteln und Chauffeur zu werden, zieht als Schreckfigur durch die Behausungen seiner Bekannten und liest ihnen unter Verzehrung von Butterbroten seine ungedruckten Werke vor. Ein unerfreulicher Zustand für die Dichter! Bei ihrer Findigkeit und Anschlägigkeit war es zu erwarten, daß sie ihm irgendwann eine überraschende Wendung geben würden. Es konnte nicht ausbleiben, daß sie eines Tages an den langen Gesichtern, die ihre langen Manuskripte in ihrem Freundeskreise entstehen ließen, erkannten, welche furchtbare Waffe im Kampf ums Dasein eben diese Manuskripte im Verein mit der Drohung, daraus vorzulesen, bilden können. Ein prächtiger Gedanke, von dieser Waffe Gebrauch zu machen! Er bedient sich der strafrechtlich so bewährten Abschreckungstheorie. Vor Krankheit ist niemand sicher, und das Sanatorium droht jedem reichen Mann. Nicht nur in Lucie Guillets Sanatorium, in allen Sanatorien der Welt sollte man zahlungsfähigen Leidenden mit Poesie zu Leibe gehen! Wenn es sich dann in den betroffenen Kreisen erst einmal herumgesprochen haben wird, wie es tut, bei geschwächter Gesundheit ganze Romane und Lyrikbände von einem erbarmungslosen Autor vorgelesen zu bekommen, dann wird allgemein die Einsicht reifen, daß man billiger davonkommt, wenn man in gesunden Tagen einige Bücher kauft und in seinen Schrank stellt. Und so wird allen Teilen geholfen sein. Die Dichter werden wieder Bücher zur Entstehung bringen statt der so viel gefährlicheren Manuskripte, die Bücherkäufer werden diese Bücher wieder ungelesen lassen dürfen, die armen Gemütskranken werden wieder in Frieden ihrer Gemütskrankheit überlassen bleiben, der genialen Kollegin Lucie Guillet aber werden die dankbaren Dichter ein Denkmal errichten, auf dem sie, ein riesiges Manuskript wie eine Geißel schwingend, die Händler und Wechsler in den verödeten Tempel der Poesie zurücktreibt.

Das Leben der Fußgänger

Die Reize des Autofahrens haben schon viele Sänger gefunden, aber noch keiner hat, soweit ich sehe, das Leben der Fußgänger dichterisch gewürdigt. Welche Versäumnis! Es mag gewiß sehr schön sein, mit achtzig Stundenkilometern von Panne zu Panne, von Strafbefehl zu Strafbefehl, von Unfallstelle zu Unfallstelle zu jagen; aber es vergleicht sich an Abenteuerlichkeit, Gefahr und Sensation nicht im entferntesten dem Unternehmen des Mannes, der es auf sich nimmt, ungepanzert und waffenlos, auf eigenen Füßen, in schlichter Zivilkleidung, ausgerüstet mit nichts als der auslugenden Verschmitztheit des Menschengeistes, den Dschungel des Großstadtverkehrs zu durchqueren.

Ein solcher Mensch erprobt noch einmal alle die Sensationen, die dem Menschen der Urzeit im Kampfe mit Tigern, Auerochsen und Elefantenbullen bereitet waren. Er darf die Urangst vor der morddrohenden Körperüberlegenheit der Ungetüme ebenso nachempfinden wie den stillen und wilden Triumph seiner eigenen List und Behendigkeit. Was er treibt, ist ein äußerst aufregendes und lebensgefährliches Spiel, eine Art Zeckspiel mit gewissen Regeln, die ihm ungünstig sind. Er hat gewisse Stellen zur Verfügung, an denen ihm Freiheit und Sicherheit zugesagt ist, nämlich die Bürgersteige und die bezeichnend genug benamsten »Rettungsinseln«.

Sobald er, wie unvermeidlich, diese Schutzparks und Zufluchtsstätten verläßt, haben alle Ungetüme das Recht der freien Jagd auf ihn, die zermalmenden Autobusse, die sausenden Straßenbahnen, die rasenden Autos aller Größen und Rassen, die Wolfsrudel der Radler, die raubvogelartig zustoßenden Motorräder. Nicht genug, daß sie ihm nach dem Leben trachten, sie verwirren ihn noch zuvor und suchen ihn durch heulende, drohende, kreischende und bellende Kampfschreie um seine einzige Verteidigungswaffe, seinen Verstand, zu bringen. Sein Spiel scheint aussichtslos.

Dennoch gibt es verschiedene taktische Mittel für ihn, es aufzunehmen und wohl gar zum guten Ende zu führen; zu welchem davon er greift, das ist Sache seines persönlichen Charakters. Das eine ist das der äußersten Korrektheit und Vorsicht. Inmitten der Wildnis und des Kampfes aller gegen alle gibt es gewisse freundliche Weglichter und Richtsterne, Verkehrsampeln, die ungewiß, aber tröstlich über dem Wirrwarr scheinen wie die Gebote der Sitte und des Rechts über dem verwirrten Leben der Menschen. An sie klammert sich der Vorsichtige; entsagungsvoll, demütig, bemüht, Zeitopfer und Umwege nicht scheuend, tastet er sich über die ungewissen Wege, die sie weisen, wie ein Wanderer auf schwanken Brettern über ein tiefes Moor.

Seit indessen die irdische Gottheit des Verkehrs, die Polizei, mehr und mehr die Partei der wilden Tiere genommen hat und es sich angelegen sein läßt, den Fußgänger zu züchtigen und in seine Schranken zu weisen, bietet der Weg der Korrektheit keine großen Chancen mehr. Die meisten, die ihn früher beschritten, haben sich jetzt der zweiten möglichen Taktik zugewandt, nämlich der des »Rette sich, wer kann«. Die Fußgänger dieser Klasse leben auf einer ständigen Flucht. Sobald sie nur einen Fahrdamm betreten, beginnen sie zu laufen und mit den Armen rechts und links Ergebung und Erbarmen zu winken. Sie vertrauen dabei weniger auf die Schnelligkeit ihrer Füße als auf das Mitleid ihrer Verfolger. Wenn sie, wie häufig, alte Herren und Damen sind, deren persönliche Würde ihr verzweifeltes Gebahren aus dem Peinlich-Lächerlichen ins Tragisch-Rührende hebt, haben sie auch mitunter Erfolg damit.

Wirklich würdig aber zieht sich nur eine dritte Klasse von Fußgängern aus der Affäre. Es sind diejenigen, die bewußt die Menschenwürde der Fußgänger hochhalten, die kaltblütig, mit Todesverachtung, den Kampf gegen die Übermacht aufnehmen. Diese Fußgänger, zumeist junge Leute und nicht selten verhinderte Autofahrer, überqueren die Straßen mit Vorliebe an den Stellen des dichtesten Verkehrs und zu den Zeiten, da die Meute eben losgelassen worden ist. Sie lieben es, wenn die Autos ihren brüllenden Kampfruf ertönen lassen, stehenzubleiben und sich eine Zigarette anzuzünden. Sie bluffen.

Freilich, auch sie müssen gelegentlich die Flucht ergreifen, ausweichen, nachgeben. Sie tun es achselzuckend, wie ein Heerführer ein zerschossenes, strategisch unwichtig gewordenes Gelände aufgibt. Welch Triumph aber, wenn sie tatsächlich siegen, wenn sie die Verfolger zum Stehen bringen und das Schlachtfeld behaupten! Welch tiefes, höhnisches Siegerglück liegt in der Langsamkeit, mit der sie, freiwillig und von niemand gedrängt, dem nächsten »Bürgersteig«, der nächsten »Rettungsinsel« zustreben! Sie allein, scheint mir, und nicht die wildesten Autofahrer, sind die wahren Helden der Verkehrsschlacht, und weit eher als jene verdienen sie einen Homer und Pindar, der ihre Taten preist. In ihnen triumphiert noch einmal der listige, unverschämte und mutige Geist des schmächtigen, wehrlosen einzelnen Menschen über die brutal gehäufte Übermacht der Materie.

Das Leben der Fußgänger zu studieren kann jedermann nur nützlich und ersprießlich sein. Denn inmitten des tobenden und klirrenden Wirrwarrs losgelassener Mammutmächte auf dieser wildgewordenen Welt – was ist jeder einzelne von uns anderes als ein Fußgänger?

Neue Haustiere

Hat man eigentlich schon bemerkt, daß das Haustierwesen heute wie so vieles andere grundstürzenden Umwälzungen unterliegt? Ich jedenfalls glaube, deutliche Anhaltspunkte dafür zu sehen, daß es auf dem besten Weg ist, mechanisiert, motorisiert und elektrifiziert zu werden. Der Mensch hat es satt, Tiere nur zu zähmen; er geht dazu über, welche zu schaffen. Er sucht und überwindet das Elementare nicht mehr nur da, wo es ihm in schon geformter, schon menschenähnlicher, schon zugänglicher Gestalt begegnet, als mehr oder minder wildes Tier; nein, er packt es an der Wurzel, er greift es als Wärme, als Energie, als elektrische und akustische Welle. Und er formt demiurgisch neue Wesen daraus, an die er sein Herz hängt, Wesen ohne Seele zwar – denn sie stammen aus der Hand des Menschen und nicht aus Gottes Hand –, aber doch von eigensinniger, fremder, grotesker Lebendigkeit; sie holt er in sein Haus, mit ihnen spielt er und umgibt er sich, sie spielen in den Stockwerken der Stahl- und Betonhäuser die Rolle weiter, die in strohgedeckten Fachwerkhütten Hund und Pferd spielten. Und sie heißen: Grammophon, Radio und Telefon.

Das *Grammophon* ist scheinbar das zahmste und gefügigste der neuen Haustiere; es wartet bescheiden, bis man seiner bedarf, es läßt seine Stimme nur auf ausdrücklichen Befehl ertönen, ja es läßt sich sogar vorschreiben, was es singen und sagen soll. Aber all diese fast duckmäuserische

Bescheidenheit und Bravheit ist nur Schein. In Wahrheit besitzt das Grammophon das ganze Selbstgefühl und den ganzen Eigensinn einer schönen Katze oder einer Frau, und es bedient sich im Kampfe mit seinem menschlichen Herrn sämtlicher leisen, listigen, infamen, bezaubernden weiblichen Schliche und Kniffe. Zunächst ist es von allen neuen Haustieren dasjenige, welches am entschiedensten darauf ausgeht, seinen Herrn in sich verliebt zu machen; mit Radio und Telefon kann man allenfalls auf dem Sachlichkeits- und Nützlichkeitsfuß stehen; wer aber ein Grammophon hat, wird immer mindestens für eine Weile zum Narren und findet seinen Seelenfrieden, wenn überhaupt, so doch erst nach einer langen Zeit der Entzückungen und Enttäuschungen wieder. Er hat es vielleicht noch kaltherzig aus reinen Nützlichkeitsgründen erworben, weil er zum Beispiel Schubert liebt und die Möglichkeit haben will, recht viel Schubertsche Musik zu hören; das Grammophon ist ihm dabei noch ein totes Ding, ein reiner Apparat. Diesen Standpunkt gewöhnt ihm das Grammophon zunächst einmal mit aller stillen Entschiedenheit binnen weniger Tage ein für allemal ab. Nach ein paar Wochen wird er mit Erstaunen merken, daß er zwar erst wenige Schubertplatten, dafür aber ein Sortiment von zwölf bis fünfzehn verschiedenen Nadelarten hat, und jeden Tag wird er mit andern Listen und verliebten Tücken versuchen, seinem Grammophon eine neue Klangfarbe, einen neuen Effekt abzuschmeicheln. Aus dem Musikfreund ist ein Grammophonfreund geworden. Wenn das Grammophon ihn soweit hat, beginnt es, ihn langsam seine Launen fühlen zu lassen. Es legt sich kleine Schwächen und grausame Unberechenbarkeiten zu; es bekommt gute und schlechte Tage (nur wer kein Grammophon besitzt, wird dies nicht glauben); es beginnt Untugenden zu entwickeln, Nebengeräusche hören zu lassen, Federfehler zu zeigen, ja trotz liebevollster Pflege plötzlich ganz zu streiken. Aber man darf nicht etwa glauben, daß diese Unarten das herzliche Verhältnis zwischen dem Grammophon und seinem Herrn trüben. Im Gegenteil! Je mehr ihm sein Grammophon zusetzt, um so inniger wird sein Herr es liebgewinnen. Man muß so einen Grammophonfreund sehen, wenn er einem Fremden eine Platte vorführt; mit welch liebevoller Angst er zittert, daß sein Grammophon Launen zeigen, sich (und ihn) blamieren könnte, wie seine Augen glänzen, wenn es einen Klavierklang besonders hell funkeln, einen Streicherakkord besonders kraftvoll aufstrahlen läßt, mit was für zärtlich-besorgten Bewegungen er die Nadel wechselt, die Platte auflegt, das Werk anläßt! Wenn der Zuhörer nachher die Musik lobt oder kritisiert, wird er es ungeduldig und ohne Verständnis anhören. »Aber die Aufnahme!« wird er rufen; »und wie die Bässe herauskommen! Ist es nicht ein fabelhafter Apparat?« Und wehe dem Gast, der das nicht zugibt!

Das ist das Grammophon, ein liebenswürdiges Tier trotz allem, samtpfotig, gefällig, umgänglich und nur im Scherz manchmal böse. Mit dem *Radio* ist es schon ärger, es steht der Wildheit erheblich näher als das Grammophon. Es hat zunächst alle Unarten des Grammophons in ungeheuer verstärktem, verdicktem, vermännlichtem Kaliber. Wer ein Grammophon kauft, mag immerhin zunächst, wenn auch irrig, glauben, einen zuverlässigen, bescheidenen Freund zu haben; der Radioerwerber wird auf diesen Gedanken nie kommen. Er wird sich von vornherein sagen, daß er ein Stück halbgebändigter Natur im Hause hat, und wird es als gnädiges Geschenk empfinden, wenn sein Lautsprecher ihm einmal statt des Lärms sämtlicher Gewitter, Straßenbahnen, Zahnarztbohrmaschinen und Höllengeister ein paar Takte Marschmusik oder ein paar Sätze Goebbels ins Ohr träufelt. Aber auch darin ist das Radio weit selbstherrlicher, wilder und eigensinniger als das Grammophon, daß es sich keineswegs gleich jenem vorschreiben läßt, was es von sich geben soll. Es hat seinen eigenen literarischen und musikalischen Geschmack, seine eigene Tageseinteilung, seine eigene politische Meinung, und es fragt nicht viel, ob alles das sich mit den entsprechenden Meinungen seines Herrn deckt. Es ist ein stolzes Tier. Im Technischen allenfalls noch zu bändigen, lacht es im Geistigen allen Unterwerfungsversuchen hohn. Das einzige Mittel, mit dem ihm der Mensch beikommen kann, ist, es schließlich mit einem brutalen Schlag zu betäuben –, worauf es eine Weile beleidigt schweigt, um am nächsten Tag, wenn man es mißmutig wieder in Freiheit setzt, nur mit doppelt kräftigem Justament seinem eigenen Willen und seiner eigenen Weltanschauung zu frönen. Nur sehr tolerante Naturen werden auf die Dauer mit einem Radio wahre Freundschaft halten.

Aber was ist das Radio gegen das *Telefon*! Daß so zahlreiche Menschen sich ohne Zittern und Zagen ein Telefon in ihr Haus nehmen, nehme ich als einen Beweis dafür, daß der Heroismus auch in unserer Großstadtbevölkerung noch nicht ausgestorben ist; denn das Telefon ist schlechterdings ein Stück Wildnis, ein Raubtier, ein junger Löwe, und sich mit ihm einzulassen erfordert etwas von dem Mut eines Pelzjägers und Dompteurs. Das Telefon ist launisch in einem Grade, gegen den die Launen des Radios als militärische Disziplin erscheinen; es leistet seine Dienste grundsätzlich nur ausnahms- und gnadenweise. Dafür entschädigt es sich durch gelegentliches spontanes furchtbares Schreien, mit dem es seinen Herrn zwingt, aus der Arbeit, der Badewanne, dem Schlaf herbeizulaufen, um die Mitteilung einer Fehlverbindung entgegenzunehmen. Es ist treulos und zu jedem schlechten Streich bereit; es gibt sich Feinden und Neidern dazu her, seinen Herrn mit nächtlichen Schimpfkanonaden, täglichen Geschäftsgesprächen zu quälen. Dafür ist es ihm eine besondere Freude, seinem Herrn überraschend den Dienst zu versagen, während seines Gesprächs plötzlich zu streiken, zu bocken und Bloktöne auszustoßen. Mit koboldhafter Lust am Schabernack trennt es Liebende, führt Feinde zusammen, weiht Fremde in die Geheimnisse seines Herrn ein (oder, mitunter, diesen gönnerhaft in die Geheimnisse Fremder). Kann man sich des Radios wenigstens noch mittels eines Gewaltstreichs entledigen – gegen die Lebensäußerungen des Telefons ist kein Kraut gewachsen. Es ist das vitalste, kräftigste, wildeste, ungenierteste von allen Tieren; von ihm ist nur noch ein Schritt zu kleinen Kindern. Von seinen enormen Fütterungskosten rede ich nicht.

Das Telefon, mehr als selbst ein Hund, verändert durch den steten Umgang mit ihm den Charakter seines Herrn. Macht das Grammophon aus seinem Herrn einen zärtlich Liebenden und Liebenswürdigen, so verwandelt ihn das Telefon in einen gefährlichen Monomanen. Im Auge des Telefonbesitzers lauert geheimer Verfolgungswahn. Man muß den scheuen Blick sehen, mit dem er, während eines Gesprächs an seinem Schreibtisch, immer wieder gelegentlich nach der schwarzen Bestie hinübertastet, ob sie nicht gleich ihren Schrei ausstoßen wird, vor allem aber die besessene Angst, mit der er sich mitten im Wort unterbricht, um, ihrem Befehl unterwürfig, ihren Mund an sein Ohr zu reißen. Was müssen das für wilde Liebesworte, für mystische Formeln sein, die sie ihm da einflüstert! Mit offenem Munde, mit angstgroßen Augen trinkt er sie in sich hinein, gelegentlich nur ein »ja ja« herauskeuchend. Dieses wilde Tier ist mehr als ein gewöhnliches Haustier; es übt eine magische Macht aus, es genießt Anbetung, Angst und göttliche Verehrung, es ist ein Fetisch, ein heiliges Tier wie die heilige Katze der Ägypter, es ist ein abergläubisch bedienter Hausgott.

Aber freilich, dies böse und furchtbare Tier verdient sich solche Verehrung. Für allen Schaden und Schabernack, für alle Treulosigkeit, Bosheit und Tyrannei, mit der es seinen Herrn quält, entschädigt es ihn durch einen Dienst, den ihm kein anderes Tier erweisen kann, kein Hund und kein Grammophon und nicht einmal die Brieftaube der Sehnsucht, die Schubert besungen hat, einen unausdenklich großen und süßen, einen göttlichen Dienst: Es trägt ihm die Stimme der Geliebten über alle Länder zu.

Der Dämon in der Hörmuschel

Saul zog aus, seines Vaters Eselinnen zu suchen, und fand ein Königreich. Columbus wollte den Seeweg nach Indien entdecken und entdeckte Amerika. Napoleon wollte eine Dynastie gründen und gründete einen Mythos. Der Mann, der das Telefon erfand, hatte vor, ein Bürogerät zu erfinden; und er rief uns einen Dämon ins Haus.

Alle Maschinen sind maskierte Dämonen; daher auch ihre unheimliche Macht. Seit es Maschinen gibt, gibt es keine Hexen, Kobolde und Elfen mehr; es spukt auch weniger. Die Dämonen haben das Landstreicherleben aufgegeben. Sie haben sich in den Maschinen häuslich niedergelassen und verwirren von dort aus in althergebrachter Weise das Leben der Menschen.

Der Dämon des Telefons ist keiner von den schlimmsten. Er ist ein Hausgeist, oft liebenswürdig und nur gelegentlich boshaft. Immerhin, auch in seinem Auge glimmt ein kleiner Funke vom höllischen Feuer. Im Umgang mit ihm bleibt Vorsicht geboten.

Ursprünglich war für das Telefon ein durchaus ehrbarer, nüchterner Lebensberuf vorgesehen. Es wollte Handlungsgehilfe werden. Es sollte den Kaufleuten zur Verständigung behilflich sein; weiter nichts. Dabei vergaß man nur eins: Das Telefon nach seiner eigenen Meinung zu fragen. Das nahm es übel. Dämonen nehmen nichts so übel wie Mangel an Rücksicht. Das Telefon übt seither seinen Dienst auf satanische Weise aus. Gewiß, es dient den Kaufleuten; aber es hat dafür gesorgt, daß ihnen sein Dienst keinen Segen bringt. Unter dem Einfluß einer offensichtlich dämonischen Sinnesverwirrung hat sich nämlich in allen Büros und Geschäften der Brauch eingebürgert, zwar ständig zu telefonieren, dabei aber alles, was am Telefon gesprochen wird, im voraus für nichtig zu erklären. »Telefongespräche sind unverbindlich« steht auf jedem besseren Firmen-Briefbogen – und solche unverbindlichen Telefongespräche werden nun in jeder Firma von früh bis spät mit dem wilden Eifer geführt, an dem man allein schon ihre Überflüssigkeit erkennen würde. Die nüchternen Kaufleute, die sonst Zeit für Geld und Geld für eine tiefernste Angelegenheit halten, opfern Zeit wie Geld mit vollen Händen auf dem Altar des Telefons – und während sie mit allen Anzeichen der Behextheit ihre unverbindlichen Gespräche führen, wendet sich das Telefon mit dämonischem Gelächter von ihnen ab und seinen selbstgewählten Zwecken zu.

Sie sind sehr mannigfach, aber alle kommen auf eins heraus: Verwirrung zu stiften. Das Lieblingsgebiet des Telefons ist die Liebe. Es ist ein Kuppler. Seit Jahren geht ein großes Kopfschütteln rund um die Welt: über die Versachlichung der Liebe, das Ende der Romantik, die Hemmungslosigkeit der Beziehungen, die »Revolution der modernen Jugend«. Man hat tausend Gründe dafür gesucht und gefunden – vom Weltkrieg bis zur Koedukation, von der Kleidermode bis zum Untergang des Abendlandes. An dem wahren Schuldigen ist, soweit ich sehe, bisher jeder vorübergegangen: Es ist das Telefon.

Früher gab man sich eine Rose, ein Halstuch oder eine Locke. Solche Souvenirs beförderten die Entstehung von Gefühlen, Gedichten und Liedern; darüber hinaus beförderten sie nichts. »Werden wir uns wiedersehen?« lispelte man und erhielt einen Seufzer zur Antwort. Es folgte eine Zeit süßer Qualen. An ihrem Ende stand – was blieb anderes übrig? – ein offizieller Vormittagsbesuch mit dem Zylinder auf dem Haupt. Man sieht, das gesamte Liebesleben vergangener Zeiten erklärt sich zwanglos aus dem Nichtvorhandensein des Telefons.

Heute dreht man, gedankenvoll und stille Ahnung im Herzen, am nächsten Morgen die noch ungewohnten Nummern, die bald dem Finger so geläufig werden sollen. Man fragt mit leicht verklemmter Stimme: »Alles gut überstanden?«, und dann verabredet man sich eben. Am Telefon geht das unheimlich leicht; das Gespräch läuft wie auf Schienen; und *dies* Telefongespräch ist niemals unverbindlich! Wenn man den Hörer wieder hinlegt, ist alles im Rollen – und möglicherweise merkt man nicht einmal, trotz des befriedigten Knackens in der Leitung, daß sich ein Dämon eingemischt hat. Aber es ist so. Das Telefon ist es, das alles entschieden hat. Das Telefon funktioniert als unterirdischer Standesbeamter. Es stellt Verbindungen her. Es klatscht ein einziges Mal kurz in seine Geisterhände – ein trockener, elektrischer Zauberschlag! Und man spürt das Klingelzeichen im Herzen.

Nicht nur die Liebe hat das Telefon revolutioniert. Es hat auch auf dem Gebiet der gesellschaftlichen Formen die Anarchie hergestellt. Es ist am Telefon keineswegs selbstverständlich, daß man höflich ist. Die menschliche Sitte, sich zu begrüßen, ist durchaus in Frage gestellt. Bei vielen gilt es als ganz korrekt, sich am Telefon mit dem Wunsche »Schluß!« zu verabschieden. Es gibt auch keine Regel, wie man sich zu melden hat. Die Selbstcharakteristik hat freien Spielraum. Wenige Leute rufen gern ihren eigenen Namen in die Muschel – hier muß ein atavistischer Aberglaube im Spiel sein. Die meisten begnügen sich mit einem forsch-unverbindlichen »Hallo!«, mit dem sie wohl dem amerikanischen Geist des Telefons zu frönen meinen, aber keinen Anhaltspunkt für ihre Identität bieten. Eine gewisse Art von Pedanten liebt es, sich mit der Nummer zu melden, damit man das Gefühl bekommt, erst in der Zentrale eines Privatamts angelangt zu sein und noch einen weiten Weg vor sich zu haben. Ganz Bösartige drehen den Spieß um und schreien drohenden Tons: »Wer dort?« Man sieht: Viele Schwierigkeiten für den Uneingeweihten! Das Telefon macht es keinem leicht. Es ist die hohe Schule der Geistesgegenwart.

Es ist auch die hohe Schule der Konversation. Wie leicht ist die Konversation des Salons, wie viele Hilfsmittel bietet sie, wenn der Gesprächsstoff knapp wird! Man kann lächeln, man kann rauchen, man kann sich mit seinen Biskuits abgeben. Worte kann man mit Gesten abschwächen und zurücknehmen; wenn einem gar nichts mehr einfällt, kann man anfangen, die Bilder zu bewundern. Das Telefon bietet nichts, gar nichts. Das Gespräch steht ganz auf sich selbst. Jedes Wort hat sein volles Gewicht. Jede Pause wird zum Abgrund. Man muß pausenlos reden. Man muß präzis reden. Da man nicht lächeln kann, müssen die Worte selbst lächeln. Wer eine Viertelstunde guter Telefonkonversation zustande bringt, hat sein Meisterstück als Unterhalter gemacht. Am besten beherrschen diese Kunst jene Frauen, die sich morgens zwischen acht und neun, während sie im Bett Kaffee trinken, miteinander verbinden, um stundenlang die Leitungen zu blockieren. Diese weiblichen Dauergespräche sind täglich der Gegenstand vieler roher Flüche. Aber die Fluchenden sollten bedenken, daß es sich hier um Kunstleistungen von einer edlen Zwecklosigkeit handelt, wie sie in unserm Jahrhundert selten geworden ist. Mit diesen Gesprächen verwaltet das Telefon schlecht und recht, was es vom Erbe der Salons übriggelassen hat.

Noch zweierlei verdankt das gesellige Leben dem Telefon (außer seiner völligen Auflösung). Erstens eine wundervolle neue Art der gesellschaftlichen Beleidigung: das

Abhängen. Das Abhängen ist eine telefonische Ohrfeige. Aber es hat viele Vorzüge vor der wirklichen Ohrfeige: Vornehmheit, Lautlosigkeit und Endgültigkeit. Es schließt jede Reaktion des Opfers aus. Es ist eine vergiftete Ohrfeige.

Das zweite Geschenk des Telefons an die Geselligkeit ist eine eiserne Regel von wahrhaft dämonischer Paradoxie. Sie lautet: Wer telefoniert, geht vor. Es gibt kein noch so wichtiges Gespräch mehr, das nicht um jedes noch so unwichtigen Telefonanrufs willen unterbrochen würde; keinen Rang, kein Alter, keine Würde, die vor Zurücksetzung hinter dem Telefon schützten. Man könnte vom andern Ende Europas gereist kommen – und man müßte im Vorzimmer warten, wenn drinnen gerade Besuch wäre. Entschließt man sich aber, die Reise lieber zu sparen und nur den Telefonhörer von der Gabel zu nehmen, so schneidet man siegreich jeder Unterhaltung den Lebensfaden durch.

Und doch sind des Dämons Tage gezählt. Wer Ohren hat zu hören, hört bereits das Gras wachsen, das über seinem Hügel grünen wird. Sie sind jetzt dabei, das Fernsehen zu erfinden, und das wird ohne Zweifel das Ende des Telefons sein. Jeder Dämon wird von einem stärkeren erlegt, jeder Teufel von Beelzebub ausgetrieben. Das ist der Lauf der Welt. Eines nicht fernen Tages wird das Telefon verschwunden sein, wie der stumme Film verschwunden ist. Eine merkwürdige Art haben die Dinge heutzutage, einfach weg zu sein, zu verschwinden, zu verpuffen, nie gewesen zu sein. Sie haben keinen ehrlichen Tod, wie die Geschöpfe Gottes. Ihr Ende ist nichts weiter als die lautlose Enthüllung ihrer Spuknatur. Auch das Telefon wird so verschwinden, man spürt es bereits, und wird nichts hinterlassen als die Erinnerung an seine Eulenspiegeleien und bei einigen vielleicht die Träne, die man einem liebgewordenen Hausgespenst nachweint.

Die lieben Mitmenschen

Heute 11–12 Uhr: Ehekrach!

Der Professor für Ehekunde besteigt das Katheder:

Meine Damen und Herren! Wir kommen heute zum Ehekrach. Der periodisch wiederkehrende Krach, dieser unentbehrliche und unvermeidliche Bestandteil jeder guten und vollkommenen Ehe, ist bisher trotz aller wissenschaftlichen Durchleuchtung des Ehelebens nur unzulänglich behandelt worden. Man warnt wohl in allgemeinen Wendungen vor ihm und behauptet, daß er durch »gegenseitige Rücksichtnahme« und »Einfühlung« verhindert werden müsse usw. Meine Damen und Herren, dazu kann ich nur sagen: Papperlapapp. Der Krach ist eine Gottesgabe. Das geht schon daraus hervor, daß er in jeder Ehe ab und zu vorkommt. Der Krach ist für die Ehe, was Regen und Wind für die Felder ist. Eine nähere Betrachtung wird Sie, so hoffe ich, auch zu dieser Überzeugung bringen.

Mitnichten sind Ursachen des Krachs in der Ehe große Verschiedenheiten des Alters, des Standes, der Religion usw., oder große Katastrophen wie Bankrott, Ehebruch, Verhaftung und ähnliches. Das Große wird immer und überall über-, das Kleine immer und überall unterschätzt. Großes Unglück wird verhältnismäßig leicht ertragen; es kündigt sich gewissermaßen mit einem inneren Klingelzeichen an, das zwar erschreckt, aber gleichzeitig ermahnt: Achtung! Jetzt gilt's! Jetzt zusammengenommen! Und dann nimmt man sich auch zusammen.

Wenn bei einer Frau die große Liebe zu einem andern ausbricht, benimmt sich mancher Ehemann edelmütig;

aber welcher Ehemann benimmt sich wohl edelmütig, wenn die Hutrechnung schon wieder fünf Mark höher ist als erlaubt? Die Ursachen des Ehekrachs bestehen immer in Kleinigkeiten. Die großen Sachen führen vielleicht zur Scheidung – aber nie zu einem gesunden Krach.

Die allgemeinen Krachursachen sind mannigfach. Sie haben ihren Grund darin, daß jeder Mensch von jedem Menschen verschieden ist und daß Verschiedenheiten eine gewisse Zeit lang zwar anziehend, sodann aber eine weitere gewisse Zeit lang abstoßend aufeinander wirken. Alle Menschen zerfallen in Dränger und Trödler, in Aufräumer und Rumliegenlasser, in Frühaufsteher und Langschläfer, in Pünktliche und Zuspätkommer, in Fensteröffner und Fensterschließer, in Freunde und Feinde Greta Garbos, – in was zerfallen die Menschen nicht alles! Die Entdeckung solcher Verschiedenheiten nährt vor der Ehe die Liebe; in der Ehe nährt sie den Krach – der freilich, wie Sie sehen werden, seinerseits wieder die Liebe nährt.

Die besonderen Krachursachen haben ihren Grund darin, daß nun einmal die Frau und der Mann die gleichen Dinge anders ansehen. Dafür zwei Beispiele: Es ist eine Eigentümlichkeit der Frauen, die kein Mann je wirklich begreifen wird, daß Kleider für sie nicht Gegenstände der Zweckmäßigkeit und des Gebrauchs, sondern der Mystik und des Kults sind. Ein Mann trägt einen Anzug so lange, bis seine Frau ihn ihm wegnimmt. Eine Frau trägt ein Kleid nur der Not gehorchend öfter als einmal. Und sie verlangt für jedes neue Kleid vom Mann zweierlei: erstens, daß er es bemerkt und bewundert, zweitens, daß er es bezahlt. Meine Herren! Jede Frau tut das in voller Unschuld, weil sie gar nicht anders kann. Meine Damen! Jeder Mann empfindet das als bewußte Bosheit, weil er gar nicht anders kann.

Wiederum ist es eine Eigentümlichkeit der Männer, daß sie kein Frühstück oder Abendbrot mit Appetit verzehren können, ohne dabei eine Zeitung zu lesen. (Die Zeitung ist der Schnuller des erwachsenen Mannes.) Keine Frau wird je begreifen, welch immer neuen magischen Reiz Überschriften wie: »Fährt Paul-Boncour nach Genf?« oder »Neuer Zwischenfall an der mandschurisch-mongolischen Grenze« auf den Mann ausüben. Sie wird sich die eingehende und hingebende Lektüre der dahinter verborgenen Ausführungen nur als bewußte Mißachtung und Beleidigung ihrer Person erklären können. Der Mann wiederum wird ihre von der Verzweiflung hierüber diktierte Frage: »Hast du mich denn noch lieb?« als eine in diesem Augenblick unverzeihliche absichtliche Störung und Belästigung empfinden und wird darauf (während er zu dem Artikel: »BSV. 92 schlägt Viktoria« übergeht) folgende blöde Antwort geben: »Aber mein Kind, das weißt du doch.«

Meine Damen und Herren, hier haben Sie eine typische Ehekrise in voller Blüte! Wenn sich dieser Dialog zehn- bis zwanzigmal wiederholt hat, bricht der Krach aus. Wie das Schachspiel, so kennt auch der Ehekrach verschiedene gleich gute und gleich bewährte Formen der Eröffnung. Die einfachste und beste ist eine mit großer Stimmstärke und dem ganzen noch unverbrauchten Atem gehaltene Rede, die sehr schnell vorgetragen wird, trotzdem mindestens fünf Minuten dauert und von der Frau durch Tränen, vom Mann durch Faustschläge auf die Tischplatte unterstützt wird. Eine andere, sehr beliebte Eröffnung besteht darin, so lange zu schweigen, bis es dem andern auffällt, und darauf so lange »Ach nichts, laß nur« zu sagen, bis er seinerseits die oben beschriebene Rede hält. In dieser Rede wird der angeredete Teil in scharfen, aber noch durchaus parlamentarischen Wendungen als eine Ausgeburt der Hölle charakterisiert, die den Sprecher seit längerer Zeit unter Mißbrauch seiner Geduld, Liebe und Güte systematisch zu martern und zum Wahnsinn zu treiben unternommen hat.

Inzwischen hat er Zeit, sich seine Entgegnung zu überlegen, in der in ebenso krassen Farben dasselbe Bild mit vertauschten Rollen ausgemalt wird. Damit beginnt das Mittelspiel. Es ist dadurch gekennzeichnet, daß der Krach sich von seinem ursprünglichen Anlaß weit entfernt und alle Eigenschaften, Gewohnheiten, Meinungen und Lebensäußerungen beider Ehegatten sowie alle erdenklichen Vorfälle der näheren und ferneren Vergangenheit in freier Weise zur Sprache bringt. Das Hauptverdienst hieran pflegt der Frau zuzukommen, was ihr vom Manne durch Äußerungen wie »Mit dir ist nicht zu reden«, »Bleib bei der Sache!«, »Das ist ganz was anderes«, »Schon wieder diese verdammte Unlogik« bescheinigt wird. Es ist äußerst wichtig, daß die Frau von dieser ihrer Unlogik unbeirrt Gebrauch macht und so dafür sorgt, daß der Krach wirklich alles aufsaugt und verarbeitet, was es an Krachursachen zwischen den Eheleuten gibt. Nur so kann er seine wunderbar entgiftende Wirkung entfalten.

Bei diesem Teil des Krachs wird viel Geist verschwendet. Die Eheleute geben sich weit mehr Mühe füreinander als sonst; sie stellen scharfsinnige Theorien auf, würzen ihre Reden mit prächtigen Spruchweisheiten und Sentenzen und analysieren ihren Charakter gegenseitig so genau wie höchstens früher als Liebespaar, nur viel treffender. Sie sagen sich mit geschliffenen Worten alles, was sie in bösen Stunden im Stillen übereinander gedacht haben. Das Schlimmste, was einem der beiden jetzt passieren könnte, wäre, daß der andere plötzlich sagte: »Ja, du hast recht, entschuldige –« Wie sollte man dann alles loswerden, was man noch auf dem Herzen hat? Aber Gott sei Dank, es fällt ihm gar nicht ein, dem verstockten Sünder! Und so steigert man sich – zum Endspiel. Im Endspiel ist der Geist verbraucht, aber die Empörung ist auf dem Höhepunkt. Jetzt geht man zu Verbalinjurien über. Die Stimmen schrauben sich noch einmal zu der Lautstärke des Anfangs empor, aber zugleich fühlt man, daß der Stoff und der Atem zu Ende gehen. Es geht jetzt nur noch um das letzte Wort und um den effektvollen Abgang. Eine zugeworfene Tür macht sich gut. Oder ein hingeworfener Trauring.

Die Wirkung des Krachs ist die segensreichste: Es ist die Versöhnung. Die Versöhnung folgt dem Krach in einem bestimmten Abstand, der, wie mannigfache Beobachtungen ergeben haben, entweder zwanzig Minuten oder drei Tage beträgt. Erfolgt die Versöhnung nach zwanzig Minuten, so wird sie durch leises Vorsichhinmurmeln der Worte »Paulchen« beziehungsweise »Puzzi« eingeleitet, setzt sich dann durch vages und doppeldeutiges Ausstrecken der Hände auf dem Tisch oder Hin- und Hergehen im Zimmer fort, führt dann plötzlich zu einem gänzlich unvorbereiteten, aber schnell sich verlängernden Kuß, und diesem Kuß folgt das Versöhnungslächeln – die erste und lieblichste Frucht des Krachs. Das ist die Sanguinikerversöhnung, die Methode der glücklichen Naturen. Bei den andern dauert es, wie gesagt, normalerweise drei Tage. Während dieser Zeit »reden sie nicht miteinander«. Dann aber prangt auf dem Tisch das Leibgericht des Ehemannes, und wie es sich trifft, daß er gerade einen Rosenstrauß mitgebracht hat! Diese Menschen seufzen meist sehr tief auf, wenn sie sich nunmehr wieder in die Arme sinken.

Schwierig wird die Sache, wenn einer der beiden Gatten den Zwanzigminuten-, der andere den Dreitagerhythmus hat. In diesem Fall gibt es leicht Mißverständnisse und Komplikationen. Darum sollten sich Menschen mit verschiedenem Versöhnungsrhythmus besser nicht heiraten.

Wo hast du dir das wieder geholt?

Besuche am Krankenbett, wie wir sie nicht lieben

Es mag seltsam klingen, aber ein Krankenzimmer ist ein Ort, der unwiderstehlich Menschen anzieht. Wenn jemand krank wird, fängt es alsbald an, bei ihm zuzugehen wie in einem Taubenschlag. Leute, die sich sonst nie sehen lassen, stellen sich mit eifriger Promptheit ein. Ein gesellschaftliches Übereinkommen von ausgesuchter Bosheit erlaubt ihnen allen, in einem Augenblick, da man ihnen geschwächt und wehrlos ausgeliefert ist, Rache für all die Vernachlässigung zu nehmen, die man ihnen in gesunden Tagen angedeihen läßt. Ich habe den Verdacht, daß diese Sitte erfunden worden ist, um den Kranken ihre Krankheit ein wenig zu verleiden, es könnte sonst passieren, daß sie sich mit ihrer Krankheit zu wohl fühlten und sich liederlicherweise keine besondere Mühe gäben, wieder gesund zu werden ...

Für diesen Verdacht spricht auch der Inhalt der Unterhaltungen, die die Krankenbesucher mit ihrem Opfer führen. Dieser Inhalt samt dem Ton, in dem er vorgetragen wird, ist durch das Herkommen genau festgelegt. Es kommt nicht vor – oder es würde jedenfalls als grober Verstoß gegen Takt und Sitte empfunden werden –, daß ein Krankenbesuch über irgend etwas Normales und Interessantes zu reden anfängt, sagen wir über irgendeinen netten Klatsch oder über Greta Garbo und Marlene Dietrich oder meinetwegen über Abessinien. Nein, das wäre profan. Der gute Ton des Krankenbesuchs erlaubt nur drei verschiedene Arten des Auftretens, und zwar sauber eingeteilt, je nachdem, wie nah einem der Besucher steht. Die erste Art ist für entfernte Bekannte, Kollegen, jüngere Verwandte und Freundinnen angemessen. Sie besteht darin, über nichts zu reden, eine penetrante Atmosphäre von Peinlichkeit und Beklommenheit zu schaffen und durch ein Übermaß von zarter Rücksicht in dem Kranken das Bewußtsein seiner Todgeweihtheit zu wecken. Besucher dieser Art überraschen den Kranken zunächst durch gespenstische Lautlosigkeit ihres Auftretens. Sie klopfen unhörbar, drücken ganz langsam und mit größter Heimlichkeit die Klinke nieder und stehen auf einmal wie eine Erscheinung im Zimmer. Meistens tragen sie Blumen vor sich her. Sie bewegen sich grundsätzlich auf den Zehenspitzen und sprechen mit gedämpfter Stimme, um so dem Kranken die Haltung eines Schwerhörigen aufzunötigen. Zum Sitzen aufgefordert, nehmen sie auf der Kante eines Stuhles Platz, schweigen beharrlich und betrachten einen, als müßten sie sich noch einmal so recht einprägen, wie man ausgesehen hat. Versucht der arme Kranke, ein Gespräch in Gang zu bringen, so antworten sie auf alles, was er sagt: »Strengt dich das Sprechen auch nicht an?« Von sich aus tragen sie zur Unterhaltung regelmäßig nichts bei als die höchst überflüssige Erkundigung: »Kann ich nicht irgend etwas für dich tun?«, und dann streichen sie mit zager Hand eine Decke glatt oder rücken das Wasserglas an eine andere Stelle. Bietet man ihnen etwas an, so lehnen sie scheu und fast etwas beleidigt ab: »Aber nicht doch« – kurz, sie legen einem auf jede Weise die Vorstellung nahe, man sei bereits abgeschieden und es handle sich hier in Wahrheit um einen letzten Besuch in der Grabkammer.

Die einzige gute Eigenschaft dieser Besucher ist, daß sie meist nicht ausdauernd sind. Es wird ihnen bald in ihrer selbstgeschaffenen Atmosphäre unheimlich, und sie beginnen sich verstohlen, aber merkbar fortzuwünschen. Es kommt ein Augenblick, wo es sie plötzlich, sie wissen selbst nicht wie, von ihrer Stuhlkante auftreibt. Nun noch ein langer Händedruck, ein langer Blick, eine Art stummes Gebet – und sie entschleichen. Man atmet auf. Aber schon stellt sich eine andere Art von Besuch ein. Sie ist langwieriger und weniger zartfühlend und rekrutiert sich hauptsächlich aus Tanten.

Tanten als Krankenbesuch haben ein feststehendes Gesprächsthema: Sie setzen sich auf den Bettrand, fühlen einem fachmännisch den Puls, erklären: »Du siehst aber schlecht aus«, drücken die Befürchtung aus, daß eine Lungenentzündung dazutreten werde, und erzählen Präzedenzfälle. Diese Präzedenzfälle gehen sämtlich tödlich aus, sie handeln von »einer alten Dame im Nebenhause« oder von einem unbekannten jungen Mädchen – »das immer schon bleichsüchtig war«. Als Trost erzählen die Tanten dann weiter von ihren eigenen Leiden und von denen der gesamten Verwandtschaft. Bei dieser Gelegenheit erfährt man einmal alle Einzelheiten über das Magengeschwür von Onkel Paul und über die Blinddarmoperation von Tante Berta. Der kleine Erfahrungsschatz von unbehaglichen medizinischen Erlebnissen und Erfahrungen, den jeder Mensch mit sich herumträgt und für gewöhnlich gottlob hübsch bei sich behält – ein Krankenbesuch ist die willkommene Gelegenheit, ihn einmal auszupacken und auszubreiten. Der arme Kranke macht so eine halbe Stunde lang im Geiste zu seiner eigenen Krankheit noch alle erdenklichen andern durch, dann läßt er mit müdem Kopfnicken noch die unvermeidlichen Betrachtungen über die Unzulänglichkeit der Medizin über sich ergehen – und allmählich sieht er es heraufdämmern, das unfehlbare Hausmittel, die Pointe aller Tanten-Krankenbesuche. Alle Tanten wissen für alle Krankheiten ein unfehlbares Hausmittel. Diese Hausmittel haben regelmäßig einen abschreckenden Namen, ein ekelerregendes Aussehen, einen üblen Geschmack und eine grauenvolle Wirkung. Frauen, die sie empfahlen oder gar herstellten, wurden in früheren Zeiten als Hexen verbrannt. Ach, die guten alten Zeiten! Heute muß man diese Hausmittel sämtlich schlucken und noch Dankbarkeit heucheln.

Eine dritte Art der Krankenunterhaltung aber ist den ganz nahen Verwandten vorbehalten – und sie ist es, die einem recht eigentlich die schönste Krankheit verleiden kann. Es ist die Ursachenforschung. »Wo magst du dir das nur geholt haben!« war schon in meiner Kindheit das erste, was meine Mutter bemerkte, wenn ich einen Schnupfen hatte, und es stellte sich dann bei näherer Forschung immer heraus, daß ich mir diesen Schnupfen ganz bestimmt auf einer Geburtstagsfeier oder einem Ausflug geholt haben mußte; auf dem Schulweg nie. Und dabei ist es geblieben. Für die engere Familie bedeutet jede Krankheit eine gerechte Strafe des Himmels für irgendeine widerwillig geduldete schlechte Lieblingsgewohnheit; und der Krankenbesuch ist die Gelegenheit, diesen Kausalzusammenhang festzunageln und mit hartem Finger auf die Folgen zu pochen. Wenn man sich den Magen verdorben hat, so sind niemals die angebrannten Bohnen daran schuld, die es gestern am Familientisch gab, sondern immer und ausschließlich »das viele Bier«. Und der Familienrat, am Krankenbett versammelt, beschließt, daß man guttäte, seinen Stammtisch für vier Wochen zu meiden.

Wenn ich meine Wintergrippe habe, kommen meine Schwiegereltern, nehmen Platz, betrachten die Fieberkurve und tun sich zu einem Gerichtshof zusammen. »Da siehst du endlich einmal«, sagt mein Schwiegervater, »wie ungesund es ist, keine Weste zu tragen. Da muß man sich ja einmal etwas holen!« Er ist ein Herr der vorigen Generation und kann es nun einmal nicht verstehen, daß ein »gebildeter Mensch« ohne Weste und Hosenträger existieren kann. »Ja«, pflichtet meine Schwiegermutter bei, »und dann das Schlafen bei offenem Fenster! Jetzt wirst du es ja wohl einmal einsehen.« Ich flehe mit mattem Blick um Hilfe bei meiner Frau, aber weit gefehlt! »Das ginge ja noch«, findet sie, »aber daß er es sich nicht abgewöhnen kann, morgens im Pyjama die Zeitung zu lesen! Immer wieder sage ich: ›Zieh dir erst was an‹ –, aber nein, erst muß es dann *so* kommen!« Meine Schwiegermutter aber bleibt doch dabei, daß die eigentliche Krankheitsursache das offene Fenster sei, und mein Schwiegervater läßt sich seine Weste nicht nehmen, und Gott sei Dank, nun beginnen sie ein wenig zu streiten. Bis meine Richter sich einig werden und mein Urteil gesprochen wird, dämmere ich ein bißchen vor mich hin. Über mein Bett weg flitzen die Argumente, »die Weste«, höre ich und »im Pyjama«, irgendeiner wirft noch das späte Zubettgehen in die Debatte ... Ein letzter schlechter Nachgeschmack von dem letzten Hausmittel ist noch auf der Zunge, ich denke wehmütig an die Kognakflasche, die griffbereit am Kopfende hinter dem Bett verborgen ist, und an den Knut Hamsun, den ich gerade angefangen habe, und verzichte auf jede Beteiligung an der Verhandlung. Die holden Gefilde des Fiebers und des Traums öffnen sich ... Über mein Bett weg erörtert inzwischen der Krankenbesuch meine gesamte Lebensführung, verwirft sie und verfügt über meine Zukunft. Schon wird der Streit hitziger, die Forderungen strenger, die Stimmen erheben sich – da öffnet sich lautlos die Tür, und, Blumen vor sich hertragend, naht ein neuer Krankenbesuch, wieder einmal einer aus der Gruppe 1: Trauergäste. Plötzlich nimmt auch die Familie wieder feierliche Haltung an, ich merke, wie sich viele Gesichter – ach, wie besorgt, wie teilnahmsvoll! – über mein Lager beugen, und einer himmlischen Eingebung folgend, benutze ich die Gelegenheit und greife zur Kriegslist: Ich schließe die Augen und beginne friedlich zu atmen.

»Er schläft«, flüstert einer. Ein Getuschel beginnt, und jetzt, Triumph, erheben sich alle, und auf den Zehenspitzen beginnen sie einer nach dem andern hinauszuschleichen – ein geschlagenes Heer. Ja, auch der Schwache hat seine Waffen!

Der Mitreisende

In Eisenbahnen, in Bädern und auf Schiffen, in Kurorten, Hotels und Pensionen lebt ein fremd- und bösartiges Tier: der Mitreisende. Er treibt dort sein Wesen, niemandem zur Freude, von jedem gefürchtet und gemieden; immer wieder fragt man sich, wozu es ihn eigentlich gibt. Das höchste Lob, das ihm gelegentlich gespendet wird, ist, daß man manchmal nichts, oder doch nur wenig, von ihm bemerkt. Im übrigen gehört er in eine Klasse mit den Stechmücken, Haifischen, Schlangen und Bazillen. Wie alle diese Wesen ist er selbstverständlich unschuldig an seiner höchst überflüssigen Existenz. Sie alle tun nur, was sie nach Gottes unerforschlichem Ratschluß nun einmal tun müssen; die Mücke sticht und der Haifisch beißt, und so weiter. Der Beruf des Mitreisenden ist es, zu stören.

Er stört. Schon ehe er auftritt, stört er. Wie riesenhafte plattgedrückte Käsemaden oder abstoßende Bandwürmer hängen oben über den Fensterplätzen – immer gerade über den Fensterplätzen, das versteht sich! – Spruchbänder herunter, die ankündigen, daß diese Plätze reserviert sind. Für wen sind sie reserviert? Für den Mitreisenden natürlich! Man kann sich denken, mit welchen Gefühlen er erwartet wird. Und dann tritt er auf und grüßt mit seinem Gruß.

Der Gruß des Mitreisenden heißt: »Sie gestatten wohl!« (Abgekürzt: »Gestatten!«) Und zähneknirschend gestattet man, daß der Mitreisende sich einnistet und es sich bequem macht, der Parasit! Man gestattet, daß er einem den

Handkoffer mit dem Unterwegsroman darin unter Bergen von Schrankkoffern und Gebirgsausrüstungen begräbt, daß er kategorisch ein für allemal das Fenster schließt (»Hier zieht's aber! Gestatten Sie!«), daß er im Nichtraucherabteil seine Zigarre ansteckt, nachdem er seine Käsebrote gegessen hat, daß er eine ganze Familie mit drei unerzogenen Kindern, Säugling und Hund hereinwinkt: »Hier herein, schnell, schnell, hier ist es noch ganz leer!« Der Mitreisende bringt es tatsächlich fertig, ein Abteil als ganz leer zu bezeichnen, in dem man sitzt!

Wenn man eben in den Speisewagen gehen will, kann man sicher sein, vom Mitreisenden wie folgt angeredet zu werden: »Ach, Sie achten wohl ein bißchen auf meine Sachen, ja? Ich gehe eben mal in den Speisewagen!« Dann bleibt er zwei Stunden lang fort. Geht man schließlich knurrenden Magens selbst in den Speisewagen, so demonstriert einem dort der Mitreisende auf ein Meter Entfernung seine Unfähigkeit im Spaghettiessen und seine Fähigkeiten im Gebrauch des Zahnstochers. Es ist wahrscheinlich ein anderer Mitreisender, aber was hilft einem das! Der Mitreisende ist überhaupt kein einzelner Mensch, der zufällig schlechte Manieren hat. (Es gibt sogar Mitreisende mit guten Manieren.) Der Mitreisende ist ein grauenvolles Kollektivwesen ohne Gesicht und Namen, behaftet mit der Fähigkeit zu allen schlechten Manieren sowie mit dem Fluch, durch sein Dasein zu stören. Der Mitreisende schläft nach Tisch im Sitzen. Der Mitreisende schnarcht, wenn er schläft. Wenn man das Abteil verläßt, liest er einem inzwischen die Zeitung aus, und auf der Toilette hat er die Seife gestohlen.

Kein noch so dicht vor die Nase gehaltenes Buch schützt vor der Lebensgeschichte des Mitreisenden. Der Mitreisende ist mit allen Mitteln bestrebt zu beweisen, daß er auch ein Mensch ist. Er hat eine harte Jugend gehabt. Jetzt reist er zu Verwandten nach Gütersloh. Die Leute haben's auch nicht leicht! Die Schweinepreise sind zu hoch, beziehungsweise zu niedrig. Hamsun, den man gerade liest, mag er nicht. Der ist ihm eindeutig zu hoch.

Man glaube nicht, den Mitreisenden los zu sein, wenn er aussteigt. Er steigt nur aus, um einem andern seinesgleichen die Klinke in die Hand zu geben. Schon hört man wieder das vertraute »Gestatten!«. Wo käme die Reichsbahn auch hin, wenn es anders wäre!

Man glaube nicht, den Mitreisenden los zu sein, wenn man selber aussteigt. Jetzt wechselt er nur den Namen. Von jetzt an heißt er Zimmernachbar.

Der Zimmernachbar ist um einen Grad geheimnisvoller als der schlichte Mitreisende. Seine Erscheinungsform ist gleichsam eindimensional geworden. Er tritt nicht mehr persönlich auf, nur akustisch macht er sich bemerkbar. Aber wenn man es anfangs als eine Erleichterung zu nehmen geneigt ist, so wird man bald eines besseren belehrt. Denn was sind alle Schrecken der greifbaren Wirklichkeit gegen die undeutbar-gespenstischen Andeutungen eines gräßlichen Jenseits (sei es auch nur jenseits der Hotelzimmerwand)! Der Zimmernachbar ist ein zum Gespenst erhobener Mitreisender.

Der Zimmernachbar hat seltsame Lebensgewohnheiten. Ein echtes Gespenst, scheint er nachts erst munter zu werden. Wohl uns, wenn sich seine nächtliche, schlafverscheuchende Tätigkeit in den Grenzen des menschlich Begreiflichen hält; wenn er ein Grammophon hat, Besuch empfängt, betrunken nach Hause kommt und seine Schuhe gegen die Wand wirft – das alles ist nicht so schlimm. Schlimm wird es, wenn er beginnt, uns Rätsel aufzugeben. Wenn man etwa nachts davon erwacht, daß in seinem Zimmer gerollt wird. Ja, es ist ganz deutlich, nebenan ist das Geräusch einer kleinen Wäscherolle oder Druckerpresse zu hören. Man sieht nach der Uhr, es ist halb drei. Eine halbe Stunde geht das, dann hört es auf. Und in der nächsten Nacht wiederholt es sich. Falschmünzerei? Gymnastik? Neuartiger Hosenbügler? Spuk? Man vergrübelt zwei schlaflose Nächte und läßt sich ein anderes Zimmer geben. Dort hat man einen Zimmernachbar, der laut zählen muß, um einzuschlafen. Das erste Mal hört man ihn bis 1328 zählen. Und am Tage sieht man es ihm gar nicht an!

Am Tage unterscheidet er sich in nichts von den andern Mitreisenden, die einen nach wie vor umgeben. Sie tun, was ihres Amtes ist: nehmen einem die Fensterplätze im Speisesaal weg, lesen die Zeitung, die man gerade haben möchte, belegen die Mädchen mit Beschlag, mit denen man tanzen will, setzen sich dazu, wenn man doch einmal ein Mädchen erwischt hat, erzählen ihre Lebensgeschichte und verderben die Landschaft.

Ja, dies ist ihr letzter Trumpf! Die unschuldige Natur, die letzte Zuflucht des Einsamkeitssuchenden, die Trösterin des Gehetzten, die Stätte des Friedens – vor dem Mitreisenden schützt sie nicht. Auch wer in die böhmischen Wälder flieht – wem wird er dort begegnen? Dem Mitreisenden! Die Naturschönheiten der Welt, nur auf den Prospekten der Reisebüros kann man sie noch in reiner und unverdorbener Wiedergabe bestaunen. In Wirklichkeit gibt es sie nur noch mit Staffage zu sehen: Blaue Grotte mit Reisegesellschaft und Führer, Wolfsschlucht mit zwei Herren in karierten Knickerbockers, Partnachklamm mit picknickverzehrender Familie auf Plaiddecke. Es hilft auch gar nichts, wenn man die berühmten Naturschönheiten meidet und sich auf einsame, unentdeckte Gegenden verlegt. So klug sind auch schon andere gewesen. Mindestens eine Million Menschen in Deutschland suchen die Einsamkeit. Was ist die Folge? In der Einsamkeit begegnen sich mindestens eine Million Menschen. Lauter Mitreisende! Und alle treten einander auf die Füße und rufen dazu: »Gestatten!« Und jeder ist dem andern ein Mitreisender –

– und das, das ist das Fürchterlichste an dem Ganzen, das, was ich mich bisher nicht zu sagen getraute: Auch Du, mein Leser, und ich selber – auch wir beide sind nichts anderes als Mitreisende!!

Die Fensteröffner und die Fensterschließer

Der latente Bürgerkrieg zwischen den Parteien der Fensteröffner und der Fensterschließer, in Privatwohnungen durch die Gesetze der Gastlichkeit gemildert, in Amts- und Geschäftsräumen durch die Übermacht der Vorgesetzten bald so, bald so entschieden, hat seine eigentlichen Schlachtfelder in den öffentlichen Verkehrsmitteln. Man versammle sechs oder acht anonyme, staatsbürgerlich gleichberechtigte Volksgenossen in einem Abteil mit verschließbaren Fenstern; alsbald erweist sich, daß beide Parteien ihre Vertreter unter ihnen haben, und alsbald flammen die Kampfhandlungen auf. Die Operationen werden je nach Temperament verschieden geführt; mit säuerlichen Klagen und »beiseite« gesprochenen Anspielungen, mit Flucht in die Öffentlichkeit und demagogischen Werben um die Mehrheit, mit anklagendem Hüsteln und Kragenhochstellen oder auch mit handhafter Tat, begleitet womöglich von Kernsprüchen. Man trifft hier alle Typen des Bürgerkriegs, vom Nörgler und Kritikaster über den Hetzer und Stichler, den Demagogen und Massenredner, den terroristischen Desperado bis zum revolutionären Soldaten. Nicht einmal an Emigranten fehlt es, mit Aplomb, Gepäck und vernichtenden Blicken verlassen sie die Stätte, wo die Feinde sich breit im Siege sonnen. Es gibt gottlob noch Orte, wo auf einen Rheumatismus Rücksicht genommen wird! Es gibt Gott sei Dank noch Stätten, wo man frische Luft höher schätzt als Mief! Nachher treffen sie in einem neuen Abteil zusammen, ungefähr wie die deutschen Kommunisten und die russischen Weißgardisten in der Tschechoslowakei. »Es zieht«, bemerkt der eine und seilt das Fenster hoch. »Es *soll* ziehen«, erklärt der andere und drückt es herunter. Nein, es gibt keinen Frieden auf Erden.

Obwohl über diesen Bürgerzwist öffentlich nicht gesprochen wird, ist er den zuständigen Behörden nicht verborgen. Die deutsche Reichsbahn hat es sogar für nötig befunden, öffentlich in jedem Abteil das Gesetz anzuschlagen, das ihn beilegen soll. »Dieses Fenster«, so schreibt sie über jedes der Fenster, die sie den Parteien als Streitobjekt zur Verfügung stellt, »darf nur mit Zustimmung aller in diesem Abteil Mitreisenden geöffnet werden.« Mit allem schuldigen Respekt sei es ausgesprochen, daß diese Regelung dem Frieden sowenig dient wie der Artikel 19 der Völkerbundsatzung, für den sie offenbar das Vorbild abgegeben hat. Dieser mit Recht so viel angegriffene Artikel bestimmt bekanntlich, daß es zu jeder territorialen Veränderung zwischen Völkerbundmitgliedern eines einstimmigen Beschlusses der Vollversammlung bedarf, eine Bestimmung, die, statt dem Frieden zu dienen, den Krieg geradezu erzwingt, indem sie jede friedliche Revision sabotiert. Wie sollte, was unter den Völkern zum Kriege führt, unter den Einzelmenschen Frieden stiften! Wie sollten die Freunde der guten Luft nicht mit ebenso bitteren Empfindungen die Liebhaber der schlechten so offenbar bevorzugt sehen, wie die Revisionsmächte die Vertreter des Status quo! Zudem, die Regel ist zweideutig; sie läßt zum mindesten der Auslegung Raum. Das geschlossene Fenster darf zwar nur auf einen einstimmigen Beschluß der Mitreisenden geöffnet werden; aber: Genügt deshalb auch schon eine Stimme, die Schließung des geöffneten Fensters zu erzwingen? Zweifelhaft, zum mindesten zweifelhaft! Will die Reichsbahn die Fensterschließer unter allen Umständen gegen ihre Feinde, die Fensteröffner, schützen oder nur da, wo sie zugleich den Status quo vertreten? Man sieht, zur Ungerechtigkeit tritt die Rechtsunsicherheit. Damit aber ist dem Kriege Tür und Tor geöffnet.

Verteidiger der geltenden Regel werden sagen, daß die Schwachen, Kranken und Empfindlichen auf alle Fälle Schutz und Bevorzugung vor den Starken, Gesunden und Robusten verdienen – ein Satz, der freilich heute keineswegs mehr so unangefochten dasteht wie noch vor einer gewissen Zeit. Aber vor allem, er trifft hier den Tatbestand gar nicht. Glaube doch keiner, die Partei der Fensterschließer setze sich ausschließlich oder auch nur überwiegend aus Erkälteten, Rheumatikern, Lungenkranken und Gichtbrüchigen zusammen! Nein, nein, so einfach liegen die Dinge nicht. Die Parteien der Fensteröffner und Fensterschließer sind keine Interessentenhaufen; es sind Weltanschauungsparteien. Man übertreibt kaum, wenn man die Kranken und Anfälligen in der Überzahl gerade auf der Seite der Fensteröffner sucht. Die Fensteröffner sind fast stets erkältet, weil sie eben stets die Fenster öffnen und die Zugluft hereinlassen. Die Zugluft ist nun einmal gesundheitsschädlich, sie reizt menschliche Schleimhäute, die ihr freiwillig ausgesetzt werden, nicht weniger als solche, die unfreiwillig hineingeraten. Der Unterschied zwischen den Fensteröffnern und den Fensterschließern liegt nicht in der Empfindlichkeit, sondern in der Empfindlichkeit gegen die Empfindlichkeit. Die Fensteröffner lieben die frische Luft mehr als ihre Gesundheit; sie nehmen lieber einen Schnupfen in Kauf als Mief. Sie haben Sinn für das Vergnügen, sich durchwehen zu lassen – wirklich eins der großen, unbekannten, kostenlosen Vergnügen, die das Leben zu bieten hat. Zugluft ist anfeuernd, belebend, befreiend, sie macht tief atmen, sie berauscht; und hinterher hat man dann einen Schnupfen. Die Fensteröffner sind der Überzeugung, daß dieser Schnupfen sich gelohnt hat. Es sind die Leute, die gern etwas wagen, die dem Abenteuer, der Gefahr, der Liebe nicht ausweichen, die sich in interessanten und lebensgefährlichen Zeiten wohlfühlen. Es sind glückliche Leute.

Die Fensterschließer vermeiden den Schnupfen, und dafür verzichten sie auf den Rausch. Diese Menschen sind gesund und langlebig, ob sie auch glücklich sind, steht dahin. Sie verlangen keine Sensationen vom Leben; was sie vom Leben verlangen, ist, zufrieden gelassen zu werden. Sie haben nichts davon, im Winde zu fahren, denn sie denken schon die ganze Zeit dabei an das Rheuma, das sie sich dabei holen werden. Es sind stille Leute, ein bißchen vergnatzt im schlimmsten Falle, im besten von dem breiten Humor erfüllt, den Körperfülle und Resignation verleihen, in jedem nicht ohne Verteidigungsenergie. Gegen den Angriffsschwung der Fensteröffner, die ihre Sensation wollen, setzen sie die stille Hartnäckigkeit des Menschen, der sich keinen Schnupfen holen will. Sie sehen gar nicht ein, warum sie es ausbaden sollen, daß andere genußsüchtiger sind als sie. Mag sich freiwillig erkälten, wer will, aber bitte ohne sie! Sie sitzen breit auf ihrem Recht, sie wissen es zu wahren. Sie hätten es gar nicht nötig, daß man ihnen noch von oben, mit der Autorität der Staatsgewalt, beispringt, jeden einzelnen von ihnen ein Liberum veto gegen das Fensteröffnen einräumend. Sie würden auch ohnedies dafür sorgen, daß genügend Fenster geschlossen bleiben.

Immerhin, gönnen wir ihnen diese kleine Bevorzugung. Die Zeitläufte sind ihnen alles in allem nicht günstig. Man hat so viele Fenster aufgerissen, so viel Zugluft ist in alle Bereiche des Lebens hereingefahren, so viele Leute haben sich, freiwillig oder nicht, einen Schnupfen geholt, und wem der Sinn nach Abenteuern und Gefahren steht, der findet überall so viel davon, wie er sich nur wünschen kann, da wirkt es versöhnlich und menschlich wie jede Ausnahme, daß wenigstens auf der Eisenbahn der friedliche und ruheliebende Bürger noch sein Recht auf Idyllik, Langeweile und Stubenluft garantiert erhält. Wenn es ihm gelingt, den Angriff der Fensteröffner abzuschlagen: warum soll er nicht im Frieden in seiner kleinen, dumpfen Kabine durch den Sturm der Zeiten fahren?

Vor den Garderobenschranken …

Es ist doch merkwürdig, was für Tragödinnengesichter die Garderobenfrauen in den Theatern haben. Man achtet nicht darauf, nicht wahr? An der Garderobe hat man auf anderes zu achten. Aber die Tatsache besteht, daß die Garderobenfrauen einen ganz scharfen, wissenden, verächtlichen Zug auf dem Gesicht tragen. Was mögen das nur für Erfahrungen sein, die ihnen diese bittere Falte um den Mund malten? Es ist dieselbe Falte, die man in den Gesichtern von alten Krankenschwestern, Strafrichtern, Toilettenfrauen und Zahnärzten findet: die Falte berufsüblicher Menschenverachtung.

Dreimal geschieht es allabendlich, daß das Menschengeschlecht vor die Schranken der Garderobenfrau tritt und, indem es ihre Dienste fordert, sich ihrem Urteil unterwirft. Zum erstenmal geschieht es, wenn die Menschen kommen, um ihre Mäntel und Hüte abzulegen. Dieses erste Mal kommen sie als einzelne, oft rasch hintereinander, oft viele zugleich, aber doch deutlich voneinander geschieden, ein jeglicher aus seiner Stadt. Daher ist ihr Betragen dieses erste Mal denn auch durchaus würdig und erfreulich, denn jeder einzelne Mensch für sich ist ja bekanntlich anständig und gut. Mit Ruhe warten sie, bis sie an der Reihe sind. Keiner nimmt das Geschäft des Kleiderablegens wichtiger, als es seiner Bedeutung im menschlichen Leben entspricht. Nachlässig, ohne Leidenschaft, ohne Gier entledigen sie sich ihrer Hüllen und legen sie auf den Tisch, zugleich mit dem Zoll, den sie ohne Murren, willig und rechtlichdenkend, entrichten. Freundlich nickend nehmen sie die Marke in Empfang. Wenn sie zum Spiegel entschreiten, um sich das Haar zu richten und sich, die letzte Hand anlegend, ihrer eigenen Wohlgelungenheit zu freuen, dann könnte man meinen, daß es doch brave und liebenswürdige Wesen sind.

Das zweitemal treten sie in der großen Pause auf, und diesmal fordern sie nicht einmal die Dienste der Garderobenfrau, nein, unentgeltlich bieten sie ihr eine Parade dar, als ob sie ein Kaiser und König wäre. Wie sie wandeln! Die Herren tragen schwarze Anzüge und weiße Hemdbrüste, die Damen den schönsten Putz und alle das festlichste Lächeln auf dem Gesicht. So viel Zeit haben sie: Sie spazieren ganz langsam und feierlich, alle nur auf edle und anmutige Haltung bedacht. Die alten Herren halten die Hände auf dem Rücken verschränkt, die alten Damen spielen mit dem Lorgnon, die jungen Leute haben sich lieblich untergefaßt, und sie füllen die Luft mit zartem Geplauder und Gelächter, und alles nur für die Garderobenfrauen. Wie vornehm und lässig sie alle sind, welch ein stolzes und herrschaftliches Geschlecht!

Das drittemal aber – sind das wirklich dieselben Menschen? Es klingelt. Die Türen springen auf. Schon stürzen die ersten heraus, wie Stiere in der Arena. Die Schauspieler um den Beifall betrügend, stürmen sie den Garderobenstand und stoßen der aufgeschreckten Alten die Marke entgegen, wie der Wucherer dem Opfer seinen Schein. Schon quellen dichtere Knäuel aus den Türen. Ein Wettlauf beginnt, eine gräßliche Mobilmachung, und nun, in dem entsetzlichen Haufen vor dem Stand, ein Kampf aller gegen alle – Theaterbrand, Schiffsuntergang. Was Haltung, was Würde, was Edelsinn, die Bestie erwacht. Jedes Mittel ist recht in diesem Kampf. Der eine hat seine Größe, sein furchterregendes Körpergewicht, die Gewalt seiner Schultern; der andere baut auf seine List und Behendigkeit, gummiartig windet er sich in die vorderste Linie; wer lange Arme hat, reckt höhnisch die Marke zwischen zwei Vordermännern hindurch und schwenkt sie ihnen drohend ins Gesicht; ganz Hinterlistige suchen die Marke taschenspielerisch der Garderobenfrau in die Hand zu winden. Jünglinge vergessen alle Ehrfurcht vor dem Alter; in Greisen werden vitale Jugendinstinkte wach, sie boxen, sie stoßen mit den Ellbogen nach vorn und hinten. Dazu Geschrei und allgemeine Anklage: Jeder ist im Recht, jeder andere im Unrecht. Alle Rücksichten fallen, es geht um alles, um das Letzte, es gilt einen Verzweiflungskampf.

Die alten Garderobenfrauen aber, die, das Entsetzliche vor Augen, wie Rasende hinter den Tischen hin- und herfahren und die Hüte von den Stangen reißen, verzweifelnd, rettend, was zu retten ist: Sie sind zugleich Prügelknabe und höchste Instanz. Sie werden angerufen: sie sollen schlichten; sie werden angeschrien: sie sollen rennen. (Übrigens redet sie jedermann mit Fräulein an.) »Fräulein! Der Herr war aber nach mir hier!« »Nun kommen Sie aber *einmal* auch hierher!« »Zweiundsiebenzig!« »Aber ein bißchen dalli bitte!« »Was ist das für ein Tempo hier!« »Zweiundsiebenzig!« »Gibt's denn hier keine Bedienung?« »Fräulein! Und ein Paar Russenstiefel noch!« »Zweiundsiebenzig!« »Ich werde mich beschweren! Immer fangen Sie rechts zuerst an!« »Gibt's hier keine Direktion?« »Unerhört!« »Zweiundsiebenzig!« Wer seine Mäntel hat, rafft sie zusammen, und eine furchtbare Waffe daraus schmiedend, die er sieghaft gegen die Köpfe der ringsum Drängenden schwingt, bahnt er sich damit einen Weg durchs Gewühl. Durch die Gasse, die hinter ihm entsteht, springen panthergleich junge, behende Männer aus den hintersten Reihen nach vorn: »Fräulein! Ich steh' schon eine Viertelstunde hier!«

– Dann ist es vorbei. In weniger als fünf Minuten ist der ganze Spuk zerstoben. Die ersten Lampen erlöschen. Die Alte sinkt auf ihren Stuhl, und ihr ist, als wäre eine Reiterschlacht über sie dahingebraust. Das waren dieselben Menschen, die vorhin vor ihr Parade wandelten. Sie rafft mit Zitterhand ihren Roman und ihr Butterbrot zusammen. Ja, ihr können sie nichts mehr vormachen. Mögen sie noch so würdig und gesittet wandeln, sie weiß, was dahintersteckt. Um ihren Mund zieht sich jene Falte zurecht: die Falte berufsüblicher Menschenverachtung.

Marotten und Laster

Männliche Eitelkeit

Ach, es geschieht so entsetzlich viel Unrecht auf der Welt. Zum Beispiel sind die Frauen als eitel verschrien, und von der männlichen Eitelkeit spricht niemand. Dabei sind das eigentlich eitle Geschlecht selbstverständlich die Männer. Die weibliche Eitelkeit liegt an der Oberfläche; sie besteht darin, daß die Frauen sich gern gut anziehen und sich überhaupt etwas Mühe geben, hübsch auszusehen.

Kann man sich etwas Harmloseres, Liebenswürdigeres und Unschuldigeres vorstellen? Die männliche Eitelkeit dagegen sitzt ganz tief; sie durchdringt den ganzen männlichen Charakter, sie verseucht fast alle Gewohnheiten und Lebensäußerungen des »echten« Mannes. Vorsichtig und voll schlechten Gewissens, scheu und verschmitzt wie ein listiges räuberisches Tier des Waldes, schleicht sie im Verborgenen, nimmt fortwährend Schutzfärbung an, gibt sich nie offen zu erkennen – nur wenn der Pfeil der Psychologen sie trifft, offenbart sie sich an ihrer schimpfenden, gekränkt bellenden Klage.

Ich spreche nicht etwa von den gottlob seltenen Männern, die die weibliche Form der Eitelkeit nachahmen, Dauerwellen und Kettenarmbänder tragen, Parfüm nehmen und ihre Krawatten selbst aussuchen. Das sind keine richtigen Männer, sie zählen nicht mit. Auch ihre Eitelkeit, die ihnen schlecht steht, ist nicht die richtige männliche Eitelkeit. Die richtige männliche Eitelkeit sieht ganz anders aus. Sie zeigt sich zum Beispiel an dem Verhältnis, das die Männer zu ihren Bärten haben.

Das beginnt bekanntlich damit, daß die Männer sich ihre Bärte abschneiden. Was, abschneiden? Täglich aufs neue unter Fluchen und Gesichterschneiden mühsam abkratzen und immer wieder verzweifelt und nutzlos mit Stumpf und Stiel ausrotten! Sie wollen also anscheinend möglichst jede Erinnerung an ihre Bärte auslöschen? Weit gefehlt! Sie sind ungeheuer eitel auf ihre verhinderten Bärte. Kein Mann, der sich nicht bei jeder Gelegenheit klagenden Tones rühmte, daß mit seinem Bart keine Klinge fertig würde, daß er einen besonders »harten« oder »tiefen«, ja geradezu einen »Stacheldrahtbart« sein eigen nenne, daß er abends schon wieder »ganz schwarz« aussehe, wenn er sich morgens rasiert habe, und was der entzückten Klagen mehr sind.

Man darf auf diese Erzählungen, die man von jedem Mann gelegentlich zu hören bekommt, keinesfalls mit Mitleid oder gar mit dem gutgemeinten Rat reagieren, sich doch den Bart stehen zu lassen; damit wird man jeden Mann hoffnungslos verärgern. Die gewünschte und richtige Erwiderung ist vielmehr eine gewisse scheue Bewunderung einmal der ungeheuren Naturkraft, die ein solches Wunder von Bart hat sprießen lassen, und dann der noch größeren Kraft, die dabei noch eine Rasur zustande bringt. Es genügt der männlichen Eitelkeit eben nicht, leidlich rasiert zu sein; das Rasieren muß außerdem noch etwas von dem Nimbus einer Heldentat bekommen …

Überhaupt, ein Hauptgeheimnis der männlichen Eitelkeit ist die Kunst, sich Hintergrund zu verschaffen. Nur so erklärt sich beispielsweise die seltsame, ja peinliche Gewohneit der Männer, mit Lastern zu kokettieren. Wenn man den Männern glauben dürfte, wären sie alle Gewohnheitssäufer. Namentlich die deutschen Humoristen fristen seit einiger Zeit ihr literarisches Leben fast nur noch mit der Aufzählung der Spirituosen, die sie in der Zwischenzeit, wenn sie gerade keine Feuilletons schreiben, angeblich konsumieren. Gar nicht zu reden von der gierigen und leidenden Art, mit der die Männer vor Zeugen – namentlich weiblichen – eine Zigarette nach der anderen rauchen, von den großen Mengen schwarzen Kaffees, den beim Poker verlorenen Summen, den restlos durchwachten Nächten, die so nebenbei in ihren Erzählungen unterfließen! Sie wissen in einem wunderbar gleichgültigen, selbstverständlich-nebensächlichen Ton davon zu berichten. Die Frauen, die es hören, müssen dann aufschreien, den Kopf schütteln und ängstlich rufen: »Aber Sie ruinieren sich ja vollständig, wenn Sie so weitermachen!« Das ist Musik in den Ohren der Männer. Sie haben dann eine wunderbare Geste des »Laß fahren dahin«, ein männlich-großzügiges Lächeln, mit dem sie über ihr verlorenes Leben hinblicken, und sie bemerken trocken und still-heroisch: »Noch geht es ja irgendwie«, und berichten von ihren tollen Geschäften und ihrer Abgehetztheit.

Richtig, ein neues Requisit der männlichen Eitelkeit: Keine Zeit. Hat man schon einmal einen Mann gesehen, der zugibt, Zeit zu haben? Alle Männer, wenn man sie hört, sind überlastet und überarbeitet. Sie rühmen sich dessen natürlich nicht, Gott behüte! Ein Mann wird sich nie einer Sache, auf die er stolz ist, offen rühmen. Die männliche Art des Prahlens ist das Klagen. Das hört sich so an: »Mein Gott, wenn ich den heutigen Tag schon wieder ansehe! Drei Konferenzen, und dann muß das große Gutachten fertig werden, und dann die Sitzung im Bezirksverteilungsunterausschuß, und inzwischen laufen mir die Leute das Büro ein, und eigentlich müßte ich überhaupt nach Köln fliegen! Ich weiß noch nicht, wie ich zu Mittag essen soll! Entsetzlich, dies Leben! Ich gäbe was drum, einmal wieder einen ruhigen Tag zu haben! Wie ich meinen Portier beneide! Der macht um sieben Feierabend und geht nach Hause! Für mich gibt's keinen Feierabend!!« In Wirklichkeit schwillt die Brust nur so vor stolzer Freude dabei. Es gibt keine größere Freude als die, keine Zeit zu haben und es zeigen zu dürfen; das ist das Beste am ganzen Berufsleben. Der Blick auf die Armbanduhr, der Blick aufs Telefon, das nervöse Blättern in einem Aktenhaufen ... das macht selbst die langweiligste Besprechung erfreulich. »Fräulein, wenn man anruft: Ich bin in einer wichtigen Konferenz« – das ist das Schönste an der ganzen Konferenz.

Ein Mann ist nie eitel auf seine guten Eigenschaften, sondern stets auf seine schlechten. Man schmeichelt einem Mann daher nie, indem man seine Qualitäten, sondern stets nur, indem man seine Fehler lobt! Schlimmstenfalls muß man Fehler erfinden. Viele Männer sind gutmütig, ja geradezu gut; aber man kann sie in ihrer Eitelkeit nicht tiefer kränken, als indem man sie dafür nimmt. Jeder Mann wünscht im Grunde, als ein kleiner Cesare Borgia zu gelten. Höchstens die mühselig unter der Asche glimmende Gutmütigkeit eines alten, rauhen Kriegers darf man zur Not einmal an ihm beobachten; mehr um Gottes willen nicht! Auch wenn er keine Fliege totschlagen kann, läßt er gern durchblicken, daß dieser oder jener seiner Meinung nach »aufgehängt gehört« oder »um einen Kopf kürzer gemacht«, und er legt Wert darauf, eine Pistole im Nachttisch zu haben, auch wenn er gar nicht damit umgehen kann. Eine Frau kann ihren Mann nicht sicherer auf den Weg der Untreue treiben, als indem sie ihm zu verstehen gibt, daß sie ihn für treu hält. Keine männliche Eitelkeit verträgt diesen furchtbaren Verdacht! Auch der treueste Ehemann möchte unbedingt für einen gefährlichen Schwerenöter gelten – wenigstens »im Grunde«. Kluge Frauen, die ihren Mann nicht zwingen wollen, es zu beweisen, glauben es ihm auch so.

Hier liegt überhaupt der Schlüssel zur Männerbehandlung. Eine Frau, die einen rasierten, sauberen, ordentlichen, gutmütigen, treuen Mann haben will, der Zeit für sie hat, muß ihn ständig in dem Glauben lassen, sein Bart sei ungeheuer, er sei eine Beute aller Laster, von dämonischer Bosheit, dazu ein Herzensknicker, der nie Zeit habe – und selbstverständlich gerade aus diesen Gründen ungeheuer liebens- und bewundernswert. Dann wird alles gutgehen. Fühlt ein Mann sich dieses seines schlechten Rufes nicht mehr sicher, so gerät er alsbald auf Abwege und beginnt Marotten und wunderliche Gewohnheiten anzunehmen, mit denen er seine gekränkte Eitelkeit wieder gesund pflegt.

Über diese männlichen Steckenpferde wäre auch so manches zu sagen. Aber das ist eine andere Geschichte.

Vom Laster des Rauchens

Eigentlich sollte man meinen, Laster seien Beschäftigungen, denen man in tunlichster Verschwiegenheit, aber mit innigstem Vergnügen, rein um ihrer selbst willen nachhinge. Weit gefehlt. Ein Laster ist etwas, was man sich zu Zwecken der Repräsentation im Schweiße seines Angesichts zulegt; ein notwendiges Übel, das man in Kauf nimmt, um sich dann seiner rühmen zu können. Es ist in Wahrheit keine individuelle, sondern eine höchst gesellschaftliche Angelegenheit.

Die wenigsten Laster entspringen dem Bedürfnis. Sie werden vielmehr autoritativ vorgeschrieben. Die Laster, welche die allgemeine Sitte vorschreibt, erhalten erst durch exzessive Übung den Wert wahrer Verworfenheit. Hierher gehört vor allem das klassische Laster des *Trunks*. Man muß immerhin sagen, daß es augenblicklich wieder im Kommen ist, daß es dabei ist, den Ruf eines wahren Lasters, den es durch falsche Handhabung schon fast eingebüßt hatte, zurückzuerobern und zu befestigen. Statistiker haben festgestellt, daß der Verbrauch alkoholischer Getränke in der deutschen *Literatur* in den letzten Jahren um mehr als das Dreifache gegen früher gestiegen ist. (Als genauer Zeitpunkt, in dem diese Entwicklung eingesetzt hat, wird das Erscheinen der ersten *Hemingway*-Übersetzung angegeben.) Man hört auch, wenn man einmal darauf achten will, die Menschen seltener als früher ihre Trinkfestigkeit rühmen; im Gegenteil lassen sie gern wieder durchblicken, sie seien bei der oder jener Gelegenheit völlig betrunken gewesen. Es ist – was den Alkohol betrifft – nicht mehr ganz fein, dem Teufel ein Schnippchen schlagen zu wollen. Vielmehr gibt man heute dem Teufel wieder, was des Teufels ist. Kurz, man ist dabei, den Trunk wieder zu Ehren, zu den Ehren eines wahren Lasters zu bringen.

Das sonderbarste Laster aber dürfte doch wohl das *Tabakrauchen* sein. Hier ist nämlich durch eine stillschweigende Übereinkunft ein Laster geschaffen worden, das keins ist. Das Bedürfnis des Menschen, lasterhaft zu erscheinen, ohne die Unannehmlichkeiten des Lasters in Kauf zu nehmen, ein Bedürfnis, das sonst nur durch Hochstapelei zu befriedigen ist, hat hier zu der genialen Erfindung eines *Scheinlasters* geführt. Daß das Tabakrauchen kein wahres Laster sein kann, zeigt eigentlich schon seine Verbreitung. Und wirklich: Wenn anders es dem Laster eigentümlich ist, daß es Vergnügen bereitet und Schaden anrichtet, dann ist das Tabakrauchen *kein* Laster. Es gewährt keine der leicht erkauften, betrügerischen, überirdischen Freuden, wie sie Drogen, Glücksspiel und Alkohol ihren Adepten bereithalten, und es ist weit entfernt davon, wie jene die moralische und körperliche Gesundheit anzutasten. Seinem Genußwert und seiner moralischen, medizinischen und ästhetischen Bedeutung nach gehört es etwa in eine Gruppe mit dem Nägelkauen, Daumendrehen und Nasenbohren. Es ist kein Laster, sondern allenfalls eine Unart.

Nun beachte man aber, mit welchem Geheimnis und welch bedeutungsvollem Schauder man diese Unart umgibt, um ihr den Rang eines vollwertigen Lasters zu verschaffen! Kein Dichter hat bisher die Freuden, kein Arzt die Leiden des Rauchers beschreiben können; kein Raucher hat klare Auskunft darüber zu geben gewußt, was er eigentlich beim Rauchen empfinde – von einem bitteren Geschmack im Munde und einem beizenden Gefühl in den Atmungswegen abgesehen. Dennoch hält jeder laut preisend oder überlegen schweigend die Fiktion aufrecht, es sei noch etwas ganz Wundervolles und Verruchtes dahinter. Schon die unmündigen Knaben tun so, die augenverdrehend den Rauch der ersten Zigarette schlucken und nachher bleich und standhaft behaupten, es sei herrlich gewesen. Worin denn das Herrliche bestanden habe? Ja, das lasse sich eben nicht ausdrücken. Auch hierin, wie in so vielem, gleichen die erwachsenen Männer den unmündigen Knaben aufs Haar. Zuzugeben, daß wirklich nichts dahinter sei, hindern sie Furcht und Eitelkeit; Furcht voreinander und Eitelkeit vor den Nichtrauchern. Es ist freilich süß, den Nichtraucher diskret merken zu lassen, daß man über eine ganz große Sensation und Freudenquelle verfügt, die ihm verschlossen ist; und es ist gefährlich, aus dem Kreis der Eingeweihten gestoßen zu werden. Männer, die mit demselben Stoff die Luft verpesten und dasselbe Vergnügen darüber zu empfinden vorgeben – die sind mit ehernen Banden zusammengeschmiedet! Sie gehen herum und grüßen sich mit dem Rauchergruß, indem sie sich mit ausgestrecktem Arm die Etuis entgegenhalten und dazu »Zigarette?« rufen. Dann stecken sie sich ihre Abzeichen ins Gesicht und beginnen jene Atmosphäre herzustellen, in der nur sie und ihresgleichen es aushalten. Die Macht und Anziehungskraft, die sie damit entfalten, sind erstaunlich; wer nicht entweichen kann, tut es ihnen alsbald nach. Denn es ist bekannt, daß gegen Rauchen nur Mitrauchen hilft.

Was aber konnte diese sonderbare Sitte entstehen lassen? Nichts anderes, als was die Menschen zur Hochstapelei mit dem Laster treibt: der Wunsch, auf billige Art ein Teufelskerl sein zu dürfen. Für dreieindrittel Pfennig und ein wenig schlechte Luft kann man hier einen erstklassig verderbten Eindruck machen. Man hat das Recht, die Augen schmal zu machen und eine gräßliche Grimasse zu ziehen, während man die Zigarette in Brand setzt; das Recht, die Augen auf »erloschen« zu stellen und paranoid vor sich hinzustarren, während man den dünnen Rauch aus der Lunge bläst. Wenn man Glück hat, wird eine besorgte Frau dann und wann rufen: »Rauchen Sie doch nur nicht so entsetzlich viel auf Lunge, Sie ruinieren sich noch damit!« Dann darf man mit einer unnachahmlich gleichgültigen und resignierten Gebärde ausdrücken, daß man sich mit dieser Möglichkeit längst abgefunden hat, und zugleich sicher sein, daß sie nicht besteht. Man darf auch, wenn man arbeiten müßte, zunächst ein paar Zigaretten rauchen, weil man das zur Arbeit braucht. Wenn man damit fertig ist, darf man die Arbeit liegen lassen, weil man vom Rauchen arbeitsunfähig geworden ist. Man darf beim Schachspiel mit zerstreuter Hand zur Zigarette greifen, wenn man im Verlieren ist; man hat dann durch das unselige Laster verloren. In Diskussionen darf man sich durch tiefe, seufzende Züge aus der Zigarette entschädigen, wenn man genötigt ist, dem Gegner zuzuhören. Man hat sein Alibi, seine Entschuldigung ein für allemal, seinen Passierschein vom Teufel – ja, sollte das Rauchen am Ende und auf Umwegen doch ein Laster sein?

Rumliegenlassen

Willst du das alte Zeug nicht endlich wegwerfen?«
»Nein.«
»Willst du's aufheben?«
»Nein.«
»Ja, was willst du denn damit?«
»Rumliegenlassen.«

*

Man kann alles rumliegenlassen, was man aufheben oder wegwerfen kann, vorzüglich aber Briefe, leere Zigarettenschachteln, Zeitungen, geborgte Bücher, erledigte Konzepte, Schuldscheine, gebrauchte Grammophonnadeln, vorjährige Tennisbälle, alte Krawatten, alte Manuskripte, Andenken und Gutscheine auf verbilligte Theaterkarten. Selbstverständlich spricht viel dafür, diese Dinge aufzuheben, denn man weiß nie, wann man sie noch einmal gebrauchen kann. Selbstverständlich spricht ebensoviel dafür, sie wegzuwerfen, denn dann ist man sie los. Für das Rumliegenlassen aber spricht mehr.

Der Mensch, der aufhebt – und es gibt solche Menschen, ich kenne einen, der unlängst in eine größere Wohnung ziehen mußte, weil die alte für seine autobiographische Sammlung nicht mehr ausreichte –, ein solcher Mensch muß unglücklich werden. Nicht nur, weil er sich Umzüge und teure Mieten auf den Hals lädt; nein, sondern weil er sich dem Weltgesetz entgegenstemmt. Denn er will erhalten, was sterben muß. Die Menschen, die alle alten Briefe aufheben, das sind dieselben, die Asyle für obdachlose Katzen einrichten – auch einen solchen Menschen kenne ich. Sein Asyl ist wundervoll praktisch, modern und hygienisch eingerichtet. Jede Katze hat vier Quadratmeter Wohnraum und dazu ein umzäuntes Gartengrundstück zum Spazierengehen; sie erhält täglich einen halben Liter Milch, ein halbes Pfund Bratkartoffeln und ein wenig geröstetes Mäusefleisch. Wegen des beschränkten Raumes herrscht Geschlechtertrennung. Muß ich sagen, daß die Katzen ihrem Wohltäter seine Güte nicht danken? Er ist ständig von Kratzwunden entstellt, und wenn er seine Schützlinge besucht, fauchen sie ihn böse an. Ich fürchte, wer alle alten Briefe sorgfältig aufbewahrt, wird ähnliches erleben.

Aber der aufbewahrende Mensch ist immer noch sympathischer als der wegwerfende. Denn dieser, man kann sich darauf verlassen, gehört zu denen, die gern mißhandeln und töten. Ich möchte einen Menschen, der Briefe frisch gelesen in den Papierkorb wirft, nicht zum Vorgesetzten haben oder gar zur Frau. Es gibt sogar Menschen, die dabei die Briefe noch vorher zerreißen. Wer einen solchen Menschen sieht, der fliehe, so schnell ihn seine Füße tragen. Er hat einen grausamen Menschen gesehen.

Nein, Rumliegenlassen ist besser. Rumliegenlassen verpflichtet zu nichts und tut keinem weh. Der Rumliegenlasser ist ein Mensch, der jedem, sogar jedem alten Ding, sein Leben und seine Freiheit gönnt und seinen natürlichen Tod. In seiner Behandlung fühlen sich die alten Dinge wohl. Ja, sie blühen auf in der milden Herbstsonne seiner Gutmütigkeit, und sie danken ihm dafür; sie entgelten ihm seine Großzügigkeit mit rührenden kleinen Gefälligkeiten. Wie schön, wenn man, einen Tag vor Ultimo, in der totgeglaubten alten Zigarettenschachtel noch eine vergessene

Abdullah findet! Wie angenehm, wenn man unter alten Zeitungen das geborgte Buch wiederentdeckt, dessentwegen man den besten Freund schon seit Wochen scheu umschlich! Wie liebenswürdig, wie taktvoll bietet dem Gelangweilten ein alter Brief noch einmal seine Unterhaltung an! Und wie diskret wissen so weise behandelte Dinge zu sterben; nicht anklagend und mit kreischendem Protest, wie Dinge, die man bei lebendigem Leibe in den Papierkorb wirft; nicht plärrend und anspruchsvoll wie das verwöhnte Ding, das in der Vitrine zerbricht. Nein, unversehens, unvermerkt haben sie sich eines Tages davongemacht, wie das Waldgetier, das in der Stille stirbt. Wo blieb die alte armlose Sofapuppe, die bei dem Grammophon das Gnadenbrot aß? Wohin verlor sich das verstaubte Manuskript, das bei keinem Verlag Erbarmen fand? Löste es sich in einen Hauch von Literaturgeschichte? Hat es der Herbststurm einer Scheuerfrau hinweggefegt? Keiner weiß es. Friede schwebt über der Stätte seines Rumliegens.

Die Pünktlichen

Pünktlichkeit ist die Höflichkeit der Könige; die Höflichkeit gewöhnlicher Menschen ist Unpünktlichkeit. Diese einfache Wahrheit ist, namentlich in Norddeutschland, dem Allgemeinbewußtsein bis zu dem Grade entfallen, daß sie heute fast wie eine Paradoxie klingt. Nur wenige liebenswürdige Geschöpfe, Frauen in der Mehrzahl, beherzigen sie wenigstens noch instinktiv in der täglichen Lebenspraxis; sich offen zu ihr zu bekennen, wagen auch sie nicht mehr. Wer eine Lanze für die Unpünktlichkeit zu brechen wagt, begegnet schier allgemein dem haßerfüllten und fanatischen Widerstand, mit dem die Menschen ihre Fehler verteidigen. Die Pünktlichkeit, eine säuerliche und unerfreuliche Tugend, gestattet es ihren Jüngern nicht einmal, sich ihrer offen heraus zu rühmen. So können sie sich nur entschädigen, indem sie wenigstens die Unpünktlichkeit nach Kräften schmähen und den armen Unpünktlichen ihre sittliche Mißwachsenheit recht herb zu fühlen geben. Die Ehrenrettung der Unpünktlichen ist ein undankbares Geschäft.

Und doch, wieviel Takt, Freundlichkeit und Herzenshöflichkeit liegt in einer wohldosierten Unpünktlichkeit! Der Unpünktliche setzt sich selbst freiwillig von vornherein dem Wartenden gegenüber ein wenig ins Unrecht; er gibt sich eine Gelegenheit, sich zu entschuldigen, liebenswürdig zu sein, zu versöhnen. Er nimmt es auf sich, der Schlechte, der Mißratene, der Verzeihungsbedürftige zu sein, während er es in Wahrheit ist, der durch scherzhafte Selbstanklage, durch herzlich übertriebene Zerknirschung, durch eifrig-angelegentliches Werben um das Wohlwollen des Gekränkten dem Gespräch von Anfang an sein Menschliches und Erfreuliches gibt. Der Unpünktliche übernimmt die Kosten der Unterhaltung. Auch ist der Unpünktliche fast stets guter Laune; er hat seine gute Laune nicht im Hetzen, Warten und Nach-der-Uhr-Sehen verpufft. Der Unpünktliche ist bescheiden; durch sein Zuspätkommen zeigt er, daß er nicht erwartet hat, der andere werde seinetwegen pünktlich sein. Der Unpünktliche ist unterhaltsam; stets hat er etwas erlebt, was ihn verhindert hat, pünktlich zu sein. Und ob es ein Eisenbahnunglück ist oder ein verlorener Kragenknopf, stets weiß der Unpünktliche eine heitere und abenteuerliche Erzählung daraus zu gewinnen. Hat man schon einmal bemerkt, daß niemand so geistreich, witzig und plastisch zu schildern weiß wie der Unpünktliche, der seine Säumnis entschuldigen und wiedergutmachen will? Unpünktlichkeit macht erfinderisch. Sie ist eine entfernte Verwandte der Musen und Grazien.

Das läßt sich von der Pünktlichkeit nicht sagen. Die Pünktlichkeit ist sie selbst, basta, sie ist eine Tugend. Sie hat es nicht nötig, liebenswürdig zu sein. Sie beglückt nicht; sie beglückt keinen, am wenigsten aber ihren Jünger und Nacheiferer. Ihn martert sie. Zuerst sitzt sie ihm als trüber Alptraum auf dem Herzen, als rechnende, geizige Angst vor versäumten Zügen, unvorhergesehenen Aufenthalten, verfehlten Verabredungen, Vorwürfen, Mißverständnissen, Krach. Dann verwandelt sie sich in höhnische, minutenzerrende, hohle, gähnende Langeweile – die Langeweile des Wartenden, der wie an einer Fußkette langsamen, schleppenden Schritts den Ort der Verabredung umkreist, als schlössen ihn die Wände einer unsichtbaren Zelle ein. Allmählich aber geht sie in Wut über, in die giftige Wut des

Unterdrückten, dem unerhörtes Unrecht geschieht. Jetzt treten dem Pünktlichen alle Fehler des Erwarteten deutlich vor die Seele, kleine vergessene, ha!, unvergessene Kränkungen fallen ihm ein, kleine ungesühnte Bosheiten und Missetaten, und jetzt, während sich der Zeiger der Uhr langsam, langsam immer weiter von der verabredeten Stunde entfernt, wird abgerechnet. Ihr holden und unpünktlichen Frauen, die ihr euch noch die Backen pudert, während die Uhr schon die Stunde des Rendezvous schlägt, wenn ihr wüßtet, was in diesen Minuten mit euch in der Seele eures wartenden Kavaliers geschieht! Gewiß, ihr würdet zurückschaudern. Wie er da langsam auf und ab schreitet, die Hände auf dem Rücken, ganz vollgepfropft von Leiden und Bosheit und Pünktlichkeit! Die Pünktlichkeit macht den Menschen arm. Die Pünktlichkeit macht den armen Menschen bös.

Und doch gibt es Menschen, die nicht von der Pünktlichkeit lassen, die ihr verfallen sind wie einer zärtlich Geliebten, der man um so hingebender frönt, je bitterer sie einen leiden macht. Es sind die Pünktlichen schlechthin, eine unheimliche und furchteinflößende Menschenart. Es sind nicht unbedingt schlechte Menschen, wenigstens brauchen sie es nicht zu sein; es gibt sogar bescheidene Pünktliche, einen liebenswürdigen Schlag, der die Korrektheit als eine Art Deckfarbe wählt, als ein Mittel der Unauffälligkeit, und der eine erfreuliche Scham zeigt, wo seine Tugend einmal ins Schweinwerferlicht gerät (Tugenden sind nur dann erträglich, wenn man sich ein bißchen für sie entschuldigt). Aber die richtigen Pünktlichen sind nicht so; sie sind unheimlich. In der Unfehlbarkeit, mit der sie stets als erster an der verabredeten Normaluhr stehen, liegt etwas von dem höhnischen »Ick bün all do«, womit des Swinegels Fru im Märchen den armen abgehetzten Hasen erwartet. Ganz drohend aber ist die Erscheinung des eingeladenen Pünktlichen, der auf den Glockenschlag, Zylinder auf dem Kopf und Blumenstrauß in der Hand, in den Endspurt der Festvorbereitung eindringt. Während die Hausfrau eben die letzten Anweisungen für die Suppe gibt und der Hausherr sich mit der Krawatte abquält, während die Kinder zu Bett gebracht werden und das ganze Haus mit vollen Segeln geht wie ein Schiff vor dem Wind, tritt erbarmungslos, ernst, streng, eisernen Gesichts, finster wie das unentrinnbare Schicksal, der Pünktliche auf – nicht wie ein Gast, sondern wie ein Gläubiger. Der Pünktliche ist immer ein Gläubiger. Er ist niemandem etwas schuldig, er tut, was von ihm verlangt wird, und er will sein Recht und nichts als sein Recht. Er hat es nicht nötig, wie der schlampige Zuspätkommer, mit geistreichen Lügengeschichten aufzuwarten. Seine Konversation ist einfach. »Ich bin der erste?« sagt er. Und wenn er ein übriges tut, fügt er noch allenfalls hinzu: »Nun, einer muß ja der erste sein«; und überläßt es den aufgescheuchten Wirten, auf dieser Basis eine Unterhaltung zu stiften.

Jeder Pünktliche ist ein lebendiger Vorwurf. Und was das Schreckliche ist: Es freut ihn, ein Vorwurf zu sein. Hiermit entschädigt er sich für alle Leiden des Wartens, und hiermit entschädigt er sich für alle Leiden, die es ihm macht, nicht den Mut zur Unpünktlichkeit zu haben. Man findet Pünktlichkeit vorwiegend bei Leuten, die im Leben irgendwo zu kurz gekommen sind und die Grund haben, sich über die Ungerechtigkeit der Welt zu beklagen. Sie sehen, wie den Unpünktlichen verziehen wird, wie sie wohl gar noch gerechtfertigt und verhätschelt werden, und sie ziehen das Kinn an den Kragen und schlucken hinunter und rächen sich durch Pünktlichkeit. Wenn andere beliebter sind, nun, so sind sie pünktlicher.

Während es den Unpünktlichen nie einfallen wird, von der Nebenwelt ebenfalls Unpünktlichkeit zu verlangen, fordern die Pünktlichen die Pünktlichkeit aller aufs strengste. Es beleidigt sie, daß die Unpünktlichkeit geduldet wird, ja daß sie überhaupt existiert. Sie würden viel darum geben, sie abschaffen, nein, sie ausrotten zu können. Und doch, wie gut ist es für sie, daß ihnen das nie gelingen wird! Was hätten sie von aller Pünktlichkeit, wenn es keine Unpünktlichen mehr gäbe? Niemand wäre dann mehr, auf den sie warten, wegen dessen sie sich ärgern, über den sie sich stumm erheben könnten! Die Pünktlichkeit hätte ihren Sinn verloren.

Die Langschläfer

Gedrückt, gering geachtet und voll schlechten Gewissens über seine eigene Existenz lebt das faule und lichtscheue Volk der Langschläfer in finsteren Höhlen, Nachtcafés und Lotterbetten dahin. Ihm färbt der Morgensonne Licht den reinen Horizont mit Flammen. Unerfreulich beginnt jeder seiner Tage. Gewalttat leitet ihn ein: Furchtbar brüllt der Wecker ins Ohr des Schlafenden, und wie ein mordgieriger Somnambule tappt der Arm des Aufgestörten aus den Kissen, den pflichtgetreuen Störenfried zu erwürgen. Ist es getan, so sinkt der Langschläfer mordsatt und beruhigt noch einmal in den schweren, trotzigen Schlaf des Mannes zurück, der seinen Feind erschlagen.

Aber der Wurm des Gewissens nagt. Böse Träume und Angstgesichter umhuschen den illegalen Morgenschlaf des Langschläfers. Er wacht halb auf, blickt sich scheu um, stöhnt und zieht die Decke über die Ohren. Weinerlicher Trotz füllt ihn bis zum Rand. Der Langschläfer beginnt seinen Tag damit, mit seinem Gott zu hadern. Ungern, höchst ungern und unfreiwillig erhebt er sich schließlich, um verspätet an sein Tagewerk zu gehen, auf dem kein Segen ruht. Denn was kann schon ein Tag Gutes bringen, der mit Aufstehen anfängt!

So lebt der unterdrückte, verachtete und verkümmerte Stamm der Langschläfer in einer Welt, die den Frühaufstehern gehört. Wie ist der Frühaufsteher in dieser Welt zu Hause, mit welchem Behagen erkennt er die Welt als die seine wieder, wenn er morgens frisch und munter erwacht und die Sonne ins Fenster scheint! Wie er pfeift und mit dem Wasser planscht, wie er in die krachenden Morgensemmeln beißt! Frisch, tatendurstig und machtbewußt ist der Schritt des Frühaufstehers, seine Augen klar, und nach Morgenluft und Rasiercreme duften seine Backen. Nur Erfolge hält der Tag für ihn bereit.

Sollte man es für möglich halten, daß der Langschläfer und der Frühaufsteher einmal als gleichberechtigte und gleichgeliebte Geschöpfe aus der Hand Gottes kamen? Nein, das wird kein ehrliebender Frühaufsteher zugestehen, und der Langschläfer selbst wird nicht die Vermessenheit aufbringen, es öffentlich zu behaupten. Und doch gibt es eine wissenschaftliche Lehre, die, trostreich und gleichmütig, diese Meinung vertritt. Sie kennt nicht die Worte »Langschläfer« und »Frühaufsteher«, sie spricht neutral, wissenschaftlich und unverständlich von »Morgentyp« und »Abendtyp«.

Der Morgentyp ist dabei natürlich das, was jeder Vernünftige und Vorurteilslose unter dem Abendtyp verstehen würde, also der Langschläfer. Der Morgentyp hat eine Schlafkurve, die, langsam, flach und sanft beginnend, erst spät, gegen Morgen, ihre volle Tiefe erreicht. Er findet schwer in den Schlaf hinein und noch schwerer wieder hinaus; er vertritt das durchaus vertretbare Prinzip der langsamen machtvollen Steigerung. Der Abendtyp dagegen gewinnt schnell und leicht, noch am Abend, den tiefsten und heiligsten Meeresgrund des Schlafs; er schläft den berühmten Schlaf vor Mitternacht. Die lange, zögernde und schüchterne Kurve, mit der der Morgentyp in den Tiefschlaf hinabgleitet, führt beim Abendtyp wieder zum Erwachen hinauf; zum Schluß genügt eine langsame, sanft und flach rollende Welle, um ihn unmerklich am Strand des Erwachens wieder auszusetzen – wohin den Morgentyp ein furchtbarer, saugender Strudel aus der Tiefe emporschleudern muß. Ganz gleich an Würde, Anmut und Lebensrecht steht in dieser Theorie als Morgentyp und Abendtyp brüderlich, gleichsam Hand in Hand vor uns, was im Leben als Langschläfer und Frühaufsteher durch den Abgrund getrennt ist, der zwischen ehrenhafter Lebenstüchtigkeit und verrotteter Schande klafft.

Es ist verführerisch, sich auszumalen, daß dem einmal wirklich so war: daß wirklich einmal, in jenem goldenen Zeitalter, da das Lamm mit dem Löwen spielte, auch der Frühaufsteher mit dem Langschläfer friedlich und freundlich wie ein Bruder mit dem andern einherging. Später erst, als die Zwietracht unter die Menschen kam und keiner dem andern mehr sein Sosein und Anderssein gönnte, muß auch zwischen den Rassen der Frühaufsteher und der Langschläfer jener furchtbare Kampf ausgebrochen sein, der mit der Niederwerfung und Versklavung der Langschläfer endete. Denn heute beherrschen die Frühaufsteher die Welt, und es ist kein Wunder, daß sie fröhlich dreinblicken, wenn sie sie erwachend wiedersehen: haben sie sie doch ganz nach ihren Bedürfnissen eingerichtet, als wahres Frühaufsteherparadies! Die Geschäfte, die Ämter, der Verkehr, die Märkte, die Ausrufer und Teppichklopfer, das gesamte lärmende und schlafmordende Leben fängt am frühen Morgen an, und am Abend endet es und erlaubt den Frühaufstehern, in aller herrschaftlichen Ruhe und schmarotzenden Bequemlichkeit ihren tiefen Schlaf vor Mitternacht zu schlürfen. Ach, wenn die armen Langschläfer nur einmal in der Woche ihren Morgenschlaf so auskosten könnten! Aber selbst den Sonntag haben die Frühaufsteher mit herrischem »Weg da!« in Beschlag genommen, singend, jubelnd und lauteschlagend reißen sie den zarten Sonntagmorgenschlaf des verachteten Langschläfers in tausend Fetzen.

Das ist es ja, was die Langschläfer auf die Dauer vor sich selbst diffamieren und moralisch auf den Hund bringen muß: Sie müssen die Spielregeln einer Welt anerkennen und voller Unterwürfigkeit innehalten, die ihrer tiefsten und unschuldigsten Natur täglich neu ins Gesicht schlagen. Kein Gedanke, daß etwa die Frühaufsteher, als sie ihre Tageswelt einrichteten, eine kleine Nachtausgabe der Welt mit vorgesehen hätten, für die Langschläfer, aus Gutmütigkeit und Menschlichkeit; daß etwa ein Geschäft von jeder Art, ein einziges, statt von morgens acht bis abends sieben, von abends acht bis morgens sieben geöffnet wäre; nein, hart und unerbittlich haben sie den Langschläfern alle Lücken und Fugen zugestopft, in denen sie sich einnisten könnten, um es sich auch auf ihre Art ein bißchen behaglich zu machen. So schleppen sich die Langschläfer durch diese Welt, die ihnen feindlich ist, schlechtgelaunt, leidend und verkümmert, und suchen Trost in dem, worin unterdrückte Menschen seit je Trost gesucht haben: in Musik und Poesie, in Witz und Religion.

Und sie finden ihn auch. Denn so ist ja nun der liebe Gott nicht, daß er nicht jedem Geschöpf auf seiner Welt, auch dem verlorensten und verachtetsten, irgendwo eine Art Trost reserviert hätte. Abends, wenn die Frühaufsteher müde und stumpfsinnig werden, wenn sie, satt und schwer von Erfolgen und Tüchtigkeit, in ihre Betten sinken, um rasch und abenteuerlos ihren gesunden und langweiligen Schlaf zu schlafen – dann werden die Langschläfer lebendig, wie die Mäuse nachts im leeren Haus der Herrschaft zu tanzen beginnen. Jetzt entzünden sich die Lämpchen über den Schreibtischen der Langschläfer, kleine Berglichter des Geistes, jetzt glimmen die Cafés auf, wo die Langschläfer ihre Nächte verwachen, die tausend kleinen Zigaretten glimmen auf, wie Sterne, und die Augen der Langschläfer, jetzt fangen sie an zu leuchten; jetzt, für ein paar trügerische Nachtstunden, die die Frühaufsteher zum Schlafen brauchen, nehmen die Langschläfer die Welt in Besitz, und in diesen Stunden ändert sie aufs merkwürdigste ihr Antlitz.

Man bekommt eine Ahnung davon, was aus der Welt geworden wäre, wenn damals, in jenem mythischen Krieg, die Langschläfer und nicht die Frühaufsteher die Oberhand behalten hätten: keine Welt der Tüchtigkeit, der Geschäfte und der Arbeit, sondern eine Welt der Scherze, der Diskussionen, der Lieder und des Weins. Jetzt darf sie nur verstohlen für ein paar Stunden so scheinen, während die Frühaufsteher schnarchen. Ach, wie früh sie wieder aufstehen! Schon dämmert wieder der Morgen, schon treten sie ihre Herrschaft wieder an. Die Welt ist wieder in Ordnung. Gedrückt, gering geachtet und voll schlechten Gewissens über die eigene Existenz beginnt das faule und lichtscheue Volk der Langschläfer seinen neuen Tag.

Ermunterung zum Müßiggang

Müßiggang ist aller Laster Anfang, und aller Anfang ist schwer. Also ist Müßiggang schwer. Er ist so schwer, daß die meisten Menschen unseres Zeitalters die Fähigkeit zum Müßiggang fast völlig eingebüßt haben. Wohlverstanden: zum Müßiggang, nicht zur Faulheit! Der Müßiggang – die Sprache denkt einmal wieder für uns – ist immerhin ein Gang, aber ein Gang mit Muße, eine Bewegung, aber eine Bewegung ohne Hast und Krampf, andante, die Gangart der Besinnlichkeit und der Kontemplation. Mit Muße durchs Leben zu gehen ist eine Kunst – eine aussterbende Kunst, wie es leider scheint. Nur selten begegnen wir noch einem Mann, der sie wirklich beherrscht, und das ist schade, denn es gibt nicht leicht so amüsante Menschen wie die Müßiggänger; und überhaupt, es sind viele gute Dinge, die mit dem Müßiggang aus der Welt verschwunden sind. Ja, man kann es ruhig sagen, die Welt ist um eine ironische Nuance ärmer geworden, seit der Müßiggang in Mißkredit gekommen ist.

Zeit ist Geld, heißt ein schönes Sprichwort, das am meisten von denen mißachtet wird, die es am häufigsten im Munde führen. Denn wenn Zeit Geld ist – warum dann die Hast, Zeit in Geld umzutauschen? Warum der Eifer, seine Zeit für Geld zu verkaufen wie eine leichtverderbliche Ware oder eine faul gewordene Aktie? Wenn Zeit Geld ist, dann ist, wer Zeit hat, ein reicher Mann, und wer keine Zeit hat, ein armer Mann. Nun, der Müßiggänger hat immer

Zeit. Er gibt seine Stunden großzügig aus und hat doch niemals Angst, daß sie ihm fehlen werden. Wenn er durch seine Schatzkammern geht, in denen die goldenen Stunden sich zu goldenen Tagen häufen, dann lächelt er wohlwollend und mitleidig über uns Arme, die wir niemals Zeit haben.

Denn dies ist ja die eigentliche Zeitkrankheit geworden: keine Zeit zu haben. Es ist mir immer als ein außerordentlich bedeutsames Symbol erschienen, daß die Europäer seit etwa einer Generation ihre Uhr in Form einer Fessel ums Handgelenk gebunden tragen. Wahrscheinlich sind die Armbanduhren nur das Endglied einer unsichtbaren Kette, deren anderes Ende ohne Zweifel der Teufel persönlich in der Hand hält; und die seltsam ruckartige Geste, mit der man den Ärmel zurückwirft, um nach der Uhr zu sehen (nach einem Ausspruch Bernard Shaws übrigens die einzige temperamentvolle Bewegung, deren der moderne Europäer noch fähig ist), ist offensichtlich ein unbewußter Versuch, diese Kette zu zerreißen. Er gelingt nie. »Um Gottes willen!« ruft der Mensch, sobald er das Gesicht seiner Uhr erblickt hat – und es ist vielleicht bemerkenswerter, als es scheint, daß er in solchen Augenblicken gewohnheitsmäßig den Namen Gottes anruft – »Um Gottes willen! Schon drei Uhr! Ich muß fort! Hallo, Taxi! Also, wir telefonieren, nicht wahr? Wiedersehn!« Und er stürzt davon, als wären Dämonen hinter ihm her. Wer weiß, vielleicht sind sie es wirklich.

Oder hat es nicht etwas Dämonisches, daß die Menschen zum großen Teil sogar ihre Ferien schon zu einem getreuen Abbild ihres gehetzten Geschäfts-, Berufs- und Gesellschaftslebens gemacht haben? Hier zwingt sie doch niemand, sie bekommen nichts dafür bezahlt, sie haben nichts davon; aber sie können nicht anders. Sie wälzen Kursbücher und rechnen: »Wenn ich in Venedig nur einen Tag bleibe, kann ich noch einen halben Tag in Verona Station machen. Was muß man in Verona gesehen haben?« (Man beachte: gesehen *haben*! Im Geiste haben sie schon die ganze Reise im voraus hinter sich!) »Der Zug kommt 10 Uhr 24, 14 Uhr 53 muß ich weiter. Wenn ich ein Auto nehme, komme ich gerade zum Grab Romeos und Julias und zurück ...« Und dann geht die Hetzjagd los, und nie fallen so viele böse und nervöse Worte wie auf einer solchen Erholungsreise: »Wir versäumen den Zug ... Wir haben keine Zeit zu verlieren ... Natürlich, du bist ja nie fertig ... Schnell, schnell, hier hinein! ... Natürlich, wir haben wieder Verspätung ...« Pünktlich vier Wochen später steht man allen Hindernissen zum Trotz wieder auf dem heimatlichen Bahnsteig; und keiner da, der einem eine Medaille für die heroische Bewältigung des Reiseprogramms überreicht!

Freilich, es gibt ja auch viele, die einfach an die See fahren, »um mal so richtig faul zu sein« ... Darf ich es sagen? Ich mißtraue ihrer Faulheit! Zu viele sah ich in den Seebädern morgens auf die Minute pünktlich zum Strand hinunterstürzen, als ginge es ins Büro. Sie absolvieren ihr Schwimmpensum, sie unterziehen sich mit der Uhr in der Hand seltsamen Verrenkungen, die sie Strandgymnastik nennen – progressives System, heute zehn Minuten, morgen eine Viertelstunde –, sie ertragen geduldig alle Martern des Sonnenbrandes und wenden sich selbst um, wie der Koch einen Braten umwendet, damit die Hitze schön gleichmäßig überall hinkommt. Zielbewußt und selbstvergessen, im Schweiße ihres Angesichts liegen sie ihrer Erholung ob ...

Nein, das alles hat mit Müßiggang nichts zu tun. Die Erholung des Müßiggängers sieht ganz anders aus. Der Müßiggänger erwacht eines Tages, blinzelt in die Morgensonne und findet, daß es nun wirklich Zeit wäre, einmal wieder die Iphigenie oder das Symposion zu lesen – wie lange ist es her, daß er es nicht gelesen hat? –, daß es hübsch sein müßte, gerade jetzt mit Freund X. über Gott und die Welt zu reden, oder daß es Sünde wäre, eine solche Gottesgabe von Tag wie diesen zwischen vier Wänden zu vertun. Er überschlägt kurz, was er eigentlich zu tun hat, er bedenkt – und dieser Gedanke zeigt den erfahrenen, weisen und bescheidenen Müßiggänger –, daß nichts Wesentliches auf der Welt sich ändern würde, wenn er tot oder, um es milder zu machen, krank wäre; und mit einem wunderbar leichten, ganz fein berauschenden, süßen Gefühl der Freiheit entschließt er sich, für heute tot – oder sagen wir: krank – zu sein. Im übrigen wird er weder die Iphigenie lesen noch Freund X. besuchen noch ins Freie fahren, sondern im letzten Augenblick seine Freundin Y. anrufen, mit der er vor einem Jahr einen verjährten Krach hatte. Der Müßiggang ist nämlich der Vater der Improvisation.

Aber wer hier bedenklich die Brauen runzelt, dem sei verraten, daß der Müßiggang der Vater noch ganz anderer Dinge ist. Er zählt unter seinen Kindern die Philosophie und die Kunst, die Geselligkeit, das Wohlwollen und die gute Laune, ja selbst die Arbeitsfreude und den Erfolg – gerade Müßiggänger verstehen gelegentlich mit wirklicher Lust zu arbeiten –; des Müßigganges liebstes Kind aber ist der Einfall: der Genieblitz, das Gnadengeschenk, das nie erarbeitet, nie erzwungen werden kann, das immer nur der aufgeschlossenen Muße zufällt – wer es fängt, der hat's! – Die Alten wußten das alles noch. Müßiggang hieß bei den Griechen σχολή – wir haben daraus die Schule gemacht, ein schlimmer Bedeutungswandel! –, und das Wort stand zugleich für Philosophie. Natürlich: Müßiggang ist aller Laster Anfang; also auch der Anfang des Denkens. Die Erkenntnis, daß Dichten nichts anderes als angewandter Müßiggang – Müßiggang, wie wir ihn meinen! – war, hat sich länger gehalten; noch der Minister von Goethe und der Professor Schiller dichteten selbstverständlich in ihren Mußestunden. Im übrigen sind ja die Schriftsteller berühmt für die Vorliebe, mit der sie sich bei ihrer Arbeit stören lassen; jeder Besuch, jeder Telefonanruf bringt sie aus dem Konzept. Äußerlich fluchend, innerlich jubelnd, lassen sie ihr Manuskript im Stich und gehen Allotria treiben. – Dem Himmel sei Dank dafür! Wäre es anders, es gäbe noch weniger wahre Poesie als ohnehin. Die Dichter, die so handeln, wissen im übrigen ganz instinktiv, daß keine Geselligkeit so reizend, so herzerfrischend und so anregend ist wie die improvisierte müßiggängerische Geselligkeit während der Arbeitsstunden. Gottlob findet auch anderswo noch der holde Müßiggang Ritze im Gemäuer des Tagewerks; soll es doch Büros geben, in denen Kaffee getrunken und philosophiert, und Redaktionen, in denen Schach gespielt wird. Gäbe es doch recht viele davon! Das ganze amtliche und geschäftliche Leben sähe freundlicher aus, wenn der Müßiggang mehr Platz darin hätte.

Und es käme obendrein mehr dabei heraus. Die Gewißheit, daß der Müßiggang auch die Wurzel des Erfolges ist, haben von den modernen Menschen am stärksten noch die Engländer im Instinkt. Die Engländer haben nicht nur bekanntlich das Weekend erfunden, dies Dorado des Müßiggangs in der modernen Welt; sie arbeiten auch, was weniger bekannt ist, jeder für sich mit Erfolg daran, es vom Donnerstag bis zum Dienstag auszudehnen. Nicht auszudenken, wie des Empires Macht wachsen würde, wenn es ihnen gelänge! Das Weekend ist nämlich, neben dem Pfeifenrauchen, eins der wichtigsten Geheimnisse dieses Empires. Denn die Ideen, mit denen man so etwas gründet und erhält, hat man natürlich nur während des Weekends. Woher sollen sie kommen, wenn man im Büro sitzt und Akten herunterarbeitet. Waren nicht auch Caesar und Alexander im höheren Sinne Müßiggänger?

So kann sich der Moralist trösten, daß er mit dem Müßiggang nicht nur am Anfang aller Laster, sondern auch auf der ersten Stufe zur Weltherrschaft steht... Aber wozu braucht er eigentlich noch die Weltherrschaft, wenn er Muße hat? Dem Müßigen gehört die Welt ohnehin. Für ihn blühen alle Blumen, an denen der Hastige vorbeirast, für ihn wächst der Wein, den der Streber scheut, und die Sonne, die den Übereifrigen schwitzen läßt, ihn wärmt sie, ohne zu brennen. Alle Dichter haben für ihn gedichtet, alle Denker für ihn gedacht. Und selbst die Lilien auf dem Felde – sind sie nicht ausgesprochen dazu erschaffen, daß er sie anschaut?

Ratschläge und Lebensweisheiten

Gute Ratschläge für Briefschreiber

Briefe bekommen ist angenehm, Briefe schreiben weniger. Bei mir zerfällt die Entstehung eines Briefes in drei Abschnitte. Im ersten Abschnitt sage ich: »Ich müßte jetzt mal an Tante Emmy schreiben.« Im zweiten Abschnitt sage ich: »Ich muß jetzt mal an Tante Emmy schreiben.« Im dritten Abschnitt sage ich zu meiner Frau: »Könntest du nicht eigentlich an Tante Emmy schreiben?« Von nun an besteht Aussicht, daß wirklich an Tante Emmy geschrieben wird. Denn in der Ehe obliegt das Briefeschreiben, wie alle unangenehmen Arbeiten, der Frau.

Wie sieht der Brief an Tante Emmy aus, der nach dieser Vorbereitung schließlich das Licht der Welt erblickt? Er hat eine einfache Einteilung, und wenn man das Schema einmal erfaßt hat, ist es gar nicht mehr so schwer, solche Briefe nach Bedarf und Nachfrage ohne Kopfschmerzen und Federhalterkauen herzustellen. Weit entfernt, dies Geheimnis egoistisch zu hüten, gebe ich es hier vielmehr vorbehaltlos der gesamten Öffentlichkeit zur freien und kostenlosen Ausbeutung preis.

Ein jeder Brief zerfällt in vier Teile. Der erste Teil ist die Einleitung. Sie heißt wörtlich und mit geringen Abwandlungen etwa so:

»Liebe Tante Emmy!

Hab' vielen herzlichen Dank für Deinen lieben Brief, über den ich mich sehr gefreut habe, und entschuldige bitte, daß ich so lange nicht geantwortet habe. Ich hatte jeden Tag vor, Dir zu schreiben, aber...«

Dies ist das Gerippe jeder Einleitung. Die Entschuldigung paßt immer; sie kann je nach Bedarf etwas farbiger gestaltet werden. Die obenstehende Fassung ist auf etwa sechs bis acht Wochen Schweigen berechnet. Hat man ein viertel oder gar ein halbes Jahr nicht geschrieben, so muß sie etwas ausgestopft werden, etwa durch Wendungen wie: »Sicher bist Du schon sehr böse« oder »Wie oft habe ich an Dich gedacht« oder Selbstbeschimpfungen wie »Meine unverantwortliche Brieffaulheit übersteigt nachgerade jedes erträgliche Maß«. Zu warnen ist dagegen vor dem manchmal vorkommenden Fehler, auch den Dank schon hier näher auszubauen und etwa schon jetzt zu schreiben: »Besonders freut es mich zu hören, daß es Dir gesundheitlich so gut geht und daß auch der Kanarienvogel sich wieder erholt hat. Hoffentlich ...« Wer diesen Teil, in dem die Sätze mit »Besonders« und »Hoffentlich« anfangen, schon am Anfang des Briefes verbraucht, dem wird er nachher bitter fehlen! Nein, in der Einleitung muß die Entschuldigung den Schwerpunkt bilden, und von hier muß es sofort ohne sichtbaren Übergang zum zweiten Teil weitergehen.

Der zweite Teil beginnt bereits zwanglos mit dem »aber«, das den täglichen Vorsatz, zu schreiben, zunichte gemacht hat. »Ich wollte Dir ja jeden Tag schreiben, aber Du weißt ja selbst, wie es ist, wenn man zwei Kinder zu versorgen hat. Der Peter ist nun auch schon sehr gewachsen, nächstens kommt er zur Schule, und das ist ein wahrer Segen, denn er fragt mehr, als zehn Erwachsene beantworten können, und wenn man sich nicht um ihn kümmert, schlägt er die halbe Wohnungseinrichtung entzwei, und die Bibi ...« usw. Dieser zweite Teil entscheidet über die Länge des Briefes; man kann ihn beliebig ausdehnen, denn er speist sich aus der Gesamtheit alles dessen, was man in der langen Zeit, in der man nicht geschrieben hat, statt dessen getan und erlebt hat.

Dieser zweite Teil ist es, der beim Schreiben verhältnismäßig den meisten Spaß bereitet, und daher werden hier die meisten Fehler gemacht. Es kommt sogar vor, daß jemand, wenn er sich endlich zum Schreiben durchgerungen hat, bei diesem Teil richtig in Schwung kommt und daß die Seiten sich nur so im Fluge füllen: »Im November hatte ich eine ekelhafte Zahnbehandlung ... Zuerst war es nur der vordere Backenzahn links, aber das Komische war, die Schmerzen gingen und gingen nicht weg, so daß ich schon ganz verzweifelt war, und auf einmal stellte sich heraus, daß ein anderer Zahn, der drittletzte von rechts, bereits eine ganz vorgeschrittene Wurzelentzündung hatte ... «

Schreiber dieses macht den Grundfehler zu glauben, der Empfänger interessiere sich für dasselbe, wofür er sich interessiert, nämlich für ihn. Eine Ausnahme machen hier nur die eigenen Eltern. In Briefen an Eltern kann man nie genug von sich schreiben – wie fleißig man studiert, wie einflußreiche Bekanntschaften man macht, wie man das Geld zusammenhält und noch dazuverdient, wie gesund man lebt und wie man trotzdem, siehe oben, schuldlos dem Zahnarzt in die Hände gefallen ist, »die Rechnung ist leider furchtbar hoch, bitte, liebe Eltern, schickt mir 300 Mark extra« – kurz, wer seinen Eltern eine Freude machen will, muß ihnen genau den Brief schreiben, mit dem er sich vor jedem andern als unerfreulicher Streber und Egoist bloßstellen würde. Bei anderen Leuten dagegen – wer Ohren hat, zu hören, der höre! – kann man nur dadurch einiges Interesse für sich erwecken, daß man sich als eine komische Figur darstellt, deren Leben und Treiben ausgesprochen dazu dient, dem andern zu einer heiteren Stunde zu verhelfen. Man berichte also über sich selbst nur mit fröhlichem Spott, mache aus der Zahnbehandlung eine Humoreske, behänge sich und die Seinen mit leicht grotesken Zügen und setze sich mit dem Briefempfänger in ein liebenswürdig-zwinkerndes Einverständis über die Komik der eigenen Existenz! Dann kann man damit rechnen, daß der Empfänger auch diesen Teil des Briefes mit lächelndem Wohlwollen liest.

Dann hat man es auch nicht nötig, den dritten Teil mit dem stets unaufrichtig wirkenden Satz einzuleiten: »Aber was erzähle ich da alles von mir!« Dieser dritte Teil ist dem Absender weniger wichtig, dem Empfänger um so wichtiger. Er handelt nämlich von dem Ergehen des Empfängers. Im Ton muß er sich völlig von dem Vorangehenden abheben. Es muß deutlich zum Ausdruck kommen, daß nun der Spaß aufhört und daß von ernsten Dingen die Rede ist. Außer durch den Ton unterscheidet sich dieser Teil aber auch durch die Stoffülle von dem vorigen Briefabschnitt wie Tag und Nacht.

Floß dort der Stoff nur so über, so herrscht hier Kargheit, ja Mangel. Hier, hier und nicht am Anfang ist daher der geeignete Platz, den Brief, auf den man gerade antwortet, noch einmal auszugsweise abzuschreiben, indem man die Sätze einleitet mit »Besonders hat mich gefreut, daß ...« oder »Besonders leid hat es mir getan, daß ...« oder »Hoffentlich hat das Karlsbader Salz gute Wirkung getan«. Wer diese Sätze schon am Anfang verbraucht hat, wird an dieser Stelle unfehlbar anfangen, am Federhalter zu kauen, den Brief noch einmal von vorn durchzulesen, nach der Uhr zu sehen ... und schließlich wird er irgendeinen Unschuldigen, der gerade im Zimmer ist, aufstören: »Schreib du mal weiter!« Wer aber klüglich gespart hat, ist jetzt gut daran! Jetzt ist auch die rechte Gelegenheit, passende allgemeine Betrachtungen einzustreuen, Lebensweisheiten, Zitate und respektvolle Witze. Denn der Anstand verlangt, daß dieser Teil des Briefs im Umfang nicht allzu schreiend gegen den vorigen abfällt. Wenn man gar nicht mehr weiterweiß, geht man zum Fragen über; fragen kann man stets unbegrenzt. »Und was macht Onkel Fritz? Siehst Du Mieze noch manchmal? War es dies Jahr besser mit dem Herbstschnupfen?« usw. usw. Soviel Takt und Vorsicht der zweite Teil des Briefes erforderte, so hemmungslos darf man in diesem Abschnitt vorgehen. Nichts, was den andern betrifft, ist so langweilig, daß es ihn nicht brennend interessierte. Mit einiger Übung und Personenkenntnis bewältigt man denn auch gerade diesen Brief-Teil besonders leicht.

Nun kommt der letzte Teil – die Überleitung zum Schluß. Es ist merkwürdig, wieviele Schwierigkeiten sie bereitet. Dasselbe schlechte Gewissen, das man am Anfang hatte, weil man so lange nicht geschrieben hatte, meldet sich hier noch einmal, weil man nicht bis in alle Ewigkeit weiterschreibt. Es ist ganz toll, was für unglaubwürdige Geschichten erfunden werden, um das Verbrechen zu entschuldigen, daß man jetzt schließen muß. »Jetzt muß ich schließen, denn die Milch kocht über, und nachher muß Sabinchen ins Bett gebracht werden, und dann kommt Männe schon aus dem Büro und erwartet sein Abendbrot. Ja ja, jeder Tag hat seine Arbeit. Nun bleib nur weiter recht gesund und sei herzlichst gegrüßt von Deiner Dich liebenden ...« Und da soll die Milch nicht inzwischen längst übergekocht sein? Wer schwindelt, muß es intelligenter anfangen. Viele geben es deshalb auch von vornherein auf und schreiben einfach, ganz brutal vor heller Verzweiflung: »Nun Schluß!« Wer wirklich listig ist, täuscht über die Tatsache, daß er im Begriff ist, Schluß zu machen, durch verdoppelte Zärtlichkeit hinweg, Küsse werden ausgeteilt – alles nur, um zu bemänteln, daß jetzt kein neuer Bogen mehr anfängt.

Wem alles das nicht zusagt, dem gebe ich, um meiner Uneigennützigkeit die Krone aufzusetzen, ein letztes höchstpersönliches Briefgeheimnis preis. Ich habe mir nämlich ausgedacht, die Entschuldigung dafür, daß man Schluß macht, zu umgehen, indem man den Spieß umdreht und sich dafür entschuldigt, daß man nicht schon längst Schluß gemacht hat. Wenn man dann noch mit feiner Ironie für die Aufmerksamkeit dankt, die der Leser »all diesem Unsinn« bis hierher gewidmet hat, so kann man sicher sein, daß er völlig entwaffnet ist und vor Staunen gar nicht merkt, daß man aufgehört hat … Noch ganz benommen fällt sein Blick auf das PS, indem man ihm die Rechnung präsentiert: »Laß recht bald einmal etwas von Dir hören!« … und nun darf *er* Wochen und Monate mit dem Gefühl herumlaufen, einen Brief schreiben zu müssen!

Vorsicht, nicht zu neckisch!

Kleine Warnungstafel für Ferien-Fotografen

Zeige mir eine Aufnahme, und ich will dir sagen, wie sie entstanden ist!

Die meisten entstehen auf höchst einfache Art. Nämlich irgendwann bemerkt der junge Mann, der seinen Apparat mitgebracht hat (dieser junge Mann ist eine stehende Figur jeder Ausflugs- und Reisegesellschaft): »So, Kinder, jetzt ist gutes Licht, jetzt wird geknipst.« Darauf werden Taschenkämme und Puderdosen in Tätigkeit gesetzt und einige Witze gemacht, alles nimmt Positur an, der junge Mann mit dem Apparat zeigt eine Minute lang ein ernstes und sachverständiges Gehaben ..., und dann ist es passiert, und später ist das Bild da und wird ins Album geklebt. Womit sein Daseinszweck im wesentlichen erfüllt ist.

Das ist die erste und zahlreichste Gattung von Amateuraufnahmen.

Und dann gibt es die Glücksfälle, die wirklich schönen Bilder, an denen man unwillkürlich hängenbleibt wie die Wespe am Geruch des Honigs ... Die sind im allgemeinen so entstanden, daß ein Mensch, mit Augen, Geduld und einer guten Kamera bewaffnet, sich eine Weile wie ein Jäger auf die Lauer gelegt hat. Gute Bilder werden erjagt, das ist bekannt. Die schönsten Motive – die unbewußte Anmut eines Sprungs, die Versunkenheit auf dem Gesicht eines spielenden Kindes – sind flüchtiges Wild. Um sie zu erhaschen, muß man warten können und zugreifen können.

Herzaubern kann man sie nicht, und am wenigsten kann man sie stellen.

Leider ist indessen diese Erkenntnis nicht Gemeingut, und so gibt es noch eine dritte Art von Aufnahmen. Diese entstehen folgendermaßen: Sie werden ausgedacht. Sie verdanken ihr Dasein einer »Idee«.

Nachdem der Ehrgeizige Ideen gefunden hat, sucht er Opfer. Wenn er ein Opfer hat, führt er es voll List an vorher ausgesuchte Stellen im Schilf oder im tiefen Walde, denn es liegt ihm daran, bei seiner Schreckensarbeit ungestört zu sein. Und dann beginnt die Aufnahme... Wir sagen »beginnt«, denn sie dauert ihre Zeit, wie eine Zahnarztsitzung. Der Unhold (so dürfen wir ihn wohl nennen) nötigt sein Opfer beispielshalber, sich mangelhaft bekleidet auf den kiefernadelbesäten Waldboden zu legen und auf dem Bauche so weit rückwärts zu rutschen, daß es die Beine an einem Baume hochstrecken kann, denn so hat er es sich ausgedacht. »So bleiben Sie jetzt bitte ein Weilchen«, äußert er und probiert gewissenhaft die Einstellung aus. »Aber viel natürlicher!« ruft er unzufrieden, »was machen Sie denn so ein verkrampftes Gesicht! Denken Sie, Sie seien ein Waldgeist! Und das rechte Ohr bitte drei Zentimeter höher!« Und er zaubert auf das Gesicht des Modells das verklärte Lächeln, mit dem Kinder auf Reklamebildern Lebertran trinken. Und dann knipst er. Welch unscheinbarer Abschluß für so viel Vorarbeit! Eigentlich müßte jetzt ein Posaunenstoß ertönen. Und die Bilder werden entwickelt, retuschiert, kopiert, fixiert, und nun stehen sie da, für alle Zeiten. Sie sind geradezu aufdringlich reizend, und wie natürlich alles gestellt ist! Wachsblumen der Fotografie. Ihr Urheber ist meist unendlich stolz auf sie und sehr erpicht darauf, sie zu zeigen. – Was macht diese Bilder so aufreizend und zugleich so unfreiwillig komisch? Es ist das Aufgedonnerte und Anspruchsvolle, die innere Eitelkeit, die in diesen Aufnahmen steckt. Sie lassen wieder einmal darüber nachdenken, daß das ästhetisch Häßliche fast immer im menschlich Häßlichen wurzelt und daß aller Kitsch im Grunde – unmoralisch ist.

Die Kunst, sich beschenken zu lassen

Daß Schenken eine Kunst ist, hat sich unter Vorgeschrittenen so ziemlich herumgesprochen; daß es aber auch eine Kunst ist, Geschenke mit Anmut zu empfangen, scheint in weitesten Kreisen noch wenig bekannt zu sein. Daher wird auf diesem Gebiet auch so viel gesündigt. In Wirklichkeit ist es eine sehr hohe und vornehme Kunst, sich beschenken zu lassen – eine weit schwerere als die Kunst des Schenkens. Deren Geheimnis ist einfach: Es heißt: Liebe. Die Kunst, Geschenke zu empfangen, hat eine viel seltenere Voraussetzung: Liebenswürdigkeit.

Nicht nur das Schenken erfordert eine lange Vorbereitung, eine Vorarbeit des Ausspähens und Auswitterns von Wünschen, Geschmacksnuancen, Liebhabereien; auch das Empfangen will vorbereitet sein, wenn es eine Freude für beide Teile werden soll; man muß dem andern etwas zu spähen und zu wittern gegeben haben. Es gibt Menschen, bei denen man ständig hundert Dinge weiß, mit denen man sie erfreuen könnte, und andere – jeder kennt sie wohl –, bei denen jedes Fest eine neue Verlegenheit bedeutet, was man ihnen nur schenken soll. Und dies sind keineswegs immer die Menschen, die »schon alles haben«; im Gegenteil, verwöhnte Menschen machen es einem meist leicht, sie noch mehr zu verwöhnen. Nein, es sind die Menschen, die keine Wünsche äußern oder, noch schlimmer, keine haben. Kraftvolle, starke, verschlossene Charaktere zumeist, autarke Seelen, die Respekt einflößen mögen –

nur, man kann sie nicht beschenken, man kann sie nicht lieben. Um leicht beschenkbar zu sein, muß man offen begeisterungsfähig, arglos sein, man muß vieles hübsch und schick und begehrenswert finden und nicht damit hinter dem Berge halten, daß man es tut, man muß zu den Menschen gehören, die an Schaufenstern stehenbleiben; man muß Liebhabereien und vor allem, man muß Schwächen haben: Man muß alten Weinbrand, erlesene Zigaretten oder feines Konfekt lieben, man muß sämtliche Handschuhe oder sämtliche Casalsplatten der Welt besitzen wollen, man muß Autographen, Erstausgaben, Pfeifenköpfe, Goldfische sammeln. Wer sich für alles zu schade ist, kann sich nicht wundern, wenn er Pulswärmer bekommt.

Die Wunschlosen werden es nie lernen, sich beschenken zu lassen; sie werden jedes Geschenk nur mit einem mehr oder minder hörbaren Seufzer darüber entgegennehmen, daß ihre Lebensbürde nun wieder um ein Stück vermehrt ist. Aber die Weltfreundlicheren mögen nicht denken, es genüge schon, sich dies und das zu wünschen, um ein Künstler im Beschenktsein zu sein. O nein! Viele sind berufen, aber wenige sind auserwählt. Die eigentlichen Schwierigkeiten fangen erst an, wenn man nun wirklich das glatte, rätselhafte, wohlverschnürte Paket in die Hand gedrückt bekommt, begleitet von einigen gemurmelten Glückwünschen und einem stolz-erwartungsvollen Lächeln: Ja, dies Lächeln des Schenkenden, wie oft bemerken es die Beschenkten wohl? Sehen sie niemals, wieviel Erwartung und Vorfreude darin liegt? Hier ist es nun, das Geschenk, die Frucht so vieler Erwägungen, das Zeugnis so zarter Aufmerksamkeit, das Ergebnis so langen Aussuchens: Wie wird es aufgenommen werden? Wird man sich jetzt an Überraschung und Jubel weiden dürfen, wird man es jetzt zusammen ausprobieren, genießen, loben, kritisieren und wieder loben? Wird jetzt dies kleine Fest der Zuneigung und Dankbarkeit und Dankbarkeit für die Dankbarkeit gefeiert werden, das der Sinn des Schenkens ist? Schüchtern und erwartungsvoll lächelt der Schenkende – und der Beschenkte merkt nicht, wie aus diesem Lächeln, das schönmacht, auf einmal das trübe Clownslächeln des Enttäuschten wird. Man ist an diese Enttäuschung schon so gewöhnt, daß man sie selbst nur noch selten bemerkt. Die Sitten der Beschenkten sind rauh. Allgemein verbreitet findet sich noch der barbarische Irrglaube, mit Hinnehmen und Dankesagen sei es abgetan. Aber das ist noch das Harmloseste. Sollte man es für möglich halten, daß die Leute gar nicht so selten sind, die Geschenke mit Äußerungen quittieren wie: »Aber das kann ich ja gar nicht annehmen« oder, im intimeren Kreis: »Du hast wohl zuviel Geld?« Zu schweigen von denen, die es fertig bringen, ein Geschenk unausgepackt auf den Geburtstagstisch zu legen! Geschenke empfangen, das ist ein Gebiet, auf dem noch weit und breit die Ahnungslosigkeit ihre blutigen Triumphe feiert. Man könnte weinen, wenn man sieht, wie viele Freuden hier im Keim abgewürgt werden.

Freilich, man muß den Beschenkten einiges zugute halten: Sie haben in dem reizenden Spiel, das der Schenkende mit ihnen spielen will, bei weitem die schwerere und undankbarere Rolle. Sie haben nicht, wie der glückliche Schenker, lange Zeit, das Richtige herauszufinden; unvorbereitet, überrascht vielleicht, müssen sie das Geschenk verstehen, – die Aufmerksamkeit, die Anspielung herausfühlen, merken, worauf der andere hinauswill. Und gerade in diesem Augenblick fällt ihnen die Führung des Spiels zu. Der Schenkende hat fürs erste das Seinige getan; er würde nur alles verderben, wenn er jetzt, nach Art mancher Leute, die Initiative in der Hand behalten und sein Geschenk unaufgefordert kommentieren wollte. Nein, jetzt ist der Beschenkte dran; er ist in einer Lage, als ob er im

Pfänderspiel auf einen beliebig hingeworfenen Satz sofort einen sinngemäßen Reim finden müßte. Die Kunst des Empfangens fordert Geistesgegenwart und Konzentration.

Und das ist noch nicht das Schlimmste. Das eigentlich Schwierige liegt anderswo. In jedem liegt irgendwo etwas auf der Lauer, was sich gegen das Beschenktwerden heimlich wehrt; eine uneingestandene Reserve, ein leise gekränktes Mißtrauen, eine Scheu davor, verpflichtet zu sein, eine Angst vor der Dankbarkeit. Der Schenker hat es leicht; er steht in jedem Fall groß und strahlend da. Der Beschenkte dagegen fühlt sich nicht nur geschmeichelt und geliebt, sondern – wenn er kein Kind ist – in irgendeinem Winkel seines Herzens leise gedemütigt. Er hat sich etwas schenken lassen! Es ist dies Gefühl, das ihm so oft, fast ohne daß er es merkt, die schrecklichen Worte eingibt: »Aber das ist ja viel zuviel« – »aber wie kannst du nur« – und das aus einem Vorgang, der heiter, festlich und übermütig sein sollte, so oft etwas Peinliches und Gequältes machen kann.

Hier liegt die Ursache, warum Männer am wenigsten Begabung für das Beschenktwerden haben – wofür hätten sie nicht am wenigsten Begabung? – und Kinder am meisten. Kinder zu beschenken ist wirklich eine Freude, weil Kinder jedes Geschenk, das nicht gerade allzugrob daneben greift, mit dem belohnen, womit der Schenker eigentlich belohnt sein will: mit Freude. Man muß das sehen, wie sie mit ihrer Puppe oder ihrer Eisenbahn jubelnd losziehen, so hingenommen, daß sie sogar das Dankesagen vergessen, wie sie die neuen Bleisoldaten ohne Gnade sofort aus der Kiste in die Feuertaufe führen: So muß es sein; hier kann man etwas lernen – wenn man auf diesem Gebiet überhaupt etwas lernen kann. Das Wichtigste muß man wohl in sich haben: den Kindersinn, die Arglosigkeit, die Fähigkeit, sich erfreuen zu lassen, die Fähigkeit, all die schönen Errungenschaften der Erwachsenen, Scham, Eitelkeit, Würde, einmal in den Wind zu schlagen –

Sieht man jetzt, wie schwer die Kunst ist, sich beschenken zu lassen? Ich fürchte fast, daß ich sie schon allzu schwer geschildert habe und daß mancher hier den Mut sinken läßt, sie jemals zu lernen. »So ihr nicht werdet wie die Kinder –«; welch Ansinnen! Aber nur Mut, es ist nicht so schlimm; es gibt ja gewisse sanfte und freundliche Paßstraßen in die Kindlichkeit, Einrichtungen, wie gemacht, uns die Harmlosigkeit zurückzugeben. Wie wäre es zum Beispiel mit Weihnachten? Der liebenswürdige Geruch von Lebkuchen, Gänsebraten und Wachskerzen – wie sanft er uns die Seele massiert und einölt; schon schmilzt der Panzer ein wenig, in dem wir sie zu verbergen lieben; vielleicht wird es uns doch noch sogar gelingen, uns mit Grazie etwas schenken zu lassen.

Über den Umgang mit Geld

Man gibt den Kindern Taschengeld, »damit sie mit Geld umgehen lernen«. Worin aber der Umgang mit Geld besteht, das sagt man ihnen nicht. Ja, man leitet sie womöglich noch auf offenbare Irrwege, indem man sie ausschimpft, wenn sie es verlieren, und sie lobt, wenn sie am Monatsende noch viel davon haben. Da ist es dann natürlich kein Wunder, wenn sie nie mit Geld umgehen lernen. Ein so falsch geleitetes Kind beginnt am Ende das Geld zu sparen, der größte Mißbrauch, den man damit treiben kann; es sperrt es zunächst in schweinchenförmige Behältnisse, später in Strickstrümpfe und noch später gar in Kisten und Kasten ein und macht sich und das Geld fürs Leben unglücklich.

Ja, sich und das Geld. Man glaube doch nicht, daß Geld nicht unglücklich sein könnte! Jedes Ding hat bekanntlich eine Seele, und wenn man diese seine Seele fortgesetzt vergewaltigt und mißhandelt, so wird sie krank, elend und tückisch. So entsteht die berüchtigte Tücke des Objekts: Nur falsch behandelte Objekte sind tückisch; sie rächen sich. Falsch behandeltes Geld rächt sich furchtbar; es nimmt den Teufel in sich auf und verwandelt sich in Mammon …

Von Natur ist das Geld keineswegs teuflisch, sondern harmlos, fröhlich und abenteuerlustig. Das alte, klassische, echte, wahre Gold- und Silberstück ist rund; es will rollen. Und selbst in seiner modernen, trügerischen Scheinform verleugnet das Geld sein flatterhaftes Wesen nicht; es will flattern. Immer wieder von Zeit zu Zeit erscheinen Bücher oder Filme mit Titeln wie »Die Abenteuer eines Zwanzigmarkscheins« oder »Ein Groschen kommt um die Welt«, und da sehen wir dann ihren Helden aus Sparbüchsen ausbrechen, ehrsame Ladenkassen und anrüchige Spieltische streifen, in Saffiantäschchen schwelgen und im Rinnstein treiben, Finder beglücken, höhnisch am Schuh des Selbstmörders kleben, im Chor großer Vermögen untertauchen und im Hut des Bettlers jubelnde Soloarien anstimmen ... So schmetterlingshaft ist das Wesen des Geldes, und wer das Geld tierquälerisch nach klassischer Geizhalsweise in Kisten und Kasten sperrt, gleicht durchaus dem Manne, der Schmetterlinge, nachdem er sie in tückischen Netzen eingefangen, an Nadeln aufspießt und in schändlichen Glaskästen beisetzt. Das natürliche, unverdorbene Geld ist ein Landstreicher, ein Abenteurer, überall zu Hause außer wo man es zwingen will, zu Hause zu bleiben, ein fröhlicher Gast, überall gute Laune verbreitend, wo es hinkommt. Das muß man ins Auge fassen, und nun überlege man sich, wie man mit solchen Leuten umgeht. Dann wird man auch mit dem Geld die richtigen Umgangsformen finden.

Diese Umgangsformen fangen mit Äußerlichkeiten an. Man unterschätze die sogenannten Äußerlichkeiten nie und nirgends! In ihnen drückt sich mehr Innerliches aus, als man glaubt. Ein Mensch kann sein innerstes Wesen an der Art offenbaren, wie er Wechselgeld ganz äußerlich unterbringt: ob er es, wohlgeordnet nach Silber- und Kupferstücken verschiedener Größe und Wichtigkeit, in die vielfältigen Abteilungen eines umfangreichen Portemonnaies mit Doppelverschluß einordnet, um dieses sodann womöglich unter umständlichem Nesteln und Knöpfen in der Gesäßtasche zu verstauen – oder ob er es, lose und ungezählt und um ein weltfreundliches Trinkgeld vermindert, in die halbe Freiheit der Rocktasche aussetzt. Sehe jeder, wie er's treibe! Aber besser fahren wird der Großzügige mit seinem Gelde. Denn dem Geld ist es nicht gleichgültig, wie man mit ihm verfährt. Es liebt nicht, daß man auf ihm sitzt; für verständnisvolle Behandlung aber wird es sich dankbar erweisen. Nur wer Geld lose in der Tasche hält, erlebt jene süßen Überraschungen, die einen Tag vor Ultimo das liebliche Geklingel vergessener Münzen bereitet; nur er darf einige Hoffnung hegen, wenn er sich in trüben Tagen aufs Absuchen alter Anzüge und Manteltaschen verlegt. Freilich, er wird auch öfter Geld verlieren. Aber damit wird er gleich eins der wesentlichsten und edelsten Bildungserlebnisse haben, die das Geld vermitteln kann.

Denn man muß gelegentlich Geld verlieren, und man muß lernen, es gern und leichten Herzens zu verlieren. Nur wer Geld verlieren kann, ist würdig, welches zu besitzen. In Wahrheit verliert er nichts dabei; denn was er dafür gewinnt, die Erhabenheit über irdischen Besitz, die Einsicht in seine Fragwürdigkeit und Nichtigkeit, die elegante Geste des »Laß fahren dahin«, das ist weit wertvoller, als was er verliert. Zudem, wenn Geld nie verloren würde, könnte auch nie welches gefunden werden; und welche Verarmung an Glück wäre das! Das Finden und Verlieren ist die einfachste, die lieblichste und unschuldigste Form des Geldumsatzes. Man soll sie ja nicht verkümmern lassen, sondern froh daran teilnehmen; es ist mit der beste Gebrauch, den man vom Gelde machen kann.

Gleich danach aber kommt das Verpumpen. Verpumpen, ja nicht mit Borgen oder gar Ausleihen zu verwechseln, ist eine wenig erforschte Form der Geldhingabe, die unklare, stark persönlich gefärbte Rechtsverhältnisse schafft und den Empfänger weniger zur Rückgabe als zur Freundschaft verpflichtet. Gerade in solchen unklaren Verhältnissen fühlt sich das Geld, seiner Abenteurernatur gemäß, wohl:

Dem einen gehört es, der andere hat es, dem dritten wird es geschuldet, und der vierte wird es bekommen – das ist die rechte Situation für das Geld. Man verpumpe es also, wo immer man kann! Man wird bald finden, daß verpumptes Geld dankbar ist und reichen Segen bringt; es verzinst sich in Form von Herzlichkeit, Freundlichkeit und Behaglichkeit ... Nebenbei gesagt ist Geldverpumpen die einzige Art, in der man Geld verschenken kann.

Geld verlieren und Geld verpumpen, das sind die poetischen Formen des Geldverkehrs. Mit dem Geldausgeben steigen wir eine Stufe hinab; die Prosa und der Nutzen beginnt. Wer Geld ausgibt, tauscht nicht mehr überirdischen Gewinn dafür ein, sondern irdischen; er lasse ihn wenigstens nicht allzu irdisch werden! Im wesentlichen und aufs Große gesehen kann man nur zwei Dinge für Geld kaufen: Besitz und Erinnerungen. Es dürfte nicht zweifelhaft sein, was die bessere Anlage ist. Besitz entwertet sich täglich; Erinnerungen werden immer wertvoller. Besitz geht verloren; Erinnerungen sind unverlierbar. Besitz belastet; Erinnerung beschwingt ... Man kaufe sich Erinnerungen für sein Geld! Der Wein, mit Freunden in einer warmen Nacht getrunken, ist besser als der Wein im Keller, und die weite Welt, im Reiseglück genossen, ist besser als das Grundstück, im Grundbuch säuberlich verschrieben. Das Geld, das man nicht verliert oder verpumpt, man gebe es spurlos aus!

Vor allem: Man gebe es aus! An nichts sollte man vorsichtiger herangehen als an den Gedanken, Geld zu sparen. Man drehe einen Groschen dreimal um, ehe man sich entschließt, ihn zu sparen! Wer Geld zu verlieren versteht, hat Seelenfreiheit, wer es verpumpen kann, hat Freunde, wer es auszugeben weiß, hat Besitz oder Erinnerungen; aber wer es spart, hat nur Geld. Und er hat es nicht einmal: Gespartes Geld weiß sich zu verflüchtigen, es entwindet sich listig seinem Kerker, es wird unwirklich. Der Geizhals von einst konnte wenigstens noch in seinen Schätzen wühlen, in Säcke voll Gold hineingreifen, blanke Louis d'ors um sich ausbreiten; heute könnte er nur noch nüchterne Zahlen in ein staubiges Scheckbuch schreiben; sein Geld huscht nur noch gespensterhaft und spinnenbeinig, ein entfleischter Begriff, ein ruheloser Geist, durch die Kontobücher irgendwelcher Banken, und hinter ihm weht ein leichter Hauch von Moder und Vorwurf her...

Genug und fort von diesem makabren Bilde! Wenn man schon Geld sparen muß – ganz läßt es sich ja leider nicht immer vermeiden –, so verzaubere man es. Verzaubertes Geld ist Geld, dessen Existenz man restlos verdrängt und mit gutem Gewissen, auch vor sich selbst, ableugnet. Es sinkt dann in einen Dornröschenschlaf, der es befähigt, seine Gefangenschaft ohne Schaden zu überstehen; und wenn es aus diesem Schlaf erwacht, so gleicht es sogar im Großen ein wenig dem in der Westentasche vergessenen Wechselgeld: Es reckt und streckt sich, und es lächelt ein listiges und verwegenes Lächeln, voll der Vorahnung neuer großer Abenteuer...

Das wäre es, was man mit dem Geld anfangen kann, wenn man Freude an ihm haben will. Nun kurz noch einige Hinweise auf Fehler, die man im Umgang mit Geld besser vermeidet: Man soll Geld nie zählen. Geld liebt es gar nicht, gezählt zu werden; es rächt sich sofort, indem es viel weniger wird, als es in ungezähltem Zustande war. Man soll nie Geld erwarten – nicht einmal, wenn man glaubt, es erwarten zu dürfen, ja dann am wenigsten; es ist nun einmal launenhaft und kommt grundsätzlich nur unerwartet ins Haus. Verlorenem Geld soll man nicht nachlaufen, ausgegebenem Geld nicht nachtrauern und verpumptes Geld nicht zurückfordern: in allen Fällen bekommt man es doch nicht wieder.

Zweifelhaft und umstritten ist, ob man mit Geld auskommen soll. Manche empfehlen, mit seinem Geld grundsätzlich nie auszukommen; nur so, meinen sie, behalte man den Anreiz zu großen Leistungen und Taten; und die Laufbahn so manches Finanzgenies scheint ihnen recht zu geben. Indessen, mit Geld nicht auszukommen birgt die große Gefahr in sich, daß man zu viel daran denkt und es zu wichtig nimmt. Und das ist freilich der größte Fehler, den man im Umgang mit Geld überhaupt begehen kann.

Ich weiß, nicht alle meine Leser werden meiner Meinung sein. Ich höre schon die Einwände: Aber die Spartätigkeit! Aber die Banken! Aber die Wirtschaft! Nun ja, gewiß. Aber vielleicht wären wir alle glücklicher, wenn es gar keine Wirtschaft gäbe.

Opfer des Kostüms

Wenn die Dinge eine Seele haben, dann hat das Faschingskostüm eine besonders unberechenbare, hinterlistige und verschmitzte Seele. Wer es zu behandeln weiß, dem schenkt es eine der holdesten Überraschungen dieses Lebens: die Illusion der Freiheit; es erlöst nicht nur den Körper aus dem Panzer der Hemdbrust, sondern auch die Seele aus dem Panzer des Ich, es läßt den Verkleideten, Verwandelten auf der flüchtigen Wolke einer anonymen Glückseligkeit schweben. Aber mit ausgesuchter Bosheit und Tücke rächt sich das Kostüm an jedem, der nichts mit ihm anzufangen weiß und der es anspruchsvoll vergewaltigen will. Ein Kostüm wählen, das ist so schwer wie alle sehr leichten Dinge; es gibt keinen Halt, keine Norm, keine Konvention, man ist ausgesetzt auf die hohe See der Phantasie. Auf dieser See kann man leicht Schiffbruch erleiden. Das falsch gewählte Kostüm macht aus seinem Träger ein Opfer. Es hängt ihm an wie Pech, es hat tausendfache Gelegenheit, ihm koboldhafte Tücken anzutun. Am leichtesten machen es sich die Kostüme, die ihren Träger einfach körperlich zugrunde richten. Es sind Kleidungsstücke, die hart auf der Grenze zwischen Faschingskostüm und Folterwerkzeug stehen, und wer ihnen aufsitzt, hat es sich selbst zuzuschreiben. Wer sich selbst in eine Gummizelle zwängt, um als Taucher auf das Kostümfest zu gehen, gehört hinein, und wer als Ofen geht, darf sich nicht wundern, wenn er vor Hitze umkommt. Die Ritterrüstung und ihre Vorfrucht, die Konservenbüchse, das Bärenfell, das seinen Träger der Gefahr aussetzt, schon gleich nach dem gelungenen Verkleiden von seinem eigenen Hund angefallen zu werden, die Mönchskutte und der Krokodilspanzer, das alles trägt die Teufelei an der Stirn geschrieben, und nur sehr schlichte oder sehr großmütige Naturen werden zu Opfern dieser Art von Kostümen und ihres eigenen Humors.

Viel raffinierter verfährt eine andere Familie von Kostümen; ihre Waffe ist die zimperliche, hüstelnde Klage des Leidenden und Rücksichtsbedürftigen oder die massivere Selbstmorddrohung. Der prächtige Reifrock, der das Tanzen, und die spanische Krause, die das Küssen nicht verträgt, sind Musterbeispiele dafür, aber auch die kunstvoll verschlungenen Bettlaken gehören hierher, die den römischen Senator und den Beduinenhäuptling bei Strafe der Entblößung zwingen, den Arm stundenlang in einer gewissen Beugestellung zu halten; oder die Papierkostüme, die eine so merkwürdige Anziehungskraft für brennende Zigaretten und scharfe Gegenstände haben und sich ein Vergnügen daraus machen, ihre Trägerinnen alle halbe Stunde einmal erschrocken aufkreischen zu lassen. Wehe aber dem Menschen, der das Oberhaupt dieser ganzen Kostümfamilie, den Originalkimono aus der Zeit der Ming-Dynastie, auf dem Leibe trägt! Er erprobt auf dem Kostümfest die Gefühle des Schmugglers, der die Seidenbahn, um seinen Leib gewickelt, durch einen Wolkenbruch zu retten hat; die ganze Umwelt wird ihm zur Feindesschar, jede Sektflasche, jede Zigarette zur dräuend geschwungenen Waffe, unter tausend Ängsten rettet er das gute Stück durch hundert Fährnisse, um schließlich zusammenbrechend doch ein winziges Brandloch gerade im Kopf des blaugefiederten Drachen zu entdecken ...

Wie wird man ein Opfer des Kostüms? Indem man eine »Idee« hat. Wer eine originelle Idee zu haben glaubt, der sei auf seiner Hut; zum Wesen einer Idee pflegt zu gehören, daß man für sie leiden muß. Über eine Kostümidee lacht man einmal: wenn man sie hat oder wenn man sie durchführt; eins schließt das andere fast stets aus, und wer zuletzt lacht, lacht am besten. Die Opfer des Kostüms sind fast stets Idealisten des Kostüms; seine Genießer, leider muß es gesagt werden, sind zum großen Teil platte Materialisten. Ein Kostüm erfinden und ein Kostüm tragen, heißt für sie gleicherweise: es sich bequem machen. Sie machen es sich bequem, es sich bequem zu machen. Der praktische Mann holt seine sommerliche Kletterweste aus dem Schrank, steckt seinen Rasierpinsel an den Hut, und fertig ist der Steirerbua; der Intellektuelle hielt jahrelang für Faschingszwecke eine Russenbluse vorrätig und hatte damit ein für allemal dem heiteren, einfallsreichen Geist des Faschings seinen Tribut gezollt. Ein würdiger Herr der vorigen Generation trug unverdrossen vierzig Jahre lang den schwarzen Domino von Karneval zu Karneval, den ihm seine Frau Mutter zu seiner ersten Redoute genäht hatte. Der Snob von heute tut eine Schärpe um den Frack, stülpt ein wenig Papier aufs Haupt und behauptet, nun sei er Maharadscha; der prächtige Klang mag dabei die Substanz ersetzen. Was soll man aber zu jenen Leuten sagen, die mit der Treuherzigkeit des Imbezillen zum Kostümfest schlicht ihren Pyjama anlegen?

Sie alle haben ihren Lohn dahin; die armen Irren, die, zu zweien in das Fell eines Zebras oder zu vieren und fünfen in das Gehäuse eines Lindwurms gesperrt, krampfhaft gute Miene zu dem bösen Spiel machen, das sie selbst mit sich treiben, oder die, abfärbende Neger und Indianer, schwarze Gefahr des Kostümfests, wandelnde Provokation zur Lynchjustiz, dem Geist der Selbstschikane frönen, Opfer und Geschlagene des Kostüms – und nicht minder die allzu Normalen, die auch im Kostüm aus ihrer faulen Haut nicht herauskommen und die nur darum nicht seine Opfer werden, weil sie sich gar nicht erst richtig mit ihm einlassen. Der wahre Genießer des Kostüms beneidet sie nicht. Der wahre Günstling des Kostüms ist der sorglose Phantast. Ihm erfüllt das Kostüm mit holder Schmeichelei jeden Wunsch: Ein alter Seidenfetzen wird ihm zum blaubesternten Zaubermantel des Prinzen Achmed, drei blecherne Armbänder klingeln wie Sindbads Schätze und die Geschmeide Fatmes; und wenn er über seinen Papierturban nach oben blickt, steht über ihm der ewige Vollmond Tausendundeiner Nacht.

Deine Maske verrät dich!

Faschings-Beobachtungen eines Menschenkenners

Die meisten Gemeinplätze werden zu Wahrheiten, wenn man sie auf den Kopf stellt. Zum Beispiel die allgemeine Ansicht, die sich in der Redensart kundtut: »Jemandem die Maske herunterreißen«. Der Mann, der diese Redensart erfand, dürfte niemals auf einem Maskenball gewesen sein. Sonst hätte er gewußt, daß Maskenherunterreißen so ungefähr das Dümmste ist, was man tun kann, wenn man einem andern hinter sein wahres Wesen kommen will. Denn die Maske ist keine Tarnkappe. Weit entfernt, ihren Träger zu verstecken, liefert sie ihn aus. Wer sich maskiert, kehrt sein Inneres nach außen. Geschmack und Neigung, Eitelkeit und Schüchternheit, Selbstbewußtsein und Freiheitsdrang, Faulheit, Temperament, Traum und Wunschbild – der ganze Mensch ist in der Maske. Es gibt Larven, die wahre Entlarvungen sind.

Ein Maskenfest ist ein Theater von Wunschträumen. Wer die Augen offenhält, kann dort tiefer ins Unterbewußtsein der Gesellschaft sehen als irgendwoanders. Er erblickt die überraschendsten Dinge …

Ich kannte vor Zeiten einen vielbeneideten reichen Mann. Er hatte schlechtere Tage gesehen und war durch eigene Begabung hochgekommen. Wie viele seinesgleichen neigte er zur Melancholie und hatte einen nervösen Magen. Er nahm einen französischen Koch, er nahm einen chinesischen Koch, es schmeckte ihm trotzdem nicht. Aber ungefähr einmal im Monat – durch einen Zufall kam ich dahinter – schlich sich dieser Mann, zu Fuß und möglichst bescheiden bekleidet, in eine billige Kneipe in der oberen Friedrichstraße und schlang mit Appetit und Gier eine große Portion Löffelerbsen mit Spitzbein in sich hinein. Dabei träumte er sich in seine armen Studentenjahre zurück, als so etwas ein seltenes Festmahl für ihn gewesen war – und dann schmeckte es ihm wieder.

An diesen Mann muß ich denken, wenn ich auf Berliner Faschingsbällen die Fülle der malerisch geflickten oder noch malerischer zerrissenen Hosen, der quergestreiften Trikots, der pseudotätowierten Oberarme und der verwegen aufgesetzten Mützen erblicke ... Wohlerzogene und strebsame Männer, denen einmal eine Nacht lang Gelegenheit geboten wird, sich zu Märchenprinzen, Rokokografen und Phantasiegeneralen zu ernennen – welche Überraschung! Sie verschmähen es und ziehen vor, der ganzen Zivilisation den Rücken zu kehren. Unsere Maskensäle wimmeln von Cowboys, Indianern und Wilden aller Art. Es kostet Opfer, eine solche Maske anzulegen; eine ganze Nacht lang rotgeschminkt als Winnetou in voller Kriegsbemalung herumzulaufen ist nicht bequem. Wie tiefgewurzelt muß das Verlangen danach sein, wieder einmal wie als Knabe Indianer zu spielen! So wie damals den Schulhof verwandeln wir jetzt noch die Ballsäle, sobald wir nur können, in die freien Prärien des Wilden Westens; wie damals lateinische Vokabeln und mathematische Formeln, so werfen wir jetzt Würde und Konvention über Bord, um dafür eine Märchenwelt voll Abenteuer, Duft und Gefahr einzutauschen ... Natürlich, es gilt ja alles nicht, es ist alles nur Scherz und Spaß und Faschingsspuk; wenn der Ernst des Lebens wieder anfängt, werden alle diese nackten Wilden, die jetzt auf dem Kostümfest so selbstvergessen-selig die Zähne fletschen, wieder sehr korrekte, würdige Herren sein. Aber das ist es ja eben: Gerade wenn keiner uns beim Wort nimmt, gerade dann spricht unsere innerste Natur sorglosig-unbewußt und unschuldig sich selber aus.

Wieder einer ganz anderen Kategorie gehört die Schar derjenigen an, die sich selbst Orden verleihen und Kronen aufsetzen, die perlgestickte Seidenwämser und wunderbare Phantasieuniformen anlegen. Freilich – ich weiß nicht, ob ich mich täusche: Mir ist es immer so vorgekommen, als ob die Cowboys und Matrosen, die Trapper und Lazzaroni besser auf ihre Kosten kämen und behaglicher in ihrer Haut steckten als die Ritter und Pharaonen, die Pagen und Minnesänger. Hochgegriffene, »schöne« Masken sind gefährlich; sie können in einer ganz anderen Weise bloßstellen als die romantisch-verwegenen: Sie können verraten, was ihr Träger nicht ist ... Ein sonst ganz ordentliches Gesicht kann plötzlich etwas unfreiwillig Komisches bekommen, wenn es aus der Halskrause eines spanischen Granden oder dem Seidenjabot eines Rokokokavaliers hervorsieht. Und ganz verdächtig wird die Sache, wenn einer als stolzer Don Juan oder Heinrich VIII. daherstolziert: Man kann hundert zu eins wetten, daß das ein ganz schüchterner Knabe ist, der von seiner Maske erwartet, was seine nette und bescheidene Persönlichkeit nicht hergibt.

Im allgemeinen sind die Kostüme der Männer sprechender und verräterischer als die der Frauen. Für den Mann ist das Faschingskostüm eine Maske; für die Frau ist es ein Schmuck. Der Mann, der ein Kostüm wählt, will sich gefallen; die Frau will gefallen. Der Mann verrät im Kostüm seinen Charakter; die Frau nur ihren Geschmack. Das alles ist ein Kompliment für die Frauen: Sie haben nicht wie die Männer den Fasching nötig, um persönlich und natürlich zu werden. Sie sind auch das übrige Jahr lang sie selbst; sie charakterisieren sich ohnehin mit jedem Kleid, mit jedem Schmuckstück; ob Abendkleid oder Maskenkostüm – in beiden enthüllen sie sich gleich reizend.

Lob der List

Die List, eine der prächtigsten Erfindungen des Menschengeistes, wird nicht immer nach Gebühr gewürdigt. Ein leiser Ungeschmack von Betrug und Regelwidrigkeit scheint ihr anzuhaften. Man denkt an die häßliche List, mit der in der Sage Hagen den Recken Siegfried zur Strecke bringt, und man scheut sich, die List unter den menschlichen Waffen, zusammen mit der Tapferkeit, der Aufopferung, der Energie und Geduld, zu nennen. Aber doch wohl mit Unrecht. Gewiß gibt es eine arge List, die um nichts besser ist als die plumpe Roheit; aber deswegen steht die feine List noch in nichts zurück hinter der ehrlichen Kraft. Und wenn Taten des Muts mehr Begeisterung wecken, so gewährt dafür die gute, gelungene List eine Befriedigung wie ein kleines Kunstwerk oder wie ein treffendes, kluges Wort.

Die Griechen jedenfalls waren nicht der Meinung, daß die List hinter irgendeiner anderen Heldentugend zurückzustehen habe. Dem tapferen Achill stellt die Sage den listenreichen Odysseus an die Seite, und es ist bezeichnend genug, daß Troja schließlich nicht durch Achilles Faust, sondern durch Odysseus Klugheit erobert wird.

Die schönsten, die liebenswertesten Listen aber wissen Sage und Geschichte von Frauen zu berichten. Penelope zum Beispiel, die treue Gatten jenes Odysseus, hat ihm offenbar von seinem Listenreichtum einiges abgesehen. Als die Freier sie während seiner Verschollenheit zu der verhaßten neuen Heirat zwingen wollen, da versucht sie nicht, sie mit unweiblicher Gewalt vom Hofe zu treiben; nein, sie tut etwas viel Anmutigeres, sie greift zur List. Sie macht mit ihren Bedrängern einen kleinen Handel (jede List beginnt mit einem kleinen Handel): So lange sollen sie ihr Zeit lassen, bis sie das Trauerkleid für den Vater des Odysseus fertiggewebt hat. Die Dummköpfe! Sie lassen sich darauf ein. Das Kleid wird nie fertig; denn jede Nacht trennt die Treue, die Liebevolle, Listige, wieder auf, was sie am Tage gesponnen hat ...

Oder die Weiber von Weinsberg, die mit ihrer tapferen List zum Guten wenden, was ihre Männer unüberlegt angerichtet haben! Diese Geschichte fängt, genaugenommen, gar nicht mit den Weibern von Weinsberg an, sondern mit den viel unberühmteren Männern von Weinsberg, die mit ihrem Kaiser einen Krieg anfingen, der natürlich damit endete, daß der Kaiser, nachdem er sie zur Waffenstreckung gezwungen hatte, kurzerhand befahl, ihnen allen den Kopf abzuschlagen. So weit waren also die Männer gekommen; und nun waren die Frauen dran mit ihrer kleinen List. Die baten den Kaiser, frei abziehen und so viel mitnehmen zu dürfen, als sie auf ihren Rücken tragen könnten – eine harmlose, unverdächtige Bitte, die er ihnen nicht gut abschlagen konnte. Und dann schleppten sie eben auf ihren schmalen Schultern huckepack die Männer heraus, die nicht gerade rühmliche Figur dabei machten, aber immerhin auf diese Weise Kopf und Kragen retteten. Vielleicht ist ihnen dabei auch etwas eingefallen, was man häufig zu vergessen scheint, daß nämlich List und Tapferkeit durchaus keine Gegensätze sind. Zur Durchführung einer List gehört oft der höchste Mut, eine letzte Selbstüberwindung, ja Selbstaufopferung. Und so ist die List auch nicht, wie man vielleicht meinen könnte, ein weibliches Vorrecht. Das deutsche Volksmärchen preist die List als männliche

Tugend mit derselben urbehaglichen Freude wie Homer. Das tapfere Schneiderlein freilich – übrigens ein kleines Genie der List und aller ihrer Nebentugenden, als da sind: Unerschrockenheit, Selbstvertrauen, Frechheit, Geistesgegenwart, Humor – ist vielleicht noch kein richtiger Mann, sondern eben ein Schneiderlein aus dem Märchen. Aber wie ist es mit all diesen Burschen, die sich mit dem Teufel einlassen und ihn selbstverständlich nur durch List unterkriegen. Sind diese Teufelskerle keine Männer?

Und auch das darf man nicht vergessen, daß die List eine enge Beziehung hat zu einem wahrlich recht männlichen Handwerk: dem Krieg. Die Kriegslist ist vielleicht das weiteste Feld der List überhaupt und das einzige zugleich, auf dem es die List bis zum Rang einer ernsthaften Wissenschaft, der Strategie, gebracht hat. Es gibt einen Augenblick, in dem der Lauf der Weltgeschichte durch die unerhört wagemutige List eines einzelnen Mannes entschieden wurde. Das war die Seeschlacht bei Salamis, und der Mann hieß Themistokles. Großer, herzerregend spannender Augenblick! Die barbarische Übermacht wälzt sich über das Land. Eng zusammengedrängt liegt die Flotte der Athener; draußen in der Bucht von Salamis zieht sich das Gewitter der persischen Galeeren zusammen. Kriegsrat. Die Archonten, niedergeschlagen, beschließen: Flucht, solange die Durchfahrt noch frei ist. Vergebens bemüht sich Themistokles, ihnen klarzumachen, daß sie nur hier, in der Bucht, der persischen Flotte gewachsen sind, während draußen auf offener See die Überzahl der Perser vernichtend zur Entwicklung kommen wird. Er wird niedergestimmt, die Abfahrt beschlossen. Da wagt er das Äußerste: Er schickt seinen Diener als Überläufer zum Feind hinüber, damit er den Beschluß der Archonten verrate: »König! Die Archonten haben beschlossen, mit der athenischen Flotte vor der Morgendämmerung zu fliehen! Schließe sie ein, solange es noch Zeit ist! Ein Freund!« So überlistet er alle zugleich: Der Feind, selbst Werkzeug seiner List, muß ihm die Archonten überlisten helfen, damit sie überlistet werden, den Feind zu schlagen. Um es dahin zu bringen, muß er freilich den äußersten Einsatz leisten – aber dafür, welch wunderbarer Triumph, wenn die List nachher glückt!

Es ist nicht nur der gewöhnliche Triumph, den jeder Erfolg gewährt; der Triumph der List enthält noch eine besondere Würze. Die List ist zugleich bösartiger und gutmütiger als die plumpe Gewalt. Bösartiger, denn sie begnügt sich nicht, den Gegner zu schlagen, sondern sie beschämt ihn zugleich; wer mit List geschlagen ist, hat zum Schaden den Spott. Aber auch gutmütiger, denn sie versöhnt durch Humor; sie reizt zum Lachen, und sie macht es dem geschlagenen Gegner möglich, mitzulachen – und in diesem gemeinsamen Gelächter stellt sie Sieger und Besiegten wieder auf die gleiche Stufe. Das Lachen aber ist bekanntlich die menschlichste Eigenschaft, die einzige, durch die der Mensch sich einwandfrei von allen Tieren unterscheidet; und so möchte ich nicht anstehen, die List eine besondere menschliche Waffe zu nennen. Menschlich nicht in jedem faden Sinn, der darunter alles Knochenlos-Nachgiebige, Duldsame und Leichtgerührte versteht, sondern menschlich in dem vieldeutigen Sinne, den das Wort wirklich hat: bös und liebenswürdig zugleich, gefährlich, witzig, klug, frech, scheu und verschmitzt.

Womit, wenn nicht mit List, hat wohl der schmächtige Mensch sich die Erde unterworfen? Und will man jetzt wirklich noch leugnen, daß die List eine der prächtigsten Erfindungen des Menschengeistes ist?

Pferde-Moral

Die Rennbahn – eine Schule der Lebensweisheit

Manche Leute gehen auf die Rennbahn, um ihr Geld zu verwetten, andere, um schöne Pferde zu sehen oder schön angezogene Menschen, wieder andere, um selbst gesehen zu werden, und noch andere, weil sie einfach überall dabei sein müssen. Was mich betrifft, ich gehe hin, um Moral und Lebensweisheit zu lernen; und zwar nicht am Totalisator oder auf der Ehrentribüne, sondern von den Pferden. Tiere geben ja stets einen guten Anschauungsunterricht über gewisse einfache, aber interessante Gesetze des Lebens. Heute sollen einige Geheimnisse preisgegeben werden, die ich von Rennpferden gelernt habe, genaugenommen von drei ganz bestimmten Rennpferden eines und desselben Jahrgangs. Alle Pferde sind ja ausgeprägte Persönlichkeiten, jedes hat seine Geschichte, und bei einigen Pferdeheroen wird sie fast zur Heldensage ... Die drei Pferde, von denen ich so viel gelernt habe, hatten die klangvollen Namen Ferro, Aurelius und Lampos und bildeten die Elite des heute schon sagenhaft gewordenen Jahrgangs 1926.

Der eigentliche Favorit unter ihnen war Aurelius – ein wunderbarer, hochvornehmer Schwarzbrauner, wunderschön anzusehen mit seinem langen, sympathischen, klugen und treuen Kopf und im Körperbau »über und über rennmäßig«, wie die Fachleute sagten: groß, breitbrüstig und langbeinig, ein Bild von einem Pferd. Schließlich gehörte sich das auch, denn Aurelius war so edel gezogen, daß man ihm sozusagen schon im Mutterleib eine große Karriere vorhersagen konnte. Sein Vater war das Wunderpferd Pergolese, seine Mutter die Augusta Charlotte, die schon einmal einen Derbysieger geboren hatte. Und Glück über Glück. Aurelius war nicht nur schön und in allem wohl ausgestattet, sondern er hatte auch den allerbesten Charakter, den ein Rennpferd nur haben kann: ehrgeizig und eifrig bis zum Äußersten, kaum zu zügeln, in jedem Rennen immer wieder bereit, sein Allerbestes herzugeben und womöglich noch ein bißchen mehr... Es gibt ja auch unter Pferden Drückeberger und Aufstecker, eigenwillige und muckschende Gesellen, Launenhafte und Nervöse. Aber so einer war Aurelius nicht. Er war das loyalste, pflichtbewußteste und selbstloseste Pferd, das man sich denken kann.

Ja, und mit alledem gewann er keins von den klassischen Rennen, nicht eins, aber auch gar keins. Nicht, daß er jemals versagte! In allen belegte er, treu sein Bestes einsetzend, einen ehrenvollen zweiten Platz. Und dabei blieb es, obwohl er über seinen zunächst immer siegreichen Jugendrivalen durch Pflichtgefühl und Ausdauer allmählich klar hinauswuchs...

Dieser Rivale hieß Ferro, er war ebenfalls vornehmer Abkunft, aber längst nicht so einwandfrei wohlgeraten wie Aurelius. Schon äußerlich nicht. Ferro sah gut aus, interessant, wenn man will, sehr drahtig, trocken, ein bißchen überschlank, und er trug auf seinem braunen Halse einen etwas snobistischen Charakterkopf. Aber eine eigentliche Schönheit war er nicht, und es gab verschiedene Punkte an ihm, an denen die Fachleute etwas auszusetzen hatten. Dazu war er auf eine phlegmatische Art äußerst eigenwillig und ein bißchen zu klug für ein Rennpferd. Er wußte zum Beispiel sehr genau, ob es ernst war oder nicht, und ließ sich von seinem Trainer nichts vorreden; in bloßen Arbeitsgalopps und Scheinrennen zu Trainingszwecken strengte er sich nicht an; fiel ihm gar nicht ein. Und obwohl er eine Weile Rennen für Rennen gewann, zitterten seine Anhänger jedesmal aufs neue, ihr Geld auf ihn anzulegen, weil die letzten »Arbeitseindrücke« gar zu unbefriedigend waren. Sie zitterten auch noch, wenn das Rennen schon im Gange war. Denn Ferro ließ sich Zeit. Dreiviertel der Strecke lag er stets irgendwo unauffällig im Hintertreffen, und wenn sein Jockey ihn vorwärtstreiben wollte, hatte das nur den Effekt, daß er bockte. Aber dann, meist am Anfang der Zielgeraden, dann geschah's immer wieder: Ferros berühmter Speed!

Es war, als wäre plötzlich der Geist über ihn gekommen, der Geist des Rennens selber; aus irgendwelchen stets geschonten Reserven holte er einen übernatürlichen Antrieb heraus. Er schoß auf einmal los wie eine Feder. Es war nicht mehr, als ob ein Pferd galoppierte, sondern als ob ein Pfeil vom Bogen wegschwirrte: getragen und getrieben von einer Kraft, die mehr als seine ist. Sprung und Zug und Zug und Sprung – und in ein paar Sekunden war der lebende Pferdepfeil am ganzen Rudel vorbeigeschwirrt, unwiderstehlich, wie ein Blitz. Und damit genug! Kaum lag er an der Spitze, so war er wieder das etwas faule und phlegmatische Pferd Ferro, mäßigte sein Tempo und galoppierte vor den anderen einher, gerade schnell genug, daß keiner mehr vorbeikam. Wie oft versuchte der brave Aurelius noch einen verzweifelten Schlußangriff! Oft kam er noch ganz dicht heran. *Überlegen* zu gewinnen und einen prahlerischen Zwischenraum zwischen sich und die Besiegten zu legen, darauf legte Ferro nicht den geringsten Wert. Genug, daß er mit einem Geniestreich sich den Vorsprung verschafft hatte, der zum Siege reichte. Gesiegt ist gesiegt. Und nachher schlenderte er vergnügt und etwas hochmütig vom Ziel zur Waage, er, der noch eben das Teufelsroß persönlich gewesen war, und fraß den Lorbeerkranz an, den man ihm umhängte.

Drei- oder viermal erlebte man also das Wunder mit Ferro, aber dann kam doch der Tag, an dem Ferros Speed nicht mehr ganz die alte Durchschlagskraft hatte. Nun endlich hätte der treffliche Aurelius die verdienten Lorbeeren ernten können (die er gewiß nicht respektlos angefressen hätte), wenn nicht...

Ja, wenn nicht... Das »Wenn nicht« hieß Lampos und war ein unscheinbares, eselhaftes Pferd, bescheidener von Abstammung als die beiden alten Rivalen, und im Äußeren überhaupt nicht mit ihnen zu vergleichen. In dem klassischen Rennen des ersten halben Jahres war Lampos entweder gar nicht dabeigewesen, oder aber er hatte völlig unbeachtet unter »ferner liefen« geendet. Aber je länger die Saison und je schwerer die Rennen wurden, um so mehr Beachtung erzwang er sich allmählich. Auch darin ist die Rennsaison ein getreues Abbild des Menschenlebens, daß sie auf die Dauer immer schwerere Aufgaben stellt. Die Rennen werden immer länger, sie fordern immer mehr Ausdauer und Härte, es gibt immer weniger Pardon, und mit ein paar genialen Augenblicken ist immer weniger getan... Das war schlimm für Ferro, nicht ganz so schlimm für Aurelius, aber für Lampos konnte es sich gar nicht besser treffen. Lampos, wie gesagt, war klein und unansehnlich, dazu mürrisch von Gemüt und anscheinend immer schlechter Laune. Im Führring, vor dem Rennen, wenn die anderen Pferde eitel und aufgeregt herumliefen und, sozusagen, Feuer aus den Nüstern schnoben, strich er schlapp und gelangweilt, mit schiefem, hängendem Kopf herum; am Start war er unfehlbar als letzter, und während die anderen nervös tänzelten und kaum zu halten waren, stand er trottelhaft und zerstreut dabei, als fragte er sich innerlich, wozu er eigentlich hier wäre und was ihn die ganze Sache anginge. Wenn's dann losging, lief er irgendwie mit, und da er ein kleines Pferd mit einem etwas zu großen Kopf war, wirkten seine Galoppsprünge ein wenig gehopst und keineswegs elegant.

Aber dann, je länger die Strecke wurde und je kürzer die Sprünge der andren Pferde wurden, um so mehr schien Lampos Spaß an der Sache zu bekommen. Er belebte sich sichtlich. Sein Galopp wurde freier, in seine Bewegung kam eine gewisse boshafte, hämische Grazie, und ohne viel Aufhebens, mit der Ruhe eines Professors, der ein oft geprobtes Experiment vorführt, tanzte der kleine Schwarze langsam am ganzen Felde vorbei nach vorn – zunächst hatte er aus Gewohnheit eine Weile auf dem letzten Platz gelegen. Und auf den letzten paar hundert Metern, wenn alles keuchte, wenn Schaum von den Pferdemäulern flog, die Zungen heraushingen und die Adern wild an den Hälsen schlugen – dann war Lampos in seinem Element. Ganz selbstverständlich spazierte er seines Weges, so, als ob es ihm gar nichts ausmachte, und es fehlte nicht viel, so hätte er sich umgewandt und den anderen eine lange Nase gedreht. Er war unscheinbar, aber eisern. An dieses Pferd Lampos habe ich seither sehr oft denken müssen – kein Wunder, denn ich bin älter geworden. Bei gewissen alten Geschäftsleuten, Erfindern oder Männern der Industrie, aber auch bei vielen anderen Männern des Erfolgs, ist mir immer wieder Lampos eingefallen: Wer kennt sie nicht, die kleinen älteren Herren, je nach Temperament etwas zu hager oder etwas zu stark, selten besonders schön, nie hochmodern angezogen? Sie geben sich mit Vorliebe etwas lässig, sie sprechen nie ein lautes oder pathetisches Wort, zeigen sich zerstreut und haben gar nichts dagegen, unscheinbar zu wirken, und sie haben manche verjährte Niederlage auf dem Buckel; aber zum Schluß machen sie das Rennen. Und wer sie in ihren großen Augenblicken erlebt, gewahrt diese gewisse überlegene Grazie an ihnen, die zu den erlesensten und eindrucksvollsten Effekten des Lebens gehört.

Aurelius – Ferro – und Lampos, diese drei Pferde haben mir ein Geheimnis des Erfolgs verraten. Es ist ein dreifaches Geheimnis, und es heißt: Man bringt es weit mit Begabung, Fleiß und Musterhaftigkeit. Aber der Glanz der jugendlichen Wundersiege gehört oft den Eigenwilligen mit der Kraft der plötzlichen Konzentration – und der Endsieg den Zähen, die ihn mit Niederlagen zu erkaufen wissen.

Wer führt, verliert...?

Irgendein Militärschriftsteller hat einmal die Behauptung aufgestellt, daß ein Krieg regelmäßig von der Partei verloren würde, die an seinem Anfang mit starken Kräften die feindliche Grenze überschreite. Ich weiß nicht, ob dieser überraschende Satz zutrifft – aber auffallend ist jedenfalls, daß er sich vollauf bewährt, wenn man ihn auf das Gebiet des friedlichen Kampfes, auf den Sport, sinngemäß überträgt. Fast nie wird ein Rennen von dem Läufer gewonnen, der im Anfang die Führung übernimmt; fast immer ist der erste am Zielband ein anderer als der erste nach dem Start. Und wenn jemand es mit der anderen Taktik versucht und verliert, wird man unfehlbar am nächsten Tag in den Sportberichten lesen, daß er das Rennen falsch angelegt hätte und daß dies der Grund seiner Niederlage sei.

Der Erfahrungssatz steht also zweifellos fest. Aber schwerer ist es, den Grund dafür zu entdecken. Es ist ja nicht etwa so, daß man, um am Start die Spitze zu nehmen, wie ein Amokläufer lospreschen und sich durch wahnwitziges Anfangstempo verausgaben müßte; so töricht wäre ohnehin kein geübter Sportsmann. Es handelt sich immer nur um die Frage, ob man die Spitze nimmt oder ob man sich zwei, drei Meter dahinter zurechtlegt; das Tempo ist dann ungefähr das gleiche, und der Führende hat sogar äußerlich unbedingt das bequemere Rennen. Er braucht nicht beim Überholen nach außen zu gehen und Boden zu verschenken, er läuft nicht Gefahr, von außen vorgehenden Konkurrenten innen eingeschlossen zu werden, und er hat schließlich seine zwei, drei Meter Vorsprung »in der Tasche«, die es am Anfang sozusagen geschenkt gab und die sich im Endkampf als höchst nützlich und entscheidend erweisen können. Wie kommt es, daß er trotzdem fast immer den kürzeren zieht?

Um das zu verstehen, muß man sich klarmachen, daß ein Wettkampf etwas ganz anderes ist als eine bloße Leistungsprüfung. Für den Sieg im Wettkampf haben gewisse psychologische Vorgänge mindestens dieselbe Bedeutung wie das rein physische Können. In allem Äußeren des Rennens hat derjenige, der sich bei Beginn einen Vorsprung sichert, die beste Position; aber psychologisch hat er die ungünstigste.

Es ist bekannt und leuchtet auch ohne weiteres ein, daß man im Kampf stets mehr aus sich herausholt als im Alleingang. Der Führende aber ist darauf angewiesen, wenn er seinen Vorsprung nicht wieder aufgeben will, sein Rennen sozusagen im Alleingang zu laufen. Und das Vorneweglaufen birgt noch eine viel größere, fast vernichtende psychologische Gefahr: die nämlich, daß in der Seele des Läufers an die Stelle des Willens zum Sieg die Angst vor der Niederlage tritt ... Und das scheint mir der eigentliche Grund, warum der Führende fast immer verliert. Jeder äußeren Situation entspricht eine gewisse, fast unausweichlich zu ihr gehörige Seelenstimmung. Ein Rennen, in dem das Feld sich auseinandergezogen hat und nicht mehr in Linie liegt, stellt nichts anderes dar als eine Jagd. Einer versucht fortzulaufen, die anderen jagen hinterher und bemühen sich, ihn einzuholen. Es kann nicht ausbleiben, daß diese Situation sich auch in den Seelen der Läufer widerspiegelt. Sie sind nicht mehr gleichartige Konkurrenten; sie verwandeln sich in Jäger und Gejagte. Der Jäger, ob er will oder nicht, empfindet Mut, Angriffslust, Sieg- und

Kampfbegierde; dem Gejagten, ohne daß er etwas dagegen tun kann, wird es bang ums Herz; er fürchtet die, die hinter ihm her sind ... Aber wer sich fürchtet, hat das Rennen schon verloren.

Je näher der Ermüdungspunkt kommt und je näher die Verfolger kommen, um so zerreißender wird die Nervenspannung, unter der der Führende, der Verfolgte, sein Rennen läuft. Und diese Nervenspannung ist auch die Erklärung für ein anderes, stets beobachtetes und nie recht erklärtes Phänomen: Wenn er nämlich überholt wird, fällt er fast stets sofort völlig zurück. Physisch ist das nicht zu erklären: Warum sollte er nicht in demselben Tempo weiterlaufen können und ebenso langsam Boden einbüßen wie bisher? Es erklärt sich nur psychologisch. Der Kampf gegen Raum, Zeit und Einsamkeit, der Kampf gegen die eigene Furcht hat den Nervenfonds aufgezehrt. Für den Kampf gegen den Gegner ist nichts mehr übrig. Der Schock der Niederlage ist schon da, ehe das Rennen vorbei ist. Die Zeit bis zum Zielband ist inzwischen meist zu kurz geworden, um sich noch einmal innerlich aus einem Verteidiger zu einem Angreifer, aus einem Gejagten in einen Jäger zu verwandeln. Und so verschwindet der Mann, der das Feld über drei Viertel des Weges geführt hat, in der Entscheidungsphase meist im Hintertreffen – meist, aber freilich nicht immer!

Es ist nämlich die erfreuliche Eigenart der psychologischen »Gesetze«, daß der menschliche Wille sie immer wieder gelegentlich außer Kraft setzen kann. Im Wettkampf kann der schwächere Läufer den besseren besiegen, wenn seine letzte, unwägbare Energiereserve, sein innerster Siegeswille von höherem Karat ist. Das ist die wundervolle, die glorreiche Ungewißheit allen Sports.

Stil, Mode, Lebensart

Kleines Credo

Man kann Geschmack haben, oder man kann eine Weltanschauung haben. Eins davon muß man haben. Beides kann man nicht haben. Man hat die Wahl.

Daß sich über den Geschmack nicht streiten läßt, ist bekannt; daß sich über die Weltanschauung nicht streiten läßt, ist weniger bekannt, aber ebenso wahr. Geschmack oder Weltanschauung hat man, wie man eine Schuhnummer hat, eine Haarfarbe oder einen Körpergeruch. Wer sie angreift, ist ein Feind; kein Gesprächspartner.

Die Weltanschauung rechtfertigt jede Geschmacklosigkeit; deswegen kann der Geschmackvolle keine haben. Der Geschmack rechtfertigt jede Prinziplosigkeit; deswegen kann der Prinzipienmensch keinen gebrauchen. Ob man lieber Geschmack haben soll oder eine Weltanschauung, ist eine Geschmacksfrage; oder eine Weltanschauungsfrage.

Leute von Weltanschauung finden Leute von Geschmack charakterlos. Ein Mensch von Geschmack hat Meinungen, aber keine Überzeugungen. Wo ihm eine Überzeugung als Überzeugung entgegentritt, tritt er ihr entgegen; denn Überzeugungen schmecken schlecht; die meisten riechen sogar schlecht. Jede Überzeugung ist unbescheiden, dickfellig, verbohrt, rechthaberisch, humorlos, dumm. Jede Überzeugung ist so lange gut, als sie das alles nicht ist; aber so lange ist sie keine Überzeugung. Jede Weltanschauung ist dem Geschmackvollen erlaubt als geistiges Spiel: Selbstverständlich ist der Geschmackvolle konservativ, denn was die Menschen tausend Jahre lang gut gefunden haben, da wird schon etwas dran sein; selbstverständlich ist der Geschmackvolle liberal, denn man kann nicht alles über einen Kamm scheren. Selbstverständlich ist der Geschmackvolle Sozialist, denn man lebt nicht allein auf der Welt; selbstverständlich ist er Individualist, denn man lebt allein auf der Welt: Selbstverständlich ist er religiös, denn siehe, die Welt funktioniert doch; selbstverständlich ist er nihilistisch, denn gut funktioniert sie nicht. Selbstverständlich ist er national, denn es gibt Sprachen; selbstverständlich ist er international, denn es gibt Eisenbahnen. Plumpudding schmeckt gut; Omelette soufflée darum nicht schlecht. Friede ist erwünscht; Pazifisten sind unerwünscht. Juden sind vielfach, Antisemiten immer unerträglich. Die Welt im ganzen ist vielfältig und abenteuerlich, eines schickt sich nicht für alle, und alles schickt sich nicht für einen. Meinungen sind gut zum Diskutieren; für die ernste Entscheidung sind sie ganz überflüssig. Denn wo man hingehört und wo man nicht hingehört, das diskutiert man nicht, das schmeckt man. Besonders, wo man nicht hingehört.

Unter die Leute von Weltanschauung zum Beispiel. Jede Weltanschauung schmeckt fade. Sie überhebt der Mühe, die Welt anzuschauen; sie liefert ihrem Anhänger das Erforderliche fertig und vorgekaut im Abonnement, besserenfalls in Form von Begriffen, schlimmerenfalls in der von Phrasen. Weltanschauungen gehören in eine Kategorie mit Maggisuppen, Konfektion und Cookreisen; mit diesen letzten teilen sie auch noch insbesondere ihre anrüchige Herdenhaftigkeit. Wer eine Weltanschauung hat, hat immer Gesellschaft. Sie ist auch danach.

Die Weltanschauung überhebt den Menschen des Gebrauchs seiner Sinnesorgane. Der weltanschaulich Geschulte hat statt der Augen eine Zeitung, statt der Ohren ein Radio, die Empfindlichkeit für Gerüche verliert sich bis auf die Fähigkeit, Ketzer zu riechen, sein Geschmack verschwindet spurlos, und an Stelle der Tastorgane wachsen ihm Schlagringe. Weltanschauungen verändern und entstellen den Gesichtsausdruck und den Stimmklang ihrer Anhänger, welch letzteren sie allerdings zu ungeahnter Stärke zu steigern vermögen, auf grauenerregende Weise. Besonders wirksam erweisen sich in dieser Richtung alle Weltanschauungen, die mit *Anti* anfangen. Die physiologischen Wirkungen, die diese Antiweltanschauungen auf ihre Anhänger üben, wären einer eigenen Studie wert; so lassen sie beispielsweise den Antialkoholiker entstehen, den Stiefbruder des Eunuchen.

Im übrigen läßt sich von den Weltanschauungen freilich sagen, daß sie größtenteils glücklich machen. Wer eine Weltanschauung hat, für den schaut die Welt sich einfach an. Was gut, was böse, was erlaubt, was verboten, wer Freund, wer Feind ist, erweist sich nach Parole. Von Rücksichten und Verpflichtungen jeder Art entbindet die Weltanschauung. Sie ersetzt das gute Gewissen nicht nur, sie übertrifft es bei weitem. Denn sie ist ein Blanko-gutes-Gewissen. Der Landsknechtsführer Caspar Wurmbser, † 1643, sagte von sich in seiner Sterbestunde, indem er in seinem Notizbüchlein blätterte: »Es ist wahr, ich habe getötet 416 Männer, 928 Weiber und 56 unmündige Kindlein, nicht gerechnet der Männer, so ich im Kampfe erschlagen; habe auch gebrandschatzt an die 500 Höfe und den roten Hahn auffs Dach gesetzet, auch genottzüchtiget an die 800 Jumbfrauwen. Dennoch, so hoffe ich, daß ich eingehen werde ohne Verzug zur ewigen Seligkeit und entgehen den Flammen des Gerichts immerdar. Denn nie und nimmermehr bin ich gewichen von meinem Herrn und Erlöser und abgeirret auch nur einen Finger breit von dem reinen geoffenbarten Wort Gottes.« Sprachs, streckte sich aus und verschied. Kann jemand zufriedener auf sein Leben zurückblicken?

Was ist besser, Weltanschauungen zu haben oder Geschmack? Ach, wer nur die Wahl hätte! Die Weltanschauungen haben schon manches für sich. Zu demokratischen Zeiten sind sie es, die zu Ansehen, Ruhm, Drucklegung, Geld, Ministerposten und anderen Sinekuren führen; der Geschmack führt höchstens zur Verachtung alles dessen. Freilich führen Weltanschauungen auch fast stets eine gewisse Lebensgefahr mit sich; Geschmack nur, wenn er mit Temperament gepaart ist. Der Mann mit der Weltanschauung trägt Orden auf der Uniform oder Ehrenzeichen auf der Haut, seine Sitzgelegenheit ist ein Ministersessel oder eine Pritsche, gestern rot, ist er heute tot, und wer weiß, wer morgen tot ist. Der Mann von Geschmack betritt Amtsräume, wohin es den Weltanschauler so oder so stets zieht, nur in Notfällen, gleichgültig ob sie in der Wilhelmstraße liegen oder in Oranienburg. Er trägt schlichtes Zivil, er sitzt auf Stühlen und stirbt an Grippe. Gesellschaften, wo Politik getrieben wird, verläßt er still. Gewissensfragen beantwortet er mit Scherzfragen, Haß mit Spott und Briefe von Organisationen überhaupt nicht. Der Öffentlichkeit entzieht teils er sich, teils entzieht sie sich ihm; das ist ein unglückliches Verhältnis zwischen den beiden, jeder will etwas anderes vom anderen, und sie kommen selten zusammen. Deswegen entsteht auch so oft das Gerücht, der Mann von Geschmack sei tot.

Aber getrost, es gibt ihn noch.

Die Hose

Wo steht es eigentlich geschrieben, daß die Hose männlich und der Rock weiblich sei – eine Forderung, der schon die Sprache sprechend widerspricht? Caesar trug etwas Rockähnliches, und Dschingis Khan trug einen einwandfreien Rock. Waren das keine Männer? Aber lassen wir das auf sich beruhen. Wir wollen nicht so vermessen sein, den männlichen Rock zu fordern, sondern uns begnügen, die weiblich gewordene Hose zu preisen.

Die Hose ist in erster Linie ein Symbol. Sie ist das Kleidungsstück, das dem Menschen gestattet, zu rennen, zu reiten, zu klettern und zu springen. Sie bedeutet die Freiheit, die Selbständigkeit und die Behendigkeit. Frühere Zeiten erfanden den Reifrock und den Spruch: Eine Dame hat keine Beine. Die Dame unserer Zeit legt Wert darauf, nicht nur Beine zu haben, sondern auch auf diesen ihren eigenen Beinen zu stehen. So trägt sie die Hose, und sie trägt sie mit Grazie.

Denn die Hose ist, zweitens, ein entzückendes Kleidungsstück. Sie mußte erst ein weibliches Kleidungsstück werden, damit man das entdeckte. Die Männer tragen nun einige Jahrhunderte lang Hosen und sind in dieser Zeit, was die richtige Länge und Weite betrifft, nicht über ein hilfloses Herumprobieren hinausgekommen. Die Frauen haben diese Probleme mit weiblichem Genie gelöst.

Schließlich gestattet die Hose, die Hände in die Hosentaschen zu stecken. Diese Kunst beherrschten bisher in vollkommener Weise nur Oxfordstudenten; sie entwickelten einzig aus dieser Gebärde jene Haltung souveräner Nonchalance, mit der die Engländer die Welt erobert haben. Aber sie kommen nicht auf gegen die Anmut, die eine Frau in diese Geste zu legen weiß; wird auch sie die Welt erobern?

Alle Moden erzählen Kulturgeschichte

Die Automoden der letzten 30 Jahre erzählen dem Kundigen eine reizende Geschichte von der Frau und dem Auto: wie sie zuerst mit ihm spielte, wie sie ihm dann erlag und wie sie schließlich die Selbstverständlichkeit einer Beziehung fand, die jedem das Seine gibt.

Wenn unsere Mütter verwegen, stolz und ein wenig ängstlich in seltsamen und unheimlichen neuen Kutschen ohne Pferd Platz nahmen – selbstverständlich nicht am Steuer, sondern im Fond –, dann kamen sie nicht auf den Gedanken, dazu etwas anderes anzuziehen als die pompösen und geschnürten Gewänder, die sie auch im Salon trugen. Äußerstenfalls legten sie, der »sportlichen« Note wegen, eine Autobrille an; und um den Kopf taten sie einen Schleier, der im Winde des Abenteuers wehte ... Denn ein Abenteuer war so eine Autofahrt. Und die kapriziöse Dame, die sich darauf einließ, verfehlte nie, sich von dem mutigen Fahrer versichern zu lassen, daß wirklich keine Gefahr dabei sei, ehe sie mit 20 Stundenkilometern davonraste.

Damals spielten die Frauen noch mit dem Auto. Dann kam eine Zeit, in der das Auto mit den Frauen spielte. Es verwandelte sie in Amazonen des Motors. Der Autodreß der Frau war damals ein Overall von smarter Übersachlichkeit, ihr höchster Ehrgeiz, schien es, einem schwerbeschäftigten Monteur zu gleichen.

Auch diese Zeit ist vergangen. Inzwischen haben sich die Autos verändert und haben sich die Frauen verändert;

wenn man's nicht wüßte, man würde es den Anzügen ansehen, die heute die Dame am Steuer trägt. Die Automode hat sich völlig losgelöst von den Kleidern des Salons und selbst der Straße – aber sie hat wieder den Willen zur Weiblichkeit und Schönheit gefunden – einer Schönheit, deren Hauptelemente Selbstverständlichkeit und Zweckmäßigkeit sind. Diese schlichten und gediegenen Capes und Mäntel, die Kapuzen, Lederwesten und Hosenröcke entbehren jeder Pose; sie kokettieren nicht mehr, und sie markieren nichts mehr. Sie passen zum Auto, und sie passen zur Frau. Sie haben einen Stil gefunden, der Dauer verspricht.

Pariser Modehäuser machen Puppenkleider

»... und die Königstochter besaß zwei Puppen, eine blonde und eine schwarze. Die beiden Puppen hatten jede dreihundertfünfundsechzig Kleider, für jeden Tag ein anderes. Die besten und kunstfertigsten Schneider, die es auf der weiten Welt gab, hatten die Kleider ausgedacht und eigens für die beiden Puppen gemacht und hatten sie der Königstochter geschenkt. Und zu jedem Kleid hatte jede Puppe einen passenden Hut und passende Schuhe und passende Handschuhe, die hatten die besten und kunstfertigsten Hutmacher und Schuhmacher und Handschuhmacher gemacht, die auf der weiten Welt aufzutreiben waren, und hatten sie auch der Königstochter geschenkt ...« – Ein Märchen? Ja, aber ein Märchen, das sich 1938 wirklich begeben hat. Die großen Meister der Haute Couture von Paris, wie Mainbocher, Lelang, Chanel, Rochas, Agnès – wer vermöchte sie alle aufzuzählen, die klangvollen und distinguierten Namen, an jedem einzelnen haftet ein Hauch von großer Welt, Glanz und Reichtum, unverlierbar, wie ein erlesenes Parfüm –, sie alle haben sich zusammengetan, um zweimal dreihundertfünfundsechzig Kleider für zwei Puppen zu kreieren, die sie den kleinen englischen Prinzessinnen schenkten, als das königliche Elternpaar in Paris weilte. Sie haben damit über die charmante Geste hinaus etwas Einzigartiges geschaffen: ein Miniaturmuseum der Mode von 1938, das vielleicht noch nach hundert Jahren Menschen entzücken wird: gelehrte Kulturgeschichtsforscher – elegante Frauen von 2038 – und eine spätere Generation von Königskindern.

Über die Kunst, Frauen zu fotografieren

Früher glaubte man, nur die Maler und Zeichner könnten das: mehr in das Bild legen als die äußere Erscheinung einer Frau; die Seele mitmalen; mit dem Pinsel dichten, phantasieren, nachdenken und deuten; durch die bloße Wirklichkeit zur inneren Wahrheit durchstoßen ... Heute weiß man das längst, daß auch die Kamera mehr kann als »platte Wirklichkeit bannen«; daß sie – in der Hand eines Künstlers freilich nur! – ein ebenso gefügiges Werkzeug ist wie Pinsel und Palette; und daß sie keineswegs die mystische Vermählung von Künstler und Modell ausschließt, die jedes vollkommene Bild bedeutet. Man weiß heute, daß man auch mit der Kamera dichten kann – wie mit dem Zeichenstift.

Mit einem Unterschied freilich: Pinsel und Stift gehorchen unmittelbar dem Herz und Hirn dessen, der sie führt. Die unbestechliche Linse gehorcht nur der Wirklichkeit – und zwingt so den Künstler, das, was ihm vorschwebt, zumindest für einen Augenblick in Wirklichkeit umzusetzen. Der Fotograf muß stets auch ein Regisseur sein – ja, vielleicht manchmal ein Hypnotiseur. Das rührende »Bitte, recht freundlich« der frühesten Fotografen war der erste schüchterne Schritt zu dieser Erkenntnis. Wer beispielsweise Frauen fotografieren will, muß sich auf Frauen verstehen. Er muß die Gabe haben, Frauen durch die Kraft seiner Suggestion zu dem zu machen, was er in ihnen sieht – die geheimnisvolle Gabe der großen Liebhaber übrigens. Er wäre ein Stümper, wenn er seine Modelle nur »aufbaute«. Man würde es seinen Bildern sofort ansehen. Er muß ein wenig zaubern können. Er muß eine Vision haben – und diese Vision realisieren können ...

Der Amerikaner Horst – heute der Fotograf der angelsächsischen Eleganz – hat die Vision der Schönheit. Gewiß könnte man sagen, daß die Schönheit in den Modellen liegt. Aber die Wahl der Modelle ist kein Zufall. Hier waltet das Gesetz der Anziehung des innerlich Verwandten. Alle Bilder Horsts sprechen dieselbe Sprache, und die Eleganz hat bei ihm ihr ganzes Pathos aus dem großen Jahrhundert des Barock wiedergewonnen. Er betont sie, wie immer er kann – durch seltsame Blumen, durch ungewöhnlichen und gewagten Schmuck, durch souveränes Spiel mit dem Licht –, und er umgibt sie mit Geheimnis und Unnahbarkeit.

Herzensbrecher Rauhbein

Eine vergnügliche Betrachtung über Filmhelden – und wie sie sich geben

Wenn früher ein Filmheld Aussicht haben sollte, eine Frau auf der Leinwand (und als Zugabe alle Frauen im Parkett) zu erobern, dann mußte er so beschaffen sein: Zunächst hatte er jung, groß, schlank und wunderschön auszusehen. Seine Züge mußten edel sein, seine Augen feurig, sein Lächeln bezaubernd und seine Hände aristokratisch. Von Beruf durfte er Marquis oder Millionärssohn sein. Ein Schatten schwermütiger Melancholie und edler Blässe war vorteilhaft, wenn auch nicht unerläßlich. Unerläßlich war dagegen, daß er gleich gut im Frack, im Badeanzug, im Polodreß und in weißer Phantasieuniform aussah. Ferner mußte er die geheimnisvolle Fähigkeit besitzen, nach den verwegensten Ritten und Autojagden stets so auszusehen, als käme er eben frisch vom Frisör. Seine weiteren Fähigkeiten waren Fechten, Reiten, Autofahren und Treppenhinuntergehen. Die Frau, die er schließlich zu bekommen hatte, liebte er stets auf den ersten Blick. Er liebte sie erst schüchtern, dann ritterlich ergeben, dann kühn, dann zärtlich, dann ungestüm – er beherrschte alle Register der Liebe. Dafür war er ja auch ein Liebhaber.

Wenn heute ein Mann auf der Leinwand alle diese Eigenschaften besitzt, dann spricht ein starker Verdacht dafür, daß er ein Feigling, Intrigant und Schuft ist und daß es ein schlimmes Ende mit ihm nehmen wird. Ausnahmen bestätigen die Regel. Der wahre Liebhaber von heute kann ruhig eine schiefe Nase oder eine »fliehende« Stirn oder derbe Lippen oder abstehende Ohren haben. Seine Kleidung ist vernachlässigt und sein Benehmen ruppig. Der erste Eindruck darf oder soll sogar ein bißchen nach Rowdy riechen. Rauhe Schale, weicher Kern.

Daneben hat der neue Herzenbrecher zwei notwendige Requisiten. Einen Beruf und einige Unarten. Der Beruf ist sehr wichtig. Es gehört zu den neuen Lieblingen, daß sie in ihrem Beruf ungeheuer tüchtig sind. Sie sind Reporter, Ingenieure, Kapitäne, Spione, Fremdenlegionäre, Handlungsgehilfen, Regisseure oder auch schlicht Hundefänger. Entscheidend ist nicht der soziale Wert des Berufs, sondern die Tüchtigkeit. Diese ist in jedem Fall maßlos.

Maßlos sind auch die »Laster«. Der Herzkönig von 1936 trinkt, raucht, rauft, spielt, flucht – alles mit einer gewissen männlichen Mischung von Nachlässigkeit und Nachdrücklichkeit. Der neue Liebhaber darf im übrigen ziemlich abgebrüht sein.

Nur auf seinem eigentlichen Gebiet nicht: in der Liebe ... In der Liebe ist der neue Liebhaber unerfahren. Diesem großen, braven, rauhbeinigen Schlaks, der so furchtbar tüchtig in seinem Beruf ist und so furchtbar viel Whisky trinken kann, fällt es gar nicht ein, daß er eine Frau erobern könnte ... Er merkt es nicht einmal – das ist eine Hauptpointe fast aller neueren Filme –, daß er geliebt wird. Brummig und bärenhaft steht er neben dem kleinen süßen Mädchen, das ihn längst anhimmelt, und bemerkt auf alle ihre Annäherungen, es sei für ihn eine rein geschäftliche Angelegenheit und sonst nichts, verstanden? ... »Soll ich Ihnen nicht eine Tasse heißen Kaffee brühen, Kapitän?« ... »Meinetwegen. Aber dann laß mich in Ruh.« (Er meint es nicht böse! Er merkt nur nichts!)

Daß er verliebt ist, entdeckt dieser männliche große Junge erst, wenn er eifersüchtig wird. (Recht geschieht ihm! Aber jetzt fühlt man schon, daß alles noch gut wird ...) Es ist ungeheuerlich, was er dann trinkt und wie er herunterkommt. Er rasiert sich nicht mehr und gleicht jetzt jenen Gangstergestalten, die einst edlen jugendlichen Helden an verdächtigen Ecken auflauerten. Vielleicht tut er es sogar. Hoffentlich! Zunächst aber behandelt er leider jetzt einmal das arme Mädchen ganz fürchterlich. »Eine wie die andere«, brummt er in seine Bartstoppeln. Und er schmeißt sie einfach gegen einen Schrank und greift mit schwerer Hand zur Whiskyflasche.

Aber dann ist irgendwann der Zeitpunkt da, wo das Mädchen in irgendeine ganz gräßliche Not gerät, und jetzt zeigt der neue Liebhaber, was in ihm steckt: Mit rauher, aber kräftiger Hand packt er die Halbohnmächtige, schleppt sie in seine Dachkammer, wirft sie in sein gußeisernes Feldbett und legt sich selbst auf den Fußboden, nachdem er eine große Scheidewand dazwischen aufgebaut hat ... Und von hier ist es dann nicht mehr weit bis zu dem ersten Kuß, der in das Wort »Ende« überblendet, und alles ist froh, daß er zum Schluß doch noch dahintergekommen ist, daß es so etwas gibt.

Der neue Liebhaber wirkt in allem Äußeren viel männlicher als der alte – aber er hat, wenn man genau zusieht, in seinem eigentlichen Fach, in der Liebe, die weibliche, umworbene, passive Rolle übernommen. Braucht er vielleicht all seine gehäufte Männlichkeit, um hier einen verborgenen Mangel wettzumachen? Oder ist es nur ein Pendelschlag im Hin und Her der Mode? In ein paar Jahren werden wir es wissen.

Kurioses und Skurriles

Wer hätte nicht schon gelegentlich bei sich beschlossen, ein neues Leben anzufangen! Aber wohl selten hat jemand mit diesem Entschluß so Ernst gemacht wie die sechzehnjährige, wegen Landstreicherei, Diebstahls und Vergehens gegen das Kriegszustandsgesetz vorbestrafte Dienstmagd Rosa K., die eines frühen Morgens im Juli 1919 von ihrer Dienststelle unter Mitnahme eines Dienstbubenanzuges und eines Paares Militärschnürstiefel entwich. Von diesem Augenblick an nämlich hörte sie nicht nur auf, landzustreichen, zu stehlen oder gar sich gegen das Kriegszustandsgesetz zu vergehen, nein, sie warf ihr altes Leben gleich mit Haut und Haar hinter sich, sie war die längste Zeit Rosa K. gewesen. Statt dessen ward sie nunmehr der Knecht Johann Tor, und als solcher lebte sie an die fünfzehn Jahre auf verschiedenen Höfen und Gütern Bayerns und Thüringens dahin, düngte und pflügte die Felder, striegelte die Pferde, schäkerte mit den Mägden und schlief in der Knechtekammer den Schlaf des Gerechten, ohne daß je eine Klage über sie – oder muß man nicht schon sagen – über ihn? – vernommen worden wäre.

So lenkte also das neue Leben des Johann Tor den Segen Gottes auf sich, der dem alten der Rosa K. offenbar versagt gewesen war? Gewiß; aber leider auch die Aufmerksamkeit des Teufels. Nur dieser kann es gewesen sein, der den Johann Tor ritt, als er nach vierzehn wohlverbrachten Jahren den Entschluß faßte, nunmehr sein neues Leben durch eine

Heirat zu krönen. Die Braut hieß Fanny, die Trauung fand am 1. Februar 1933 in standesamtlicher und kirchlicher Form statt, und die Ehe war zunächst glücklich. Bis eines Tages im Juli 1934, vielleicht nach einem häuslichen Zank, Fanny Tor zu ihrem Arbeitgeber lief und alles erzählte.

Nunmehr rächte es sich an unserm Helden, daß seine Geschichte in Deutschland und nicht in Amerika spielt. Dort wäre er jetzt in jedem Sinne ein gemachter Mann gewesen, eine Filmkarriere hätte seiner gewartet und an Heiratsanträgen hätte es ihm nicht gefehlt. Hier dagegen endete seine Geschichte, wie in der alten Welt jede abenteuerliche Geschichte endet: mit einem Strafverfahren. Wir kennen das Ergebnis dieses Verfahrens nicht und wünschen der armen vorbestraften Rosa K., die nun für die Sünden des unbescholtenen Johann Tor wieder zu büßen hat, Richter mit Sinn für Humor.

Was lehrt diese Geschichte? Nach Meinung der Münchener Kriminalpolizei, der wir ihre Kenntnis danken, lehrt sie, daß die Standesämter in allen Fällen, in denen keine oder nur ungenügende Papiere beigebracht werden oder an ihrer Richtigkeit Zweifel bestehen, verpflichtet sein sollen, die Landeskriminalbehörden um Feststellung der Person zu ersuchen.

Nun, auch dies wollen wir uns hinter die Ohren schreiben.

Wochenend

In Wien starb dieser Tage, 82 Jahre alt, Herr Götz von Berlichingen. Die Zeitungen berichteten es und meldeten gleichzeitig, mit ihm sei der letzte männliche Nachkomme des Mannes mit der eisernen Hand dahingegangen.

Wir lasen die Nachricht mit respektvoller Trauer, wie es sich gehört. Seltsamerweise war es damit nicht abgetan. Man vergißt so schnell die Hunderte von Todesnachrichten, von denen die Zeitung täglich voll ist – die Opfer der Kriege, der Unruhen, der Überschwemmungen, der Kriminalität, des Alpinismus und der Liebe; wo käme man hin, wollte man für alle das Gefühl aufbringen, das ihnen eigentlich gebührt! Aber der alte Herr von Berlichingen ging uns im Kopfe herum. Wie mag der Mann ausgesehen haben, der sich nur vorzustellen brauchte, um der Welt unmißverständlich seine Meinung ins Gesicht zu sagen? Der Mann, der durch ein offenbar ganz privates Leben das Erbe des größten deutschen Volkshelden trug! Seltsames, romantisches Schicksal, würdig, von einem Jean Paul oder E.T.A. Hoffmann glossiert zu werden! Da lebt in Wien ein alter österreichischer Aristokrat, einer dieser wunderbaren alten Herren des Ancien régime vielleicht, die das Café Sacher besuchen und diese unnachahmliche Kunst, durch die Nase zu sprechen, beherrschen, die mit ihnen ausstirbt – aber sowie er mit nasaler Liebenswürdigkeit seinen Namen nennt, erhebt sich hinter ihm, wie ein Doppelgänger, spukhaft der

Ritter mit der eisernen Hand und blickt ihm über die Schulter mit seinem stahlblauen Auge in die Neue Freie Presse ...

Dies oder ähnliches gab es also, und wir erfahren davon erst, nachdem es vorbei ist und die Welt, ohne daß wir es wußten, wieder ein wenig ärmer geworden ist. Wir erfahren davon! Ach, nicht einmal das! Wir erfahren, daß wir es nun nicht mehr erfahren werden. Vielleicht war alles ganz anders. Von einem phantastischen Leben – phantastisch durch seine bloße Existenz – berichten uns die Zeitungen nichts als den nüchternen Tod.

Das letzte Gefühl, das diese Todesnachricht zurückläßt, ist die langdauernde, juckende Unbefriedigung enttäuschter Neugier.

Aber so sind die Zeitungen. Es ist kein Wunder, daß sie uns von Goetz von Berlichingen alles bis auf seinen Tod vorenthalten. Sie haben nun einmal eine Vorliebe für das Makabre, und wir bleiben auch hier nur ihrer ständigen Gewohnheit treu. Ein wunderbarer Sommertag liefert unfehlbar den Montagsblättern nichts als die Schlagzeile, daß er sechs Todesopfer »forderte«. Von Abessinien hat man nie gelesen, bis es in Lebensgefahr geriet; und die einzige Chance eines normalen Durchschnittsbürgers, in die Zeitung zu kommen, besteht darin, sich von einem Auto überfahren zu lassen, sich mit Gas zu vergiften oder in eine Gletscherspalte zu fallen. Von der Schlagzeile bis zu den Familienanzeigen – Todesnachrichten! Spätere Zeiten werden es gewiß als eine der erstaunlichsten Eigentümlichkeiten unserer Epoche ansehen, daß niemand sich den Frühstücksappetit durch die Lektüre seiner Morgenzeitung verderben ließ.

Aber die Zeitungen haben natürlich auch ihren guten Grund, so zu sein, wie sie sind. Tote haben nämlich die gute Eigenschaft, keine groben Briefe an die Redaktion zu schreiben, keine Abonnements abzubestellen und keine Inserate zurückzuziehen. Sie sind daher im wesentlichen die einzigen Personen, die eine Zeitung erwähnen darf, ohne ihrerseits in Lebensgefahr zu kommen. Tote sind nicht beleidigt. Lebende Personen dagegen erkennt man daran, daß sie immer beleidigt sind.

Wir Feuilletonisten wissen ein Lied davon zu singen. Das Feuilleton ist der einzige Teil der Zeitung, in dem hergebrachtermaßen vom Tode nicht die Rede ist (deswegen hat dies Feuilleton wenig Aussicht, gedruckt zu werden). Ernst ist der Tod und das Hauptblatt, das Feuilleton aber sei heiter und lebendig! Das Feuilleton also muß sich notgedrungen mit dem Lebenden befassen.

Natürlich nicht mit Einzelpersonen. Der Gedanke, ein lebendes Individuum in einem Artikel zu erwähnen, der nicht von Ernsthaftigkeit nur so strotzt, ist so abwegig, daß er dem Feuilletonisten gar nicht erst kommt. Aber auch über Gruppen von Menschen zu scherzen ist für den Feuilletonisten der sichere Weg zum Hungertod. In einem heiteren Aufsatz dürfen weder Beamte noch Meteorologen, weder Vollbartträger noch Hundebesitzer, weder Sachsen noch Briefmarkensammler vorkommen. Sie nehmen es übel. Woran man sich allenfalls halten darf, sind Gruppen, die so groß sind, daß jeder Leser sich persönlich ausnehmen kann. Etwa »die Menschen« oder »die Männer«. Schon nicht mehr »die Dicken«. Dicke nehmen übel. Ganz schlimm ist es mit Berufsgruppen. Seltsam: Alle Angehörigen irgendeines Berufes oder Gewerbes geraten aus dem Häuschen, wenn man ihre Existenz erwähnt. Überhaupt, die meisten Menschen fühlen sich durch Erwähnung beleidigt. Sie müssen ja wissen, warum.

Ähnlich wie mit Personen steht es mit Tätigkeiten. Man darf in einem Feuilleton nicht das Klavierspiel, die Spartätigkeit, den Automobilismus, das Skatspiel oder welch menschliche Tätigkeit auch immer behandeln. Auch über Wellensittiche schreibt man besser nicht; kein Zweifel, daß es einen Reichsverband für deutsche Wellensittichzucht gibt, den man sich dadurch zum Feinde macht. Kurz, man darf nichts zum Gegenstand eines Feuilletons machen, woran irgend jemand ein berechtigtes Interesse hat. Die Aufgabe des Feuilletonisten geht vielmehr dahin, heiter und witzig über das zu schreiben, was niemanden interessiert.

Dies ist der Grund, warum unsere Feuilletons so interessant sind.

*

Nun darf man es den Leuten natürlich auch wieder nicht verübeln, daß sie Wert darauf legen, nicht bei ihren Lebzeiten in der Zeitung erwähnt zu werden. Sie wissen schon, was sie tun. Zeitung ist Öffentlichkeit, und Öffentlichkeit ist Gefahr. Wer sie meidet, fährt besser. Bene vixit, qui bene latuit.

Es gibt Leute, die gern darauf hinweisen, daß ihr Leben vor aller Augen liegt, daß sie nichts zu verbergen haben, usw. Diese Leute sind entweder Heuchler oder Trottel. Jeder anständige Mensch hat etwas zu verbergen – Gott sei Dank. »Das eigentlich wahrhaft Gute, was wir tun«, sagt Goethe, »geschieht größtenteils clam, vi et precario«. Die Welt wäre auf dem Gipfel der Langweiligkeit angekommen, wenn keiner mehr etwas zu verbergen hätte.

Und sei es sein Familienleben ... Wir haben ja soeben schaudernd miterlebt, wohin es führt, wenn man sich darauf einläßt, ein Mann der Öffentlichkeit zu werden. Der arme Lindbergh war dazu ausersehen, alle Neugierigen für immer zu warnen. Die Geschichte dieses bedauernswerten großen Mannes, der bei Nacht und Nebel der Nation entfloh, deren Heros er war, um in einem fremden Lande wieder ein Unbekannter zu werden, ist eine der tiefsten und nachdenklichsten Legenden, die unsere Zeit gedichtet hat. Es sollte uns nicht wundern, wenn über Lindberghs Flucht noch Zeiten raunen würden, die über seinen Ozeanflug längst die Achseln zucken.

Ja, so mußte es kommen. Kennt man noch die Grammophonplatte, die seinerzeit von Lindberghs Empfang in New York aufgenommen wurde? Der Schrei der Masse, der darauf festgehalten ist, ist das entsetzlichste, das furchterregendste menschliche Dokument, das irgendeine Grammophonplatte der Welt aufbewahrt. Die Masse, wie oft soll man es wiederholen, ist ein Raubtier. Ihre Umarmung ist lebensgefährlich. In jenem Augenblick, als Lindbergh, heimgekehrt und hutschwenkend, in New York landete, begann er ein weit schrecklicheres Abenteuer, als es sein Flug gewesen war. Den hatte er spielend gemeistert. Vor dem, was danach kam, ist er jetzt, nach furchtbaren Opfern und Verlusten, einstweilen entflohen.

Einstweilen. In der Filmwochenschau sah man kürzlich, wie Lindbergh in England empfangen wurde: von einer Armee von Reportern und Photographen, und von einer gewaltigen Menschenmenge, die schrie.

Beten wir zu Gott, daß das diesmal gut ablaufen möge. Und verzeihen wir den Leuten, die grobe Briefe schreiben, wenn man sie vor ihrem Tode in der Zeitung erwähnt.

Jene historische Linie, die vom Fetischismus der Primitiven über die Reliquienverehrung des Mittelalters und den Autographenkult der Bildungszeit zum Autogrammfimmel der Gegenwart führt, hat sich eben hiermit wieder bedenklich in die Niederungen ihres Quellpunkts herabgesenkt. Der Autographensammler, der ein Vermögen an das Urmanuskript der Matthäuspassion wendet und fromm das Papier aufhebt, auf dem Goethes Hand ruhte, als er an Frau von Stein schrieb, ist keine ganz verächtliche Figur, er hat noch eine lebendige Beziehung zur Welt der Bildung und der Humanität – so wie der gläubige Verehrer einer Reliquie auf seinem absonderlichen Wege doch zu Gott strebte. Was aber unterscheidet den Autogrammfexen, der mit dumpfem Eifer die Namenszüge von Box- und Filmgrößen zusammenträgt, von dem Urwaldbewohner, der sein Seelenheil für Murmeln und leere Konservendosen verkauft? Um den Zettel, auf den Goethe Wanderers Nachtlied schrieb (das erste), weht ein Unsterblichkeitshauch; um die Klaue der Diva, die zu Reklamezwecken zweihundertfünfzigmal täglich ihren Namen niederschreibt, weht gar nichts. Wer Autogramme sammelt, verdient nichts Besseres. Wer Autogramme gibt, macht sich verdächtig.

Solche und ähnliche Gedankengänge mögen es sein, die G. Bernard Shaw zu dem Entschlusse bewogen haben, alle seine früher gegebenen Autogramme durch Mittelsmänner zurückkaufen zu lassen.

Schon früher war er kein ganz zuverlässiger Autogrammgeber; die Geschichte ist alt, daß er einem Autogrammjäger eigenhändig schrieb: »G. B. S. gibt keine Autogramme. Smith, Sekretär« und sich mit teuflischer Freude an dem Gedanken weidete, wie der Enttäuschte das kostbare Schriftstück in den Papierkorb werfen würde. Nun aber hat er es sich gründlich überlegt, gibt auch unter dem Namen Smith keine Autogramme mehr und zieht die früher gegebenen ein, wie andere Dichter schamvoll ihre unreifen Jugendwerke zurückkaufen, um sie einstampfen zu lassen.

Aber indem wir dies niederschreiben, stocken wir. Wird er sie wirklich einstampfen lassen? Sollten ihn nicht, wenn sich Hunderte und Tausende von Zetteln, Postkarten und Büchern mit seinem berühmten Namenszug auf seinem Schreibtisch sammeln, Hemmungen überkommen, einen solchen Besitz zu vernichten? Ja, wird nicht plötzlich das Fieber des Autogrammsammlers ihn selber packen, und wird er etwa gar eines Tages die Welt mit einer Ausstellung der größten Autogrammsammlung von G. B. S. überraschen?

Innenseite. Englische Miniaturen

I. Die Religion des Geldes

Ich schätze mich glücklich, daß meine erste Tätigkeit in England darin bestand, ein Akkreditiv einzulösen. Man kann mit keiner besseren Beschäftigung anfangen, wenn man dieses Land kennenlernen will. Wer in London ins Bankenviertel geht, geht in medias res. Wenn er es mit den geschärften Sinnen des Ankömmlings tut, hat er eine großartige Chance: die Chance, dem unsichtbarsten, abstraktesten Gott dieses Landes leibhaftig zu begegnen.

Dieser Gott ist das Geld, das englische Geld; das altheilige Pfund Sterling mit seinem mystischen Zeichen: £.

Damit wir uns nicht mißverstehen: Es ist selbstverständlich nicht der einzige Gegenstand, der hierzulande heiliggehalten wird. Die religiöse Landkarte Englands ist sehr bunt. England ist aufrichtig fromm, es dient Gott eifriger und mannigfaltiger als fast alle Länder des Kontinents. Aber es baut auch dem Pfund seine Tempel und Altäre. Mit seinem angeborenen Sinn für Vermittlung und Kompromiß versucht es das alte Problem zu lösen, wie man zugleich Gott dienen könne und dem Mammon.

Kürzlich warb hier irgendeine Bank oder Versicherungsgesellschaft in allen Zeitungen mit einem Inserat, in dem das Kartenbild der Insel England zu einem gewaltigen £-Zeichen umstilisiert war (es ging übrigens erstaunlich leicht). Dies Inserat war ein voller Erfolg: Es traf die englische Seele an einer ihrer begeisterungsfähigsten Stellen. Der Engländer, der seinen sozialen Rang bezeichnen will, sagt gern stolz und freimütig: »Ich bin ein 500-£-Mann.« Es macht ihm ausgesprochene Freude, seine Person mit dem Begriff Pfund Sterling in irgendeinen Zusammenhang zu bringen. Eine der verbreitetsten Zeitungen begann ihre Notiz über den 74. Geburtstag des Erzbischofs von Canterbury mit den Worten: »Cosmo Gordon Lang, 1500-pounds-a-year-archbishop of Canterbury...« Eine Kennzeichnung, die in englischen Ohren ungefähr so klingt, wie in deutschen: »Professor XY, Dr. phil., Dr. med. h.c., wirklicher geheimer Rat, Ritter hoher Orden.«

Denn Geld ersetzt hier Abstammung, Rang, Titel, Bildung, Berühmtheit. Reichtum adelt. Das ist ganz wörtlich zu verstehen: Ist man schon jemals einem armen Lord begegnet? Arme Großfürsten und arme Barone laufen in Europa zu Hunderten herum, aber arme Lords gibt es nicht. Diese auffallende Tatsache hat einen ziemlich einfachen Grund. Er hängt damit zusammen, daß von den englischen Lords nur ein gewisser Teil seinen Titel den Taten eines Ahns in den Kreuzzügen verdankt, ein anderer, beträchtlicher Teil aber eigenen Taten in der Auto- oder Nachrichtenindustrie oder auch einfach im Bankwesen. Wenn die englische Gesellschaft die Bank- und Zeitungslords als Gleichberechtigte aufnimmt, dann nicht etwa wegen ihrer Tüchtigkeit – gegen Tüchtigkeit besteht hier offener Abscheu –, sondern einfach aus tiefgefühlter Ehrfurcht vor der großen Pfundsumme, die sich in ihnen verkörpert.

Nun hüte man sich aber, hier von Materialismus zu sprechen! Das Gegenteil wäre angebracht. Die Heiligung des Geldes umkleidet selbst die Geschäfts- und Verdienstatmosphäre mit einem gewissen ritterlichen Idealismus; sie befördert – neben anderen – die Ehrlichkeit, die Großzügigkeit und die Wohltätigkeit. Manchmal äußert sie sich freilich in grotesken Zügen; zum Beispiel in der feierlichen Unbeirrtheit, mit der die englischen Gerichte seinerzeit die

Aufwertung ablehnten, übrigens auf Grund eines Urteils aus dem Jahre 1602; sie konnten eben einfach nicht verstehen, daß das Heiligtum unter Umständen seine Kraft verlieren kann. Aber das hat auch seine großartige Seite. Man denke nur an das oft kopierte und nie erreichte Wunder der Pfundabwertung: Wie ein Mann stand die Nation zu ihrem ramponierten Gott, alle Preise hielten, und England war gerettet – es wußte selbst nicht, wie. Auf dem Kontinent sagte man: Disziplin. Wie unenglisch! Der richtige Ausdruck wäre gewesen: Religion.

Im übrigen braucht man das englische Geld nur anzusehen, um zu merken, daß hier etwas Besonderes los ist. Es hebt sich schon äußerlich glänzend ab von anderen, gewöhnlichen Geldarten, die keine religiöse Verehrung genießen.

Die deutschen Geldscheine z. B. sind sachlich, trübfarben und langweilig. Man spürt sofort, sie sind das Geld einer Nation, die kein rechtes Verhältnis zum Gelde hat und bei der es als ausgesprochen genierlich gilt, überhaupt von Geld zu sprechen.

Französische Geldscheine wiederum haben etwas Unsolid-Verlockendes; ihr Papier macht ein raschelndes Geräusch wie seidene Unterwäsche, und nackte Musen, Weltkugeln und Putten sind wollüstig darauf abgebildet. Man denkt bei diesem Geld sofort an alle die Vergnügungen, die man sich dafür kaufen kann, und hat auch gleich ein dunkles Vorgefühl, daß es wahrscheinlich demnächst abgewertet wird.

Anders das englische Geld. Englisches Geld hat etwas Ehrfurcht-, ja Furchteinflößendes. Und zwar nicht so sehr der Mittelstand des Geldes, die Münzen und Scheine von Sixpence bis zu einem Pfund. Der Mittelstand gleicht sich überall, und auch beim englischen Geld hat er keine besonderen Kennzeichen. Aber ganz unten und ganz oben, da wird es ungeheuerlich!

Der englische Penny macht, rein äußerlich, den Eindruck eines kleinen Vermögens. Er ist die größte aller Münzen, ein halbes Dutzend von seiner Gattung sprengt jedes Portemonnaie, und er trägt mit Stolz das Bild des Herrschers. Es ist ein Penny, der einem geradezu in die Ohren schreit, daß, wer ihn nicht ehre, des Pfundes nicht wert sei, und der einen schlechterdings physisch zwingt, ihn dreimal umzudrehen, ehe man ihn ausgibt. Man glaubt ohne weiteres, daß so ein Penny der Grundstock großer Vermögen gewesen ist (einem deutschen Groschen oder einem französischen Centime traut man es trotz aller Beteuerungen niemals so recht zu). Ganz deutlich spürt man den sittlichen Halt, den so ein Pennystück den ärmeren Volksschichten dieses Landes geben muß. Wagt man es doch selber kaum, ihn achtlos in den Telefonautomaten zu werfen!

Und während hier, auf der untersten Stufe, das Geld seine Macht mit der brutalen Gewalt eines Kanonenschusses manifestiert, gewinnt es in den höheren Regionen eine stille, schweigend-geheimnisvolle, andeutende und einweihende Vornehmheit, auf die der Empfänger fast mit einem schüchternen »Zu viel Ehre« antworten möchte. Die Zehnpfundnote sieht gar nicht mehr wie eine Geldnote aus, sondern wie die Mitgliedskarte eines exklusiven Klubs – was sie in gewissem Sinne ja auch ist. Sie ist einfach auf weißem Papier gedruckt, dessen Rückseite frei ist. Keine komplizierte Grundierung, keine Vorkehrungen gegen Fälschung (oder gar, wie auf deutschen Geldscheinen, ein drohender Abdruck der Strafbestimmungen für Geldfälscher). Fälscher! So etwas Gemeines gibt es in diesen Sphären überhaupt nicht mehr. In schlichten, wohlgesetzten Worten, wenn auch in kalligraphisch-schwungvollen Lettern teilt hier die Bank von England dem Inhaber gewissermaßen privat und unter vier Augen mit, daß sie sich glücklich schätzen würde, ihm zehn Pfund zu zahlen. Die Note sagt: »Zehn Pfund? Aber gewiß doch! Reden wir gar nicht darüber!« Sie vermittelt ein Gefühl von Aufgenommensein, von nie endendem Kredit, von Gemeinde der Heiligen, Erlösung und ewiger Seligkeit ... Sie unterscheidet sich von gewöhnlichem Geld wie Himmelsmanna von gewöhnlichem Brot. Sie strahlt einen unsichtbaren Heiligenschein aus.

Wer aber immer noch zweifelt und alles für Phantasie und Übertreibung hält, der tue es mir gleich und gehe, frisch angekommen, vorurteilslos und mit einem Akkreditiv in der Tasche, ins Londoner Bankenviertel: Dort wird er mit Augen sehen.

Wenn man die Straßen nördlich von London Bridge entlangstreift, rechts und links beschirmt und bedräut von den festungsartigen Palästen der großen Bankfirmen, meint man zuerst, hier sei gerade irgendein großes Begräbnis in Vorbereitung: So vielen Leuten mit Zylindern und mit feierlich-ernsten Mienen begegnet man. Erst allmählich wird einem klar, daß diese Leute einfach Kassenboten sind. Die Zylinder und die Feiergesichter tragen sie zu Ehren des heiligen Stoffes, der in ihren Aktentaschen ruht. Sehr bald hat man heraus, daß das Gehaben dieser Männer in all und jedem an das der heimischen Kirchendiener erinnert, und in merkwürdiger Übereinstimmung haben denn auch die Börsenbesucher, die etwas später, ebenfalls zylindergeschmückt, wenn schon in freierer und weltlicherer Haltung, diese Straßen bevölkern, etwas Priesterliches an sich. Feist oder dürr, aber immer überaus fest, würdig und selbstgewiß, erinnern sie zwar nicht an protestantische Pastoren, eher schon an einen gewissen Typ weltläufiger Bischöfe und Äbte, noch mehr aber an römische Pontifices; ja, sogar von jenem Lächeln, das die Auguren, wenn sie sich auf dem Forum begegneten, nicht unterdrücken konnten, ist mitunter eine deutliche Spur auf ihren kernigen Gesichtern zu entdecken.

Betritt man dann die heilige Halle eines der großen Bankgebäude, so wird die geistliche Atmosphäre vollkommen. Dämmerlicht, leises Summen und gedämpfte Sprache, hohe, nach oben verdämmernde Konturen; man ist im Innern einer Kuppel. Alles ist dazu angetan, gleichzeitig zu bedrücken und zu erheben. Die undeutliche Riesenhaftigkeit des Raumes läßt die eigene Nichtigkeit empfinden und zugleich die gewaltige Nähe einer höheren Macht. Schmucklose Holzbänke laden zu Buße und harter Rast; gewaltige Schreibtische mit altertümlichen Tintenfässern stehen wie Altäre herum; und wie in eine Beichtzelle tritt man an einen der glasverkleideten Schalter, hinter denen dünnlippige Männer mit den Mienen allesdurchschauender, ehrbarer Eingeweihtheit die höheren Geheimnisse verwalten.

Es ist fast enttäuschend, daß man dann sein Geld fast ebenso glatt und bereitwillig ausgezahlt bekommt wie in anderen Teilen der Welt; man wäre auf schwierige Prüfungen und Riten gefaßt gewesen. Aber der Anblick des Geldes macht alles wieder gut. Ja, er zwingt den Empfänger beinahe automatisch in die Gemeinde hinein. So ein Geld gibt es auf der ganzen Welt nicht wieder!

II. Ein Mysterium

Jeder Engländer – aber das würde vielleicht noch nicht viel sagen, also: Nicht nur jeder Engländer, sondern jeder, der eine Weile in England gelebt hat, behauptet mit tiefer Überzeugung, daß das Leben in England das besteingerichtete, komfortabelste, anheimelndste, bequemste, handlichste sei, das man irgendwo auf der Welt vorfinden könne.

Jeder Fremde, der ein paar Wochen versucht hat, dieses Leben kennenzulernen und sich darin zurechtzufinden, erklärt schaudernd, daß es das schwierigste, unübersichtlichste, sonderbarste, verzwickteste und vertrackteste sei, das sich ein Sonderling als Verfassung irgendeiner Phantasiewelt aussinnen könne.

Dann staunt der Einheimische, lächelt höflich und gibt zu verstehen, daß er so eine Meinung überhaupt nicht verstehen könne.

Darauf rafft der Fremde all seinen Mut und all sein Material zusammen und bricht in eine lange anklagende Klage aus. So etwa wird sie sich anhören:

Über dem ganzen englischen Alltagsleben steht mit Flammenschrift geschrieben: Warum einfach, wenn es auch kompliziert geht! Die einfachsten und alltäglichsten Vorgänge verwandeln sich hier in schwierigste Denksportaufgaben.

Der Straßenverkehr zum Beispiel. Es wird links gefahren, gut. Der Kontinentler wird es zwar im tiefsten Grunde seines Herzens nie verstehen, wie man links fahren kann – man ißt und schreibt ja schließlich auch nicht links – aber gut, es sei so. Aber: Es wird rechts geparkt, und zum Parken wird rechts herangefahren. Warum in aller Welt? Aus reiner Freude an der Ausnahme und an der Kompliziertheit! Ein anderer Grund ist nicht auszudenken.

Da wir vom Parken sprechen: Parkplätze sind überall ein notwendiges Übel. Wo aber außer in England ist wohl schon jemand auf die Idee verfallen, daß in manchen Straßen nur an den graden Tagen des Monats, in anderen nur an den ungraden Tagen geparkt werden darf! Als ich es zuerst hörte, hielt ich es für einen skurrilen Scherz. Aber nein, es ist wirklich so.

Überhaupt die Straßen! Schon ihre Benennung, die anderswo zur Erleichterung der Orientierung dient, wird hier als Gehirn- und Gedächtnisgymnastik mißbraucht. Für das schlichte Wort »Straße« besitzt die englische Praxis vierzehn verschiedene Ausdrücke: Street, Road, Lane, Row, Gate, Gardens, Mansions, Buildings, Crescent, Court, Drive, Grove, Walk, Terrace. Ich bin nicht sicher, daß die Liste vollständig ist, ganz abgesehen davon, daß es daneben natürlich noch Avenue, Park, Place und Square gibt. Sicher aber bin ich, daß der einzige Zweck dieser Häufung von Synonymen ist, den Ungeübten zu verwirren und ihm eine Chance zu geben, sich vierzehnmal zu verfahren, wie er in der Victoria- oder Kings-Street, -Road, -Lane, -Row, -Gate, -Gardens, -Mansions, -Buildings, - Crescent, -Court, -Drive, -Grove, -Walk oder -Terrace eine Verabredung hat. Größere Städte vervielfachen diese Chance noch, indem sie jede dieser Benennungen mehrfach vorkommen lassen.

Wenn man es hiernach aufgibt, sich allein durchzufinden, und zu den öffentlichen Verkehrsmitteln seine Zuflucht nimmt, erlebt man neue Überraschungen. Zum Beispiel sind Autobushaltestellen nur nach Gutdünken markiert, das heißt im allgemeinen überhaupt nicht. Daß hin und wieder doch einmal eine Haltestelle als solche kenntlich gemacht ist, hat anscheinend nur den Sinn, den Ortsfremden in trügerische Sicherheit zu lullen. Die meisten muß er ausschließlich mittels Witterung, Kombination und Ahnungsvermögen ausfindig machen.

Der Eisenbahnverkehr gleicht einem feindurchdachten Lotteriesystem mit Gewinn- und Verlustchancen aller Art. Von Cambridge nach London und zurückzufahren kostet den ganz Uneingeweihten 15 Schillinge; den oberflächlich Eingeweihten, mit einem Monatsbillet, 10 Schillinge. So ähnlich wäre es auch anderswo. Hier aber beginnt es nun erst, interessant zu werden: An zwei Tagen kann man dasselbe Vergnügen weit billiger haben: am Sonntag und am Donnerstag. Am Sonntag kostet es rund 7 Schillinge, aber nur zwischen 2 und 8. Am Donnerstag kostet es gar nur 4 Schillinge, und zwar von halb eins bis zum letzten Zug.

Dafür darf man aber am Donnerstag wieder kein Gepäck mitnehmen; nimmt man Gepäck mit, so schnellt der Preis sofort wieder auf 15 Schilling empor. Außerdem gibt es noch das große Los: An gewissen unberechenbaren Tagen überrascht einen die Eisenbahnverwaltung damit, daß es nur zwei Schillinge und einige Pennys kostet. Die Bewandtnis, die es mit diesen Tagen hat, hat noch kein Sterblicher ergründet.

Nicht besser als mit dem Wandel steht es mit dem Handel. Jede Art von Geschäften hat hier ihre besonderen Ladenschlüsse, und die wundervolle englische Einrichtung des Halfdays – eines Wochentags, dessen Nachmittag wie ein Sonntagnachmittag behandelt wird – ist in unberechenbarerweise über die ganze Woche verstreut. Aber die Regeln sind noch viel schwieriger: Gibt es doch Geschäfte, die beispielsweise montags nach ein Uhr keine Konserven mehr verkaufen, wohl aber alles andere. Da soll sich der Teufel durchfinden.

Im übrigen ist jeder Einkauf schon durch das englische Maß- und Gewichtssystem zu einer Angelegenheit entweder übermenschlicher Gedächtniskräfte oder aber auch des puren Zufalls gemacht. Der gutgläubige Kontinenteuropäer ist immer geneigt zu glauben, die Yards und Miles, die Ounces und Pounds und Bushels gäben nur bei der Umrechnung ins Dezimalsystem so krumme Zahlen, seien aber, wenn man sie unter sich ließe, ganz vernünftige und manierliche Maße. Im Vertrauen: Sie sind unter sich genauso verrückt.

Eine Meile zum Beispiel sind ausgerechnet 1760 Yards, und ein Hundredweight, was hier dem Zentner entspricht, sind trotz der Hundert im Namen justament 112 Pfund. Eine Unze sind 16 Dram, und ein Dram sind 27,34375 Grains. Soviel hierüber. Eine Unze hat im übrigen normalerweise ungefähr 28 Gramm, im Verkehr mit Apothekern aber

31 Gramm, nicht zu reden von der Fluid ounce, der Unze Flüssigkeit, die wieder etwas ganz anderes ist. Ein Stone Fisch sind 14 Pfund, ein Stone Fleisch aber 8 Pfund – ausgenommen übrigens, wie man mir gesagt hat, Pferdefleisch. Aber hierfür will ich mich nicht verbürgen.

Genug, dem verzweifelnden Fremden bleibt nur der Trost in der Flasche. Aber selbst hier verfolgt ihn die Kompliziertheit des englischen Lebens: Er bekommt seinen Alkohol nicht vor zwei und nicht nach sechs oder auch umgekehrt, er bekommt das Bier nicht dort, wo er die Bratwurst bekommt, und den Schnaps nicht dort, wo er das Bier bekommt, und wenn er wirklich alles endlich hat, kommt der Kellner und nimmt ihm mit einem »Sorry« das Glas vom Munde weg, weil gerade die Stunde geschlagen hat, in der in diesem Lande in der Öffentlichkeit kein Alkohol getrunken werden darf.

So ist das mit der Handlichkeit des englischen Lebens, und ich weiß auch, warum es so ist und was daran schuld ist und was sich darin austobt. Das ist der englische Sportgeist! Dem Engländer ist das Leben ein Sport und der Sport ein Vorwand zum Erfinden von Spielregeln. Die Spielregel beherrscht den Sport in England und das Leben in England, sie herrscht so eisern wie anderswo das Gesetz, und ihre Herrschaft ist grausamer als die des Gesetzes, denn das Gesetz ist erforschlich, die Spielregel aber ist unerforschlich. Ich weiß, in Deutschland steht an jeder zweiten Ecke eine Verbotstafel, und in England gibt es keine Verbotstafeln; dafür ist es aber in England an der Stelle, wo in Deutschland »Rauchen verboten« stehen würde, stillschweigend ausgemacht, daß an ungraden Tagen, die kein Dienstag oder Sonnabend sind, zwischen ein und sieben Uhr nachmittags Personen ohne Kopfbedeckung sowie Hundebesitzer nicht rauchen dürfen. Es lebe die Verbotstafel!

So spricht der Fremde, bis in diese Siedehitze hat er sich hineingeredet. Und wenn er so lange gesprochen hat, lächelt der Eingesessene sein feines, überlegenes Lächeln, das er den Engländern abgeguckt hat, und sagt: »Bleiben Sie nur eine Weile hier, und Sie werden sehen, daß das Leben hier wirklich das besteingerichtete, komfortabelste, anheimelndste, bequemste und handlichste Leben ist, das es gibt.«

Und dann geschieht ein Wunder.

In dem Maße nämlich, in dem der Fremde anfängt, sich in einen Eingesessenen zu verwandeln, verwandelt sich alle Kompliziertheit wirklich in eitel behaglichen Komfort. Schon erfüllt es ihn mit besonderem Wohlbehagen, zu wissen, daß bei dem Garten mit den zwei Pappeln der Autobus hält – nicht für jeden Hergelaufenen, wohl aber für ihn, den Wissenden. Schon macht es ihm ein spielerisches Vergnügen, zu berechnen, daß er heute nicht in der Victoria-Road, sondern in der Victoria-Lane parken muß, weil ja natürlich ein ungerader Tag ist. Schon reibt er sich die Hände bei dem Gedanken, daß er gerade noch vor sechs zum Weingeschäft zurechtkommen wird, und trägt die Flaschen davon mit dem behaglichen Gefühl des Mannes, der sich für eine lange Belagerung eingedeckt hat. Schon sagt er zu dem noch Ortsfremderen: »Ja, wie können Sie aber auch nicht wissen, daß es Montag von 11 bis 4 kein Kalbfleisch gibt!«

Und was es nirgendwo anders gäbe: Ein stolzes, gemütliches, zufriedenes Gefühl durchwärmt ihn beim Gedanken an all diese Dinge. Wie gut ist die Welt rings um ihn eingerichtet, wie handlich, wie anheimelnd, wie bequem!

Hier hat sich ein Mysterium vollzogen. Es ist eins von den Mysterien Englands.

Kinder-Ehen

Ein alter Brauch in Indien – und ein moderner Unfug in Amerika

Der normale Mitteleuropäer macht sich über Kinderehen im allgemein nicht viele Vorstellung und noch weniger Gedanken. Gibt es so etwas überhaupt? Jedenfalls höchstens »hinten weit in der Türkei« – bei irgendwelchen seltsamen Primitiven mit unaussprechlichem Namen, an denen die Reiseschriftsteller ihr Brot verdienen!

Sieht man genauer hin, dann ist die erste Vorstellung, wie meistens, falsch. Die Kinderehe ist, man kann ruhig sagen: ein weltweites Problem. Sie beherrscht Asien – insbesondere Indien; kaum ein Drittel aller Brahmanentöchter ist mit zehn Jahren noch unverheiratet, und das trotz strenger Verbote und großzügiger Aufklärungsfeldzüge der englischen Verwaltung. Aber auch in weiten Gebieten Chinas und der Mongolei ist es heute wie früher üblich, daß Eltern ihre Kinder im zartesten Alter mindestens verloben, noch lieber aber – sicher ist sicher – gleich verheiraten. Nun ja, Asien ist immerhin weit; aber nun rückt uns der Tatbestand auf der Landkarte schon näher: Bei manchen südrussischen Völkern, ja bis nach Bulgarien und in die Karpathen hinein, besteht unter den Bauern unausrottbar ein eigentümlicher Brauch, der *»snochacestwo«* heißt: Der Bauer verheiratet seinen Sohn im Alter von acht bis zehn Jahren mit einem Mädchen, das zehn bis fünfzehn Jahre älter ist – und gewinnt so eine Schwiegertochter und eine tüchtige und kostenlose weibliche Arbeitskraft im Hause! Im übrigen werden die ehelichen Rechte des allzu jungen Ehemannes vertretungsweise durch seinen Vater wahrgenommen; die Kinder aber gelten als Kinder des Sohnes, und der junge »Vater« wäre der letzte, der etwas dabei fände ... Das sind also schon Kinderehen mitten in Europa. Und wie ist es bei uns selbst, wenn wir ein wenig in die Vergangenheit blicken? Die heilige Elisabeth – das ist nicht Heiligenlegende, sondern Geschichte! – war vier Jahre alt, als sie dem elfjährigen Landgrafen Ludwig von Thüringen angetraut wurde, und das fiel keineswegs besonders aus dem Rahmen; bis tief ins 18. Jahrhundert hinein war es so gut wie selbstverständlich, daß fürstliche Kinder verlobt und verheiratet waren, lange, ehe sie ins heiratsfähige Alter kamen. Jetzt freilich schließt das deutsche Familienrecht derartiges aus. Aber wie steht es rund um uns, bei Völkern unserer Zivilisation?

Im Augenblick ist in Amerika die öffentliche Meinung in größter Erregung darüber, daß es mitten im »Gods own Country« Kinderehen gibt – und offenbar keine Handhabe, sie zu verhindern. Ein besonders toller Fall hat sich in Tennessee ereignet – dem Staate übrigens, der vor rund zehn Jahren durch den »Affen-Prozeß« schon einmal von sich reden machte. Dort hat ein zweiundzwanzigjähriger baumlanger Bergmann ein neunjähriges Mädchen geheiratet, rechtsgültig und in aller Form. Das Eherecht ist in USA eine Angelegenheit der einzelnen Staaten, und siehe da, das Gesetz von Tennessee kennt kein Mindestalter für Heiratslustige. Das war so etwas für die amerikanische Presse! Das Bild der jungen Ehefrau war ein paar Tage lang überall zu sehen; im Arm trug sie die Puppe, die sie als Hochzeitsgeschenk bekommen hatte; und ihr Befinden und ihre Gefühle – »Lieben Sie Ihren Mann, gnädige Frau?« – waren fast so interessant wie die der kanadischen Fünflinge.

Wenn man zu Schadenfreude neigte, könnte man an Sprichwörter wie das von der Grube, die man anderen gräbt, denken. Gerade Amerika muß es mit dem Problem der Kinderehe zu tun bekommen! War es nicht gerade Amerika, dessen mächtige Frauen-Organisationen unter Vorantritt einer berühmten Journalistin vor einigen Jahren die Aufmerksamkeit einer entrüstungsbereiten Welt auf die indischen Kinderehen lenkten? Nicht nur Inder, selbst Engländer nahmen sich damals der so heftig angegriffenen alten indischen Sitte an. Sie wiesen vor allem darauf hin, daß der schwerste Vorwurf, der gegen die indischen Kinderehen erhoben wurde, sie gar nicht traf: Diese Ehen werden so gut wie nie vollzogen, bevor die Eheleute erwachsen sind. Ehe man über solche fremden Einrichtungen urteilt, sollte man sie verstehen. Die Kinderheiraten der Asiaten versteht man nicht, wenn man die Begriffe von Ehe und Familie, die wir Europäer ausgebildet haben, gedankenlos auf ganz andere Lebensformen überträgt. Die abendländische Eheauffassung war und ist noch heute im wesentlichen individualistisch (auch die erbbiologischen Gedanken, die sie neuerdings umwerten, ändern kaum etwas an der Grundkonstruktion): Die Hauptpersonen der Ehe sind die zwei Menschen, die ihr Leben miteinander verbinden; die kleine Familie, die sie mit ihren Kindern eine Weile bilden, ist kurzlebig. Sie besteht als wirkliche Gemeinschaft nur so lange, bis die Kinder erwachsen sind und »ausfliegen«, um eigene Familien zu gründen. Europa denkt in Einzelmenschen, Asien aber denkt in Familien. Die gewaltige, große, unsterbliche, das ganze Leben umschließende und regelnde Familie entläßt ihr Kind nie – auch nicht, wenn es erwachsen wird, heiratet, selbst Kinder zeugt. Wenn eine neue Ehe geschlossen wird, so ist das nicht so bedeutsam als persönliche Verbindung zweier Menschen wie als Verbindung zweier Familien. Jede Ehe ist ein Akt kluger, weitschauender Familienpolitik; unmöglich kann sie der Willkür und der launischen Liebe eines jungen Mannes überlassen bleiben. Und ist es da nicht klug, die Kinder, die doch im wörtlichsten Sinne »füreinander bestimmt sind«, so früh zu verheiraten, daß sie nie auf den Gedanken kommen, es könnte anders sein? Die aristokratischen indischen und chinesischen Familien, die unbeirrt an der Kinderehe festhalten, denken nicht anders als die fürstlichen Familien des alten Europa ... Und jetzt wird auch verständlich, warum in Europa gerade regierende Familien und nächst ihnen am ehesten bäuerliche Kreise auf die Idee der Kinderheiraten gekommen sind: Die Kinderheirat liegt überall da nahe, wo die Familie stärker ist als der einzelne. Wo eine Heirat, wie bei Fürsten, einen Krieg oder, wie bei Bauern, einen generationenlangen Prozeß ersparen oder beenden kann, da wird die Heirat wesentlicher als die Heiratenden – und Kinder, die noch keinen eigenen Willen und keine Selbstbestimmung haben, werden die geeignetsten Heiratskandidaten.

Damit sind die neueren amerikanischen Kinderheiraten freilich nicht zu verwechseln. Ehen wie die aus Tennessee sind gefährlicher Unfug. Und sie stehen nicht vereinzelt da. Augenblicklich sollen in USA über 6000 Kinderehen bestehen, bei denen der eine oder der andere Partner noch nicht 15 Jahre alt ist. Daß solche Verbindungen drüben überhaupt zustande kommen, erklärt sich aus dem Mangel einer zentralen Ehe-Gesetzgebung, dann aber auch aus der gewissen Nachlässigkeit, mit der die Amerikaner so unbequeme Einrichtungen wie Legitimationspapiere und ähnliches gern behandeln. Es ist daher in den Staaten verhältnismäßig leicht, mit einer falschen Altersangabe auch bei den Behörden durchzuschlüpfen. Deswegen wird auch die neuerdings erstrebte einheitliche Gesetzgebung vielleicht noch nicht ausreichen, um den Unfug zu beenden. Und dazu kommen noch andere Schwierigkeiten: Nicht immer, wenn Zwölfjährige heiraten, braucht es sich um eigentliche »Kinderehen« zu handeln. Die Rassen reifen verschieden schnell, und mancher Fall, der sensationell aufgebauscht wird, verdankt seine traurige Berühmtheit nur dem Zufall, daß hier zwei Angehörige frühreifer Rassen inmitten einer später reifenden Rassenumwelt zusammengefunden haben. Romeo und Julia waren vierzehn Jahre alt ... Die Völker der USA umfassen so ziemlich alle Rassen der abendländischen Welt. Es wird nicht leicht sein, für sie gemeinsame Regeln zu finden, die gleichzeitig streng und elastisch genug sind – es sei denn, man griffe auf die Weisheit des Islams zurück, der für die Ehe kein Mindestalter, sondern einfach Reife verlangt.

Hier wird schnell geheiratet!

Heiratsparadies und Scheidungsmühle

Wenn man mit dem Wagen von New York nach Washington fährt, so passiert man unweit des äußersten Nordzipfels der großen Chesapeake-Bucht in einer lieblichen, waldreichen Landschaft ein nettes Städtchen. Hier ist ältestes Siedlungsgebiet von USA. Das warme Klima lockt ins Freie. Hier ist man den Lebensfreuden mehr zugetan als im kalten, puritanischen Nordosten. Dennoch würde man wahrscheinlich an Elkton achtlos vorüberfahren, würde die Straße nicht unvermittelt scharf nach rechts abbiegen und stünde an diesem Knick nicht eine große Reklametafel, die nachts von riesigen Scheinwerfern angestrahlt wird: *»Hier wird getraut! Pfarrer am Platz! Bitte einfahren!«*

Wieviel Paaren ist dieses Schild schon zum Schicksal geworden! Solchen, die wußten, was sie in Elkton finden würden, und anderen wiederum, die durch die zahllosen ähnlichen Schilder im Städtchen überrascht worden sind.

Hält man – unverheiratet und zu zweit – den Wagen an, so ist es beinahe schon geschehen. Ehe man sich versieht, steht man einem Herrn im schwarzen Rock gegenüber, wie ihn die Prediger hierzulande tragen. Er wohnt in einem traulichen Landhaus, und es gehört zu Elktons Romantik, daß sich das entscheidende Gespräch in einer Rosenlaube abspielt.

»Sie wollen heiraten? Ja, das ist schnell zu machen.« In seinem Wagen fährt der Prediger das junge Paar die wenigen hundert Meter ins Stadtzentrum, wo sich das Gerichtsgebäude aus den Kolonialtagen Marylands erhebt. Die dicken Mauern bergen Kühle, und im Registrieramt waltet der Grafschaftsbeamte seines Amtes. Es ist dunkel hier, und wenn man aus der Helligkeit der Sonne Marylands tritt, dauert es einige Augenblicke, ehe man im Hintergrund die gewaltigen Stahlschränke entdeckt, die vom Boden bis unter die Decke reichen: Registrier- und Karteischränke letzter Konstruktion. Nur ein Massenbetrieb kann diese teuren Anlagen rechtfertigen. Federhalter liegen bereit, Formulare sind ausgebreitet, der Antrag ist in wenigen Minuten ausgefüllt und geht nun in die Akten-Ewigkeit ein. Jetzt ist dem Gesetz Genüge geleistet, das im Staate Maryland bestimmt, daß Heiratslizenzen ohne Wartezeit, ohne Aushang, ohne Personalausweis an jeden, der darum bittet, ausgestellt werden. Und da eine standesamtliche Trauung nicht erforderlich ist, wenn eine kirchliche Trauung stattfindet, so kann nun der freundliche Prediger am Kamin seines schönen Hauses seines Amtes walten.

Ein Handgriff verwandelt einen Schrank in einen Altar, der noch von der letzten Trauung her im Blumenschmuck prangt und Festlichkeit ausstrahlt, und hin und wieder wundert sich ein junges Paar vielleicht, daß sogar noch die Kerzen brennen. Aber auf Elktons Traualtären brennen Tag und Nacht die Kerzen.

Diese Leichtigkeit, zu heiraten, macht Elkton zum Wallfahrtsort aller romantischen Paare und Ausreißer von USA. Im Durchschnitt bringt der Tag etwa 35 Eheschließungen. Das gibt im Jahr elftausend bis zwölftausend Ehen. Die kleine Stadt mit ihren 3000 Einwohnern lebt einzig und allein vom Heiraten. Andere amerikanische Städte leben von der Industrie oder von der Landwirtschaft; Elkton lebt vom Glück junger Menschenherzen. Selbstverständlich erhält der Herr Prediger eine angemessene Gebühr für seine Bemühungen. Zwanzig gute Dollar sind das mindeste. Die

Pfarrer von Elkton haben nämlich kaum andere Einkünfte als die Trauungen, aber das ist nicht schlimm, denn Paare, die in Elkton heiraten, sind selten knickerig. Für seine geringe Einwohnerzahl besitzt Elkton unverhältnismäßig viele und geradezu großstädtische Juweliergeschäfte. Der schönste Laden liegt dem Gerichtsgebäude gegenüber, und vom Schaufenster des Juweliers aus kann man, gewissermaßen schon mit dem bloßen Auge, die Entwicklung der Heiratsstatistik von Elkton verfolgen. Und von diesen Fenstern aus beobachtete auch der Juwelier, der Mann, der die meisten Trauringe und Hochzeitsangebinde Elktons verkauft, das Heranwachsen eines Skandals, den Elkton, dieses glückliche Tal der Seligkeit, heute noch nicht überwunden hat.

Es war vor nicht langer Zeit, da kam ein siamesisches Zwillingspaar in den Ort, gefolgt von den Habichten der Presse mit Notizblock und Bleistift, Kamera und Blitzlicht, Tonaufnahme und Kurbelkasten. Einer der Zwillinge wollte sich trauen lassen. Allerorts abgewiesen, war dieses arme Geschöpf auf den Gedanken gekommen, die einsichtigen Traupfarrer Elktons zu bemühen. Selbstverständlich war einer der Herren bereit. Jeder von ihnen wäre bereit gewesen. Aber die anderen witterten sogleich: Hier drohte eine Sensation, die Elktons Ruf auf das schwerste gefährden würde. Und es entstand ein Kampf der Meinungen, wie er in diesem friedlichen Städtchen wahrscheinlich seit dem Bürgerkrieg nicht erlebt worden ist. Schließlich zog sich das Registrieramt aus der Affäre, indem es einfach versagte; es überließ die Entscheidung dem Obersten Gerichtshof des Staates Maryland. In Elkton aber saßen die siamesischen Zwillinge mit der Braut und warteten. Und die Herren Berichterstatter fotografierten indessen die Stadt von innen und von außen: die Siamesen im Registrieramt, umschlungen vom Registrierbeamten, die Herren der Traugilde in ihren schönen Landhäusern, im Schaukelstuhl auf der Veranda, im Hintergrund die Nachtglocke, bei Dunkelheit beleuchtet... Als nach drei Tagen vom Obersten Gerichtshof noch immer keine Antwort vorlag und die Stimmung sich in Elkton keineswegs zugunsten der Siamesen umgestellt hatte, taten diese das einzig Richtige: Sie fuhren ab, ohne verheiratet zu sein. In den drei Tagen aber hatten die Habichte der Presse und des Films ein vollkommenes Bilderbuch von Elkton entworfen, und da erfuhr nun plötzlich die Welt, wie es wirklich in Elkton aussah.

Da stellte man zunächst einmal fest, daß die Stadt zwar mit einem Panorama von Reklametafeln ausgestattet ist, daß aber in Wirklichkeit nur drei oder vier Traupfarrer vorhanden sind, die das ganze Geschäft an sich gerissen haben. Denn hinter den meisten Reklametafeln und Nachtglocken sitzt gar kein Pfarrer, sondern lediglich ein Zubringer, ein »Runner«. Sie verdienen ihren Lebensunterhalt aus den Provisionen der Pfarrer; aber das sind nicht die einzigen Provisionen, die in Elkton gezahlt werden. Und nachdem das wirtschaftliche Gerippe dieses Hochzeitszentrums so unbarmherzig aufgedeckt war, erlitt Elkton einen erheblichen Stoß in seinem Ruf als romantisches Hochzeitsparadies.

Amerika wäre nicht Amerika, würde das Hochzeitsparadies Elkton nicht durch ein anderes ergänzt, das dies Glück der Ehe durch das Glück der Scheidung zu übertreffen sucht. Genau am entgegengesetzten Ende des Kontinents, gewissermaßen an seinem anderen Pol, liegt Reno im Staate Nevada, die amerikanische »Scheidungsmühle«. Aber Reno ist im Augenblick gerade dabei, seinen Charakter zu ändern.

Seit einiger Zeit überwiegen in Reno die Trauungen gegenüber den Scheidungen, und zwar stehen rund 3000 Scheidungen im Jahre etwa 4000 bis 5000 Trauungen gegenüber. Gerade in allerletzter Zeit aber ist der »Scheidungsmühle« in Reno ein schwerer Nebenbuhler erstanden: Miami im sonnigen Florida. In Miami muß man acht Wochen ansässig sein, will man geschieden werden: in Reno nur sechs Wochen. Dennoch sind durch Miamis Konkurrenz in den ersten Monaten dieses Jahres schon 28 Prozent weniger Scheidungen in Reno ausgesprochen worden als früher, und dadurch tritt das hochzeitliche Element noch stärker hervor.

Reno liegt am Wüstenrande zwischen Hochgebirge und barem Nichts. Wer nach tagelanger Fahrt durch sengende Sonnenglut in Renos Hauptstraße einbiegt, mag sich als Opfer einer Fata Morgana wähnen, so großstädtisch bewegt ist das Straßenbild! Quer über die Hauptstraße spannt sich ein riesiges Schild, von einer Stahlkonstruktion getragen, nachts im Neonlicht erflammend: »Reno, die größte Kleinstadt der Welt!« Daneben elegante Läden, wie sie die Fünfte Avenue in New York oder der Wilshire Boulevard in Los Angeles nicht schöner und geschmackvoller zeigen. Und dann gibt es noch einen Beruf in Reno, der seinen Mann nährt: den Beruf der Tröster. Sie arrangieren Cocktail-Partys, Ausflüge zu Pferde und mit dem Wagen, sie stehen dabei, wenn die Damen nach einer alten Tradition ihren Ehering in den Fluß werfen, und weil das amerikanische *happy end* nicht nur in den Filmen vorkommt, so findet man den Tröster nicht nur als Zuschauer bei den Scheidungsverhandlungen, sondern nicht selten auch zum zweiten Male vor dem Obersten Gericht, wenn er der soeben geschiedenen Dame sein »Ja«-Wort gibt.

Juristische Grenzfälle

Auch Sie *können morgen Richter sein!*

Die Aufgabe des Laien in der Rechtsprechung

Stellen Sie sich, bitte, vor, Sie bekämen morgen ein amtliches Schreiben, in dem Ihnen mitgeteilt wird, daß Sie für vierzehn Tage zum Arzt an der chirurgischen Abteilung des X-Krankenhauses oder zum Vorsteher des Y-Bahnhofs ernannt seien; Dienstantritt in einer Woche ... Ein Alptraum, wie? Nur gut, daß er niemals Wirklichkeit wird! – Nun gibt es aber eine ganz ähnliche Situation, die durchaus jeden Tag wirklich werden kann: Man kann sehr wohl eines Tages ein amtliches Schreiben bekommen, daß man für die und die Sitzungen des Schöffen- oder Schwurgerichts zum Schöffen oder Geschworenen ausgelost ist und an den und den Tagen im Kriminalgericht, Zimmer soundsoviel, sich einzufinden hat. Auch hier wird man über Menschenschicksale, möglicherweise über Leben und Tod, zu entscheiden haben – und auch hier bringt man im allgemeinen so wenig Fachwissen mit wie auf medizinischem oder verkehrstechnischem Gebiet. Doch darauf kommt es hier weniger an.

Das erste Gefühl, wenn man so plötzlich und unvorbereitet zum Richteramt berufen wird, dürfte fast immer ein gewisses Zagen vor der Verantwortung sein. Aber vielleicht ist gerade dieses Zagen vor der Verantwortung nicht die schlechteste Vorbereitung auf das Amt des Laienrichters ...

Ein kompliziertes System

Ursprünglich war die Mitwirkung der Laienrichter in der Strafjustiz sehr eigentümlich geregelt: Auf der unteren Stufe, wo über die leichtesten Delikte verhandelt und geurteilt wurde, wirkten die Laien mit dem Juristen zusammen; ein Berufsrichter bildete zusammen mit zwei Schöffen das Schöffengericht. Auf der mittleren Stufe waren die Laien völlig ausgeschaltet; die Strafkammer bestand nur aus fünf Berufsrichtern. Auf der höchsten Stufe aber fällten die Laien allein die Entscheidung: Zwölf Geschworene hatten im Schwurgericht ganz selbständig und ohne Beratung mit den Berufsrichtern die Frage: »Schuldig oder nicht schuldig?« zu entscheiden, und den drei Berufsrichtern blieb nur übrig, aus diesem Schuldspruch die Konsequenzen zu ziehen: freizusprechen oder die Strafe festzusetzen.

Dieser Rechtszustand ist heute überholt; aber er hat die Grundlage der ganzen weiteren Entwicklung gebildet. Was dachten sich seine Schöpfer dabei? Ungefähr wohl folgendes: Die »mittlere Kriminalität« – Betrug, Urkundenfälschung, Konkursvergehen, Diebstahl und Unterschlagung usw., kurz, in der Hauptsache das weite Feld der Eigentums- und Vermögensdelikte – erschien als ein Gebiet, in dem das »Menschliche« eine geringere Rolle spielt und in dem es vor allem auf präzise juristische Arbeit ankommt; hier sah man daher das Feld des gelehrten Richters. Anders bei den schwersten Fällen der »großen Kriminalität«. Ob ein Mensch ein Mörder oder Brandstifter ist – das sollte, nach einer eingehenden und sachkundig geführten Verhandlung, gerade der unbefangene Laie entscheiden können. Und gerade dieses Urteil des Laien, in dem gleichsam die Stimme des Volkes sprach, sollte dem Spruch seine ganze Schwere und Feierlichkeit geben. Bei der »kleinen Kriminalität« schließlich, in den Fällen eines vielleicht noch entschuldbaren »Strauchelns«, schien die Mitwirkung der Laien erwünscht, um zu verhindern, daß die Rechtsprechung zu starr wurde, daß sie zu sehr nur auf die Tat und den Paragraphen statt auf den Täter blickte ...

Wie man sieht, ein einleuchtender Gedankengang. Und doch befriedigte die Regelung, die auf ihm beruhte, eigentlich niemanden. Die Strafkammern, in denen überhaupt keine Laienrichter saßen, wurden niemals populär; und gegen die Schwurgerichte wurden namentlich aus Richterkreisen immer wieder Bedenken laut. Eine Statistik zeigt, daß in einem Zeitraum von mehr als fünfundzwanzig Jahren die Strafkammern nur 15 Prozent, die Schwurgerichte aber 25 Prozent freisprechende Urteile fällten. Gewiß nicht deswegen, weil die Staatsanwaltschaften vor dem Schwurgericht leichtfertiger Anklage erhoben ... Irgendwo mußte hier ein Fehler liegen.

Vom Schwurgericht zum Großen Schöffengericht

1924 wurde im Rahmen einer großen Justizreform das alte Schwurgericht abgeschafft. Der Name »Schwurgericht« blieb zwar bestehen, doch bedeutete dieser Name seither nicht mehr ein Gericht, bei dem die Geschworenen allein über die Schuldfrage entschieden, sondern das neue Schwurgericht glich einem großen Schöffengericht: drei Berufsrichter und sechs Laien berieten und entschieden gemeinsam über Schuldfrage und Strafe. In der Praxis bedeutete das, daß die Stellung der Laienrichter schwächer geworden war. Theoretisch konnten sie zwar auch jetzt noch die Berufsrichter überstimmen; praktisch aber geschah das selten. Bei einer gemeinsamen Beratung von Juristen und Laien waren die Laien zunächst von den Kenntnissen, der

Routine und der Sicherheit der Juristen so erschlagen, daß sie oft kaum den Mund auftaten, geschweige denn eine eigene Auffassung wirklich durchzukämpfen wagten ... Sie hatten das Gefühl: Der Berichterstatter und der Vorsitzende wissen ja so glänzend Bescheid, die werden es schon richtig machen. Besonders als die neuen Schwurgerichte zu arbeiten begannen, wurden diese Argumente von Laienseite aus immer wieder gegen die neuen Schwurgerichte vorgebracht.

Auf der anderen Seite wiesen ihre Anhänger auf die offenkundigen Mängel des alten Schwurgerichts hin: auf Fälle, in denen die Geschworenen geradezu wider besseres Wissen die Schuldfrage verneint hätten, weil ihnen die angedrohte Strafe (über die sie ja nicht mitzureden hatten) zu hoch schien; oder in denen sie aus Gefühlsgründen überführte und sogar geständige Mörder freigesprochen hatten – so etwa 1920 einen Armenier, der als Rächer seines Volkes einen ehemaligen türkischen Minister in Berlin erschossen hatte ... Es war vielleicht ein charakteristischer Zug, daß die Richter im allgemeinen dem neuen, die Anwälte dem alten Schwurgericht den Vorzug gaben.

Wozu eigentlich Laienrichter?

Allmählich beruhigte sich der Streit; denn es zeigte sich schließlich, daß das neue Schwurgericht doch nicht so schlecht arbeitete, wie seine Gegner befürchtet hatten, und daß auch die Laien recht wohl noch ein Wort darin mitsprachen. Und so führte denn die weitere Entwicklung auch dahin, daß fast alle Gerichte nach diesem Typ umgebildet wurden. Auch die alte Fünf-Richter-Strafkammer gehört der Vergangenheit an; überall beraten und entscheiden heute Berufs- und Laienrichter gemeinsam.

Dabei konnten die beteiligten Richter eine interessante Beobachtung machen: Gerade die Frage, über die im alten Schwurgericht die Laien allein zu entscheiden hatten: »Schuldig oder nicht schuldig?«, ist es, die ihnen die größten Schwierigkeiten macht. Denn diese Frage ist ja nicht identisch mit der simplen Frage: »Hat er es getan?«, sondern sie enthält die viel schwierigere Frage: »Ist das, was er getan hat, nun ein Mord – oder ein Totschlag – oder eine Körperverletzung mit tödlichem Ausgang – oder eine fahrlässige Tötung?« (um nur ein verhältnismäßig einfaches Spiel zu wählen). Hier richtig zu entscheiden verlangt eine Vertrautheit mit juristischen Begriffen und juristischem Denken, die ein Nichtjurist – auch nach empfangener Rechtsbelehrung – fast nie haben kann. Dagegen werden die Laienrichter fast immer höchst lebendig, wenn es um die Frage des Strafmaßes geht – also gerade die Frage, um die sich die Geschworenen im alten Schwurgericht nicht zu kümmern hatten! Das Strafmaß ist für den Berufsrichter, so überraschend es klingt, fast stets eine weniger interessante Seite des Prozesses. Hier sind keine juristischen Probleme zu lösen. In der Praxis haben sich für bestimmte Typen von Delikten gewisse »Taxen« herausgebildet, von denen man nur in ganz besonderen Fällen abgeht. Freilich lassen sie oft noch einen ziemlich erheblichen Spielraum. 6 Monate – 9 Monate – 1 Jahr... für den Angeklagten – im Gegensatz zum Richter – bildet die Strafe das Interessanteste an dem ganzen Prozeß. Für den Angeklagten und – für den Laienrichter! Denn hier braucht der Laienrichter nicht zu fürchten, daß er durch das überlegene Fachwissen des Berufsrichters mattgesetzt wird, hier kann er sein ganzes unabgestumpftes Gefühl für die »menschliche Seite« des Falles, sein durch das »Zagen vor der Verantwortung«, von dem wir anfangs sprachen, geschärftes Gewissen in die Waagschale werfen.

Und damit sind wir beim Kernpunkt angelangt. Wozu eigentlich Laienrichter? Wozu Gesetze machen, wenn man dann bei den Gerichten Leute mitwirken läßt, die die Gesetze nicht kennen – oder die wenigstens nicht gelernt haben, mit ihnen umzugehen? Diese Frage ist von Gegnern der Laiengerichtsbarkeit mehr als einmal gestellt worden. Und doch liegt in dem scheinbaren Widerspruch eine tiefe Weisheit. Das Gesetz, das einen ganzen Typ von Fällen abstrakt regelt, ist gewiß unentbehrlich, und ebenso unentbehrlich ist der gelehrte Richter, der das Gesetz zu handhaben weiß. Aber gerade weil das Gesetz stets eine abstrakte Regel ist, die für Tausende und aber Tausende von Fällen gelten soll, kann es nicht immer die befriedigende Lösung für jeden Einzelfall enthalten; und eine Justiz, die volkstümlich und lebendig bleiben will, braucht daher neben dem Gesetzesdiener, dem Berufsrichter, noch einen anderen Richtertyp: einen Mann, der mit ganz frischem und unbefangenem Gefühl an den einzelnen Fall herangeht, der den Lebensvorgang nicht sofort in »Tatbestandsmerkmale« aufgliedert, der gerade dank seiner Gesetzesunkenntnis noch ein ganz natürliches Gefühl für die Lebensdinge hat, über die geurteilt werden soll. Hinter demselben »Straftatbestand«, der nach demselben Paragraphen abgeurteilt wird, kann sich in dem einen Fall eine erschütternde menschliche Tragödie, in dem anderen eine kalte und brutale Gemeinheit verbergen. Der Laienrichter soll im Zusammenwirken mit dem gelehrten Richter dafür sorgen, daß über dem juristischen Fall der menschliche nie in Vergessenheit gerät – und daß im Rahmen des Gesetzes nicht nur ein richtiges, sondern auch ein gerechtes Urteil gefällt wird!

Dürfen Beamte essen?

Die Frage, ob Beamte essen dürfen, führt viel zu tief in letzte staatsphilosophische Hintergründe hinein, als daß ich mich getrauen dürfte, sie hier eindeutig und abschließend zu beantworten. Aber wenigstens gestellt muß sie einmal werden, und das Verdienst will ich mir nicht rauben lassen, sie als erster ins Licht des öffentlichen Bewußtseins gehoben zu haben. Besonders in Beamtenkreisen wird man mir, so hoffe ich, für eine solche mutige Tat Dank wissen. Denn schon die klare und öffentliche Diskussion dieser Frage wird sicherlich jeder einzelne Beamte wie eine Erlösung empfinden, eine Erlösung von dem dumpfen, halbbewußten quälenden Unbehagen, das ihre Unausgetragenheit ihm täglich neu bereitet.

Ja, es ist da, dieses Unbehagen, und kein platt-rationalistischer Einwand wie etwa, daß der Mensch essen müsse, um zu leben, und daß der Beamte auch ein Mensch sei, wird es aus der Welt schaffen. Jeden Vormittag um die Frühstückszeit wird in dem Beamten, und namentlich in dem höheren, repräsentativen Beamten, dem Richter, Staatsanwalt, Regierungs- und Ministerialrat, zugleich mit dem natürlichen Hunger die moralische Hemmung, ihm nachzugeben, sich einstellen, und beides zusammen wird jene ärgerliche, gequälte Gemütsverfassung erzeugen, der soviel barsche Auftritte, harte Maßnahmen und strenge Urteile ihre Entstehung verdanken. Es nützt gar nichts, sich dagegen vorzuhalten, daß das Essen eine notwendige, überdies harmlose und keineswegs schändliche Verrichtung sei. Für den Beamten hat es dennoch insgeheim etwas von Ausschweifung und Sündenfall. Der Beamte ist der Staat, und der Staat ißt nicht. Wie? Während er Menschenschicksale entscheidet, während Angeklagte zitternd auf jedes Runzeln seiner Brauen blicken, soll er daran denken, Stullenpakete auszupacken? Wenn er, über Akten gebeugt, Entschlüsse erwägt, an denen die Geschicke von Städten und Provinzen hängen, soll er es kauenden Mundes tun? Ja, selbst wenn im Augenblick keine dringende Arbeit zu tun ist –: Hat es nicht etwas Aufreizendes, riecht es nicht nach Prasserei und Korruption, wenn der Beamte, während draußen die rote Lampe vor seiner Tür die Besucher scheucht, drinnen genießerisch an seinem Schreibtisch Käsebrote und einen Apfel zerlegt, wohl gar aus einer Thermosflasche Kakao in ein geheimes Trinkgeschirr schüttet? Gibt er nicht den tausend Hetzern recht, die den Beamten immer wieder aufreizend als schlemmerischen Nichtstuer gemalt haben? Untergräbt er nicht die Wurzeln der Staatsautorität? Kann ein Mensch Anspruch auf Respekt, Ehrenbezeugung, Unterwerfung erheben, während er sich gerade einen Wurstrest aus den Zähnen stochert?

Das Schreckliche ist, daß der Beamte in dem aufreibenden Kampf, der sich so in seinem Innern abspielt, fast stets unterliegt. Freilich, selten nur gesteht er sich und der Mitwelt diese Niederlage offen ein. Ohne daß die linke Hand, die noch in den Akten blättert, davon weiß, beginnt die rechte das Butterbrotpapier zu entfalten. Das Gericht zieht sich zur Beratung zurück, und kaum hat sich die doppelte Polstertür hinter ihm geschlossen, da zerfällt es in eine kleine Schar von einzelnen Männern, die hastig und mit schlechtem Gewissen ihr Mitgebrachtes aus den Aktentaschen klauben. Sie essen schnell und ohne Lust, sie wagen sich nicht dabei in die Augen zu sehen, und während sie noch kauen, halten sie mit hingeworfenen Worten voreinander den Anschein der Beratung aufrecht. Es bekommt ihnen auch nicht.

Noch schlimmer geht es aber den Beamten des sogenannten mittleren Dienstes, den Urkundsbeamten und Sekretären, die in den Geschäftsstellen der Gerichte und Behörden sitzen. Einerseits sind sie noch weit stärker der mißtrauischen und scheeläugigen Kontrolle der nichtbeamteten Öffentlichkeit ausgesetzt, denn sie sind es, bis zu denen der gemeine Mann in einer Behörde für gewöhnlich vordringt, und an ihnen erfährt er das Erlebnis der Staatsgewalt, nach ihnen richtet sich das Maß seiner Ehrfurcht und Kritik. Auf der andern Seite aber ist der Dienst in den Geschäftsstellen in ganz besonderem Maße appetitanregend. In diesen kahlen Amtsstuben mit gelben Sperrholzmöbeln, bei halbmechanischer Arbeit und peinlicher, ja wahrhaft peinlicher Ordnung geht lähmend stets das Gespenst der Langeweile um – ach, es geht nicht nur um, es hat dort seine wahre Niederlassung, seinen Ruheplatz und Heimathafen. Die Mittel, mit denen man es sonst verscheuchen kann, Streit, Lektüre, Unterhaltung, haben dort keine Stätte. So wendet sich der Sinn des geplagten Mannes, der hier, Akten registrierend und Verfügungen expedierend, seine acht Stunden absitzt, ganz von selbst zu der einzigen Ablenkung, die noch übrigbleibt: zum Essen. Zu dem natürlichen Hunger gesellt sich hier als Bundesgenossin die unnatürliche Langeweile. Dieser Übermacht ist die heroische Hemmung, die dem Sekretär nicht weniger als dem Staatssekretär zu fasten gebietet, nicht gewachsen, an wenigen Orten der Erde, Gaststätten ausgenommen, wird soviel gegessen wie in Geschäftsstellen. Aber an keinem Ort wird mit so schlechtem Gewissen gegessen wie hier. Bei jedem unvermuteten Geräusch werden die Kaffeetassen, Butterbrotpakete und Würstchenteller mit einer Gebärde in die Schreibtischkästen und Aktenböcke geschoben, als handele es sich um verbotene Bücher oder um Diebesgut. In dem Gesicht des überrumpelten Beamten kämpft die mühsame Anstrengung, Würde zu wahren, mit der rührenden Beschämung des ertappten Sünders. Er leidet. Und wie oft entschädigt er sich nicht für sein Leiden durch besonders unnahbare Strenge und eisige Amtlichkeit!

Ja, dürfen Beamte essen? Der Tatbestand ist klargelegt, die Problematik aufgezeigt. Niemand wird leugnen, daß der bestehende anarchisch-liberalistische Zustand unhaltbar ist, daß die Frage nach einer grundsätzlichen Lösung schreit, die freilich wohlbedacht sein will. Soll man die Erhabenheit und Würde der Staatsgewalt unter allen Umständen wahren, oder soll man der menschlichen Schwäche und Hinfälligkeit einen Schritt entgegenkommen? Wie groß, gegebenenfalls, darf dieser Schritt sein? Soll der Beamte sich öffentlich, mit Todesverachtung und trotziger Aufrichtigkeit, dazu bekennen, daß auch er das Menschenrecht des Frühstückens in Anspruch nimmt, oder soll es ihm nur gestattet sein, heimlich und unter Wahrung des Scheins seinen Hunger zu stillen? Wäre der ganze Problemkomplex vielleicht organisatorisch-propagandistisch zu lösen, etwa durch Einführung gemeinsamer, öffentlicher, feierlicher Mahlzeiten der Beamten? Ließe sich beamtenfeindlicher Hetze etwa dadurch begegnen, daß man dem einzelnen Beamten Art und Maß seines Frühstücksbrots (samt Belag) behördlicherseits vorschreibt oder zuteilt?

Soviel Fragen, soviel Schwierigkeiten. Ich empfehle das Thema einem jungen Gelehrten der Staatswissenschaft als Dissertation.

Paragraph und Leben im Ehescheidungsrecht

Das Ehescheidungsrecht ist immer heiß umstrittener Boden gewesen. Als 1896 das Bürgerliche Gesetzbuch vom deutschen Reichstag beraten wurde, passierten ganze Bücher, Hunderte und Tausende von wichtigen Paragraphen die Abstimmung, ohne daß sich auch nur ein Abgeordneter dazu zum Wort meldete; im großen ganzen hielt man das für eine Juristenangelegenheit und vertraute darauf, daß die Fachleute, die das Gesetzbuch entworfen hatten, schon das Richtige getroffen haben würden. Aber um die 23 Paragraphen, die den Abschnitt »Scheidung der Ehe« bilden, wurde wochenlang erbittert gekämpft, und vorübergehend schien es, als würde das ganze Gesetzbuch mit seinen Paragraphen an diesem kleinen Abschnitt scheitern. Dies war ein Feld, auf dem die Weltanschauungen aufeinanderplatzten! Von der katholischen Auffassung, die nach dem Worte »Was Gott zusammengetan hat, soll der Mensch nicht scheiden« jede Ehescheidung ausgeschlossen sehen will, bis zum konsequenten Individualismus, der die Scheidung in das freie Belieben jedes Ehegatten stellt, gab und gibt es Dutzende von Zwischenmeinungen. Das Ergebnis war eine Kompromißregelung, die die Scheidung der Ehe zwar zuließ, aber unter ziemlich strengen Voraussetzungen. Sehr glücklich ist niemand bei dieser Regelung geworden, und heute beginnt man wieder an eine Reform zu denken. Der Vorsitzende des Familienrechtsausschusses der Akademie für Deutsches Recht hat kürzlich einen ersten Vorschlag für eine neue gesetzliche Regelung geliefert, um die sicher auch wieder heiß gerungen werden wird.

Inzwischen aber kann man beobachten, wie das Leben selbst bereits an der Reform des Ehescheidungsrechts gearbeitet hat, ohne daß irgendein Paragraph geändert worden wäre. Gesetze kann man mit Dämmen vergleichen, die man anlegt, um einen großen Strom, den Strom des geschäftlichen, gesellschaftlichen, politischen und privaten Lebens, in eine bestimmte, gewünschte Bahn zu lenken. Im allgemeinen erfüllen sie auch diesen Zweck. Es kommt aber auch vor, daß der Strom sich als der Stärkere erweist, daß er die Dämme unterspült und unterwäscht, daß er sich mit unbeugsamem Eigenwillen seinen Weg sucht und schließlich die Dämme umformt, statt von ihnen geformt zu werden. Im Ehescheidungsrecht ist dieser Fall vielfach eingetreten. Wer sich nur die §§ 1564 bis 1587 des BGB durchlesen würde, ohne etwas von der Praxis der Ehescheidung zu wissen, würde ein ganz falsches Bild von der Wirklichkeit des geltenden deutschen Ehescheidungsrechts bekommen.

Das Bürgerliche Gesetzbuch hat beispielsweise die Scheidung auf Einverständnis der Gatten, die sein preußischer Vorläufer, das Allgemeine Landrecht Friedrichs des Großen, in gewissen Fällen zugelassen hatte, rücksichtlos beseitigt. Auch den tief im Volksbewußtsein verwurzelten Scheidungsgrund der »gegenseitigen unüberwindlichen Abneigung«, den das Gesetzgebungswerk des Preußenkönigs ebenfalls gelten ließ, kennt es nicht mehr. Aber wenn auch der Gesetzgeber davon schweigt – er kann natürlich nichts daran ändern, daß gegenseitige unüberwindliche Abneigung in vielen Fällen der wahre Grund ist, aus dem die Ehegatten auseinanderzugehen wünschen, und er kann auch nicht verhindern, daß sie über die beabsichtigte Scheidung ein Übereinkommen treffen. Hier ist der Strom, den das Gesetz eindämmen will, zu kräftig; er sucht sich seinen Weg, und wenn er den geraden Weg nicht findet, so wählt er einen Umweg. Tatsächlich werden heute ebenso viele Ehen auf Einverständnis geschieden wie früher – nur daß das in den Ehescheidungsurteilen nicht zum Ausdruck kommt. Der Paragraph, nach dem diese Scheidungen sich zu vollziehen pflegen, läßt äußerlich auch wahrhaftig nichts davon erkennen. Es ist der § 1565 BGB. Er lautet: »Ein Ehegatte kann auf Scheidung klagen, wenn der andere Ehegatte sich des Ehebruchs ... schuldig macht.« Man spricht hier mit einem Juristenausdruck von einem »absoluten Scheidungsgrund«. Das bedeutet, daß der Richter, wenn dieser Grund vorliegt – oder wenigstens nach dem Ergebnis der Verhandlung vorzuliegen scheint –, nicht mehr prüfen kann, ob er im Einzelfall wirklich so schwerwiegend war, daß die Ehe nicht mehr zu flicken ist, sondern unbedingt und ohne weiteres die Scheidung aussprechen muß. Das machen sich in Tausenden von Fällen Eheleute zunutze, die darüber einig sind, daß sie geschieden sein wollen – mag auch der wahre Grund ein ganz anderer sein. Es wird von dem klagenden Teil ein Ehebruch des Beklagten behauptet und von diesem zugestanden; allenfalls, wenn das Gericht noch Zweifel hat, verweigert ein dafür benannter Zeuge (oder eine Zeugin), der oder die ins Einverständnis gezogen ist, die Aussage – und automatisch erfolgt das Scheidungsurteil. Man kann ohne Übertreibung sagen, daß mindestens 50% der Scheidungen wegen Ehebruchs in Wahrheit Scheidungen auf Übereinkunft sind. Der Praktiker erkennt die Prozesse dieser Art schon äußerlich fast immer an gewissen Anzeichen: Sie gehen fast stets in einem Termin zu Ende, werden sachlich und ohne jede Erbitterung geführt, die Schriftsätze sind nie länger als eine Seite, und die Termine dauern fünf bis zehn Minuten. Rein menschlich sind es die angenehmsten und schmerzlosesten Ehescheidungsprozesse.

Daß sie trotzdem einen schweren Mißstand darstellen, darüber ist kein Wort zu verlieren. Es ist selbstverständlich verwerflich, das Gericht, derb gesprochen, anzulügen, und es ist der Würde der Gerichte keineswegs zuträglich, daß sie gezwungen sind, an der Komödie derartiger Scheinprozesse mitzuwirken. Aber eine andere Frage ist, ob man die Schuld an diesen unwürdigen Prozeßkomödien den beteiligten Ehepaaren aufbürden soll oder nicht vielmehr dem Gesetzgeber, der ihnen keinen andern Weg läßt, um ohne überflüssigen Streit und ohne peinliche Enthüllung von Intimitäten auseinanderzukommen.

Denn das läßt sich kaum bestreiten: Die »echten« Scheidungsprozesse, die streng nach dem Willen des Gesetzes in vollem Ernst, auf Biegen und Brechen und mit aller Erbitterung geführt werden, bilden ein noch weit schwereres Ärgernis als diese Scheinprozesse. Die seelischen Wunden, die zwei Eheleute einander in einem solchen Prozeß schlagen, sind meist unendlich viel tiefer, vergifteter und tödlicher als die, die sie sich vorher in der Ehe zugefügt haben und wegen derer es zu dem Prozeß gekommen ist. Hier zeigt sich der eigentliche Fluch der geltenden gesetzlichen Regelung: daß nämlich – abgesehen von dem Fall langandauernder unheilbarer Geisteskrankheit, der in der Praxis fast nie vorkommt – niemals eine Ehe geschieden werden kann, ohne daß eine »Schuld« des einen Ehegatten festgestellt wird. Das ganze Scheidungssystem des BGB ist auf diesem Begriff der »Schuld« aufgebaut, die wichtigsten Rechtsfolgen knüpfen sich daran: der »schuldige« Ehegatte verliert die Kinder, er verliert das Recht auf Unterhalt, bleibt aber verpflichtet, den Unschuldigen seinerseits weiter zu unterhalten ... Möglich ist eine beiderseitige Schuld; aber unmöglich ist es, eine offensichtlich zerrüttete Ehe zu scheiden, wenn sich keine Schuld des einen Teils feststellen läßt. Zwei Eheleute, die sich nichts getan haben, woraus man einem von ihnen einen schweren Vorwurf machen könnte, die aber einfach nicht zusammenpassen, müssen nach dem Willen des Gesetzes zusammenbleiben – auch wenn sie dabei tief unglücklich werden und sich gegenseitig das Leben zur Hölle machen.

Selbstverständlich sucht sich auch hier wieder der Strom des Lebens seinen Weg durch den Damm hindurch, der ihm den Abfluß versperren will, und meist findet er ihn auch. Aber freilich, oft unter furchtbaren Schmerzen und Krämpfen! Wenn eine Ehe tatsächlich zerrüttet ist, werden sich natürlich immer Vorfälle abspielen, aus denen der eine Ehegatte dem anderen »einen Strick drehen« kann. Und nun beginnt ein Scheidungsprozeß nach § 1568 BGB. »Ein Ehegatte kann auf Scheidung klagen, wenn der andere Ehegatte durch schwere Verletzung der durch die Ehe begründeten Pflichten oder durch ehrloses oder unsittliches Verhalten eine so tiefe Zerrüttung des ehelichen Verhältnisses verschuldet hat, daß dem Ehegatten die Fortsetzung der Ehe nicht zugemutet werden kann.« Die Rechtsprechung hat in Tausenden von Fällen herausgearbeitet, was alles einen Scheidungsgrund im Sinne dieser Vorschrift bilden kann: Mißhandlungen, Beleidigungen, sonstige Lieblosigkeiten, ehewidrige Beziehungen zu andern Männern oder Frauen, die nicht bis zum Ehebruch reichen, grundlose Verweigerung des ehelichen Verkehrs oder der Erzeugung oder Empfängnis von Kindern, Trunksucht, Arbeitsscheu des Mannes, Vernachlässigung des Haushalts durch die Frau, Unsauberkeit, häßliches Verhalten gegenüber den Schwiegereltern, Rücksichtlosigkeiten verschiedenster Art ... Aber im Gegensatz zum Ehebruch sind dies alles keine »absoluten« Scheidungsgründe. Vielmehr kommt es immer darauf an, ob dem andern Teil die Fortsetzung der Ehe noch »zugemutet« werden kann.

Und hier liegt eine schwere Klippe. Die Gerichte lehnen

es zwar ab, Scheidungsgründe geradezu gegeneinander aufzurechnen; aber sie berücksichtigen für die Zumutungsfrage doch auch das Verhalten des klagenden Teils selbst. Wer selbst »die durch die Ehe begründeten Pflichten verletzt«, muß es sich zumuten lassen, daß der andere Teil es auch tut – und in zerrütteten Ehen ist es die Regel, daß keiner der Ehegatten ganz ohne Tadel dasteht.

Eine weitere, noch gefährlichere Hürde ist der § 1570 BGB, der lakonisch besagt: »Das Recht auf Scheidung erlischt ... durch Verzeihung.« An sich ein vernünftiger, einleuchtender Gedanke: Es sollen nicht alte, längst verziehene Vorfälle als Scheidungsgrund wieder aufgewärmt werden. Aber wie die Vorschrift in der Praxis angewendet wird, führt sie zu den seltsamsten Ergebnissen. Die Rechtsprechung sieht nämlich ohne weiteres in jedem ehelichen Verkehr eine Verzeihung alles Vorangegangenen. Meist ist es nun so, daß Eheleute, solange sie zusammenwohnen, auch noch miteinander verkehren. Damit aber wird alles, was sich während ihres Zusammenlebens zugetragen hat, als verziehen angesehen, und als Scheidungsgrund kommen nur noch Vorfälle in Betracht, die sich nach der Trennung abgespielt haben. Die wahren Gründe der Ehezerrüttung verschwinden damit meist in der Versenkung; und statt dessen gewinnen im Prozeß Vorfälle Bedeutung, die von den prozessierenden Eheleuten tatsächlich gar nicht mehr so schwer genommen werden. Ein immer wieder vorkommender Fall: Die Frau ist vom Mann, der ihrer überdrüssig ist, monate- und jahrelang gekränkt, gedemütigt und hintergangen worden, hat aber immer noch mit ihm verkehrt, in der Hoffnung, es werde sich alles noch einmal zum Guten wenden. Schließlich erträgt sie es doch nicht mehr und geht, zur großen Erleichterung des Mannes, ihrer Wege. Und nun, nachdem die Trennung beschlossen und durchgeführt und die Scheidungsklage schon eingereicht ist, findet sie irgendwo eine neue Verbindung. Ergebnis: Die Frau wird alleinschuldig geschieden. Die alten Verfehlungen des Mannes, die die Ehe zerrüttet haben, sind durch den ehelichen Verkehr »verziehen«. Die neuen der Frau aber sind nicht verziehen, da sie nach der Trennung liegen; sie bilden also einen durchschlagenden Scheidungsgrund. Dem natürlichen Billigkeitsgefühl entspricht das gewiß nicht: denn wenn es erst soweit ist, daß Eheleute sich trennen, ist es ihnen innerlich meist völlig gleichgültig, was der andere nun noch weiter tut und treibt. Aber gerade dies wird nun, da es nicht unter die Verzeihung fällt, zum Scheidungsgrund ...

Man kann sich denken, was für einen Charakter unter diesen Umständen Scheidungsprozesse annehmen, die ernsthaft geführt werden. Der Ausgang ist unsicher, die Zumutungs- und die Verzeihungsfrage rücken alles ins Ungewisse. Die Folge ist eine schreckliche Angst, daß die Klage doch noch scheitern könnte. Und daher wird nun jedenfalls alles bis ins Letzte herausgesucht, um den Gegner vor Gericht so schwarz wie möglich erscheinen zu lassen; die intime Kenntnis, das jahrelange Vertrauen liefert die Waffen dazu. Jeder Schriftsatz der einen Seite steigert die Erbitterung auf der andern, und in den Schlußverhandlungen spielen sich oft wahre Höllenszenen von entfesseltem Haß ab. Es ist wirklich erschütternd und entsetzlich, was alles Menschen, die sich einmal geliebt haben, hier gegeneinander heraussuchen und einander vor der Öffentlichkeit ins Gesicht werfen – nur aus der Angst heraus, man könnte sie sonst zwingen, weiter zusammenzubleiben. Scheidungsprozesse dieser Art sind eine der grausamsten Einrichtungen, die unsere Zivilisation kennt; sie erwecken unwillkürlich die Erinnerung an die in manchen Ländern beliebten sadistischen Hahnenkämpfe.

Die Denkschrift der Akademie für Deutsches Recht will

in diesem Punkt helfen. Sie will (wie es heute schon in vielen andern Ländern rechtens ist) die Scheidung auf Grund bloßer Zerrüttung der Ehe ohne den Nachweis einer Schuld zulassen. Zweifellos wird das, wenn es Gesetz wird, die Atmosphäre vieler Scheidungsprozesse wohltuend reinigen.

In dem andern Gebiet, in dem Paragraph und Leben heute aneinander vorbeigehen – der Frage der Scheidung auf Einverständnis – bringt die Denkschrift freilich noch keine Abhilfe. Sie fürchtet eine allzu große Erleichterung der Ehescheidung von einer Freigabe der Scheidung auf bloßes Einverständnis, ohne Angabe irgendwelcher ernster Gründe. Aber man wird abwarten müssen, ob nicht auch hier das zutage liegende Bedürfnis des Lebens den Sieg über diese Bedenken davontragen wird. Jedenfalls haben die Länder, die eine Scheidung auf Einverständnis zulassen – Preußen vor 1900, Belgien, Luxemburg und der germanische Norden – keine schlechten Erfahrungen damit gemacht. Die Zahl der Scheidungen ist dort nicht höher als anderswo, und die Atmosphäre der Scheidungsprozesse ist ruhiger, anständiger und reinlicher.

Stärker als Paragraphen!

In Berlin und im Reich läuft zur Zeit unter dem Titel »Stärker als Paragraphen« ein interessanter Film, der das Problem der Schweigepflicht des Anwaltes zur Debatte stellt.

Das Beichtgeheimnis bildet für den Anwalt eine ebenso heilige Verpflichtung wie für den Seelsorger – nur daß es bei ihm schlicht und juristisch-trocken »Schweigepflicht« heißt. Diese Pflicht, über alles, was ihm von seinen Mandanten anvertraut wird, unbedingt und gegen jedermann zu schweigen, ist in den verschiedensten Gesetzen ausdrücklich festgestellt oder vorausgesetzt. Aber es wäre falsch, die Sache so anzusehen, als wäre die Schweigepflicht nur dürres Paragraphenrecht. Sie entquillt vielmehr mit der Kraft des Naturrechts dem Vertrauensverhältnis zwischen Anwalt und Rechtsuchendem. Auch wenn es keinen einzigen Paragraphen gäbe, der sie anordnete, würde das natürliche Anstands- und Rechtsgefühl den Anwalt zwingen, sie zu respektieren. Ihre Aufhebung wäre das Ende der Rechtsanwaltschaft; denn wer würde wohl noch zum Anwalt gehen, wenn er fürchten müßte, daß alles, was hinter der Polstertür des Sprechzimmers gesprochen wird, morgen an die große Glocke gehängt würde? Die Verschwiegenheit gehört zur *Ehre* des Anwalts – so, wie die Tapferkeit und Disziplin zur Ehre des Offiziers gehören, auch ohne daß ein Paragraph es ausdrücklich festlegt.

Deswegen ist es ein wenig irreführend, daß ein Film jetzt

den Fall eines Konflikts zwischen der Schweigepflicht und der moralischen Pflicht, das Leben eines Unschuldigen zu retten, unter dem Motto »Stärker als Paragraphen« bringt. Es handelt sich nicht um den Konflikt zwischen Paragraph und Leben; es handelt sich um einen echten Gewissenskonflikt zwischen zwei echten Lebenspflichten – einen, wie wir gottlob hinzufügen können, in der Wirklichkeit überaus seltenen Konflikt. Der Präsident der Reichsrechtsanwaltskammer hat recht, wenn er öffentlich darauf hinweist, daß dieser Fall einmalig ist und keinen Anlaß zu Verallgemeinerungen gibt. Die Schweigepflicht gehört – Gott sei Dank! – zu den Rechtspflichten, die wirklich im täglichen Gebrauch mit Selbstverständlichkeit eingehalten werden. Man braucht nur die Sammlungen der Ehrengerichtsentscheidungen durchzublättern, um festzustellen, wie verschwindend selten die Fälle sind, wo ein Anwalt das Berufsgeheimnis bricht. Und noch seltener ist der Fall, daß diese Pflichtverletzung wirklich einmal durch eine andere noch höhere Pflicht gerechtfertigt oder gar gefordert wird. Selbstverständlich sind es gerade diese »interessanten« Ausnahmefälle, die zur künstlerischen Behandlung reizen. Und sie können die besten Kunstwerke abgeben. Es lassen sich Fälle ausdenken und menschlich überzeugend darstellen, wo es eine Heldentat ist, wenn Offiziere Befehle mißachten und ihren Posten verlassen – wie z. B. in dem hinreißenden Bengali-Film; das ändert nichts daran, daß im Normalfall Offiziere für so etwas vor das Kriegsgericht kämen. Ähnlich ist es mit dem Falle, den der neue Anwaltsfilm aufrollt. Er ist als Ausnahme fesselnd und erschütternd, und man mag sich ruhig von ihm fesseln und erschüttern lassen. Nur soll man dabei niemals vergessen, daß es der Sinn der Ausnahme ist, die Regel zu bestätigen.

Was ist eine »hinkende Ehe«?

Im Staate Nevada, tief im wilden Westen von USA, liegt die Stadt Reno. Sie ist ein bißchen entlegen, und an besonderen Schönheiten hat sie wenig aufzuweisen. Trotzdem war sie jahrelang ein bevorzugtes Reiseziel wohlsituierter amerikanischer Ehepaare – und wenn sie ihren Bekannten den Beschluß mitteilten, diesen Sommer »mal« nach Reno zu fahren, so stießen sie auf ein verständnisvolles Augenzwinkern. Denn von Reno kamen diese Ehepaare nicht als Ehepaare zurück. Wenn Reno schon sonst keine erheblichen Anziehungspunkte besaß – über einen verfügte es: nämlich über ein unerreicht komfortables Scheidungsschnellverfahren. Die Gäste waren sehr zufrieden damit, und die Fremdenindustrie der Stadt war es auch.

Jetzt ist dieses Idyll unsanft gestört worden. Ein Gericht in Chikago (Illinois) sprach eines Tages einem in Reno geschiedenen Chikagoer, der sich inzwischen wieder verheiratet hatte, schlankweg das Recht ab, mit seiner neuen Gattin zusammenzuleben; nach dem Urteil dieses Gerichts bestand seine alte Ehe noch. Die Scheidung in Reno könne nicht anerkannt werden; denn die Scheidung eines Bürgers von Illinois richte sich nach dem Recht von Illinois – und das Recht von Illinois kennt kein Scheidungsverfahren à la Reno.

Kaum war das Urteil bekanntgeworden, so schlossen sich Gerichte in anderen Staaten an – und nun war auf einmal die schönste Verwirrung da. Soundso viele Reno-Geschiedene, denen die Sache leid geworden ist, können Wiederherstellung der alten Ehe verlangen, soundso viele inzwischen geschlossene neue Ehen sind gefährdet. Hunderte der prominentesten Amerikaner sind bedroht. Ein Rattenschwanz von Prozessen ist im Werden.

Dem europäischen Juristen sagt dieser tragikomische Fall nichts Neues. Es handelt sich hier wieder einmal um den Fall der »hinkenden Ehe« – ein altes Schmerzenskind des internationalen Privatrechts.

Die Fälle, daß Ehepaare eine »Scheidungsreise« in ein Land machen, wo die Ehescheidung leichter zu bewerkstelligen ist als in ihrem eigenen, sind nämlich in Europa nicht selten – sonderbarerweise, denn was dabei herauskommt, ist fast in allen Fällen Unheil und heillose Verwirrung. Die meisten zivilisierten Staaten erkennen zwar untereinander die Eheschließungen und Scheidungen anderer Staaten an, soweit es sich um deren Angehörige handelt; aber höchst selten tun sie es, wenn eigene Staatsangehörige von den Heirats- oder Scheidungserleichterungen fremder Staaten Gebrauch machen wollen. Dem italienischen Ehepaar, das nach italienischem Recht überhaupt nicht geschieden werden kann, nützt es gar nichts, seinen Wohnsitz für eine Weile nach Norwegen zu verlegen und sich dort auf Übereinkunft scheiden zu lassen. Wenn es nach Italien zurückkehrt, ist es dort genauso verheiratet wie zuvor, und von der norwegischen Scheidung wird nicht Notiz genommen; aber freilich – und das ist das Verwirrende an der Situation – in Norwegen bleibt es geschieden, und wie ein drittes Land die Sache ansehen wird, läßt sich überhaupt nicht ohne juristische Spezialberatung im Einzelfall voraussehen. Was hier entstanden ist, ist eine sogenannte »hinkende Ehe«, eine Ehe, deren Existenz an Landesgrenzen gebunden ist. Ganz verzwickt aber wird die Sache erst, wenn nun einer der so geschiedenen Eheleute sich wieder verheiratet. Er lebt nämlich dann gleich in zwei hinkenden Ehen.

Wenn z. B. unser Italiener in Norwegen nach seiner Scheidung eine Norwegerin heiratet – dort kann er es, denn dort ist er ja geschieden! –, so ist diese Norwegerin für Norwegen seine Ehefrau, ihre gemeinsamen Kinder sind eheliche Kinder; von Italien aus gesehen aber liegt ein ehebrecherisches Verhältnis vor – nach italienischer Auffassung ist der Mann ja immer noch mit der ersten Frau verheiratet! – und die Kinder aus der norwegischen Ehe sind natürlich unehelich. Die frühere italienische Frau kann, wenn sie es sich jetzt anders überlegt, in Italien mit Erfolg auf Wiederherstellung der ehelichen Gemeinschaft klagen; die neue norwegische könnte, wenn der Mann sich einfallen ließ, dem Urteil Folge zu leisten, in Norwegen dasselbe tun – denn dort ist er geschieden und mit ihr verheiratet. Wenn der unglückliche Mann zum Anwalt geht und fragt: »Mit wem bin ich nun eigentlich verheiratet?«, so besteht die richtige Antwort in der paradoxen Gegenfrage: »Wo wohnen Sie?«, und wenn der Mann sich auf diese Antwort hin entschließt, sich eine Kugel in den Kopf zu schießen, und seine Kinder nun denselben Anwalt fragen, ob sie gesetzliche Erben sind oder nicht, so heißt die Antwort: »Es kommt darauf an, in welchem Land der Nachlaß ist.«

Das alles klingt fast komisch – aber wie bei so vielem, was komisch klingt, verbergen sich dahinter in Wirklichkeit oft bittere Tragödien. Es ist fast immer das Glück zweier Menschen, das hier durch Landesgrenzen zerschnitten wird. Bedauerlich genug, wenn derartige Fälle sich durch Gebietsannexion, Auswanderung usw. gleichsam von selbst ergeben – bewußt heraufbeschwören sollte man sie in keinem Fall. Die scheinbare Erleichterung der Heirat oder der Scheidung in einem anderen Land stellt sich für den, der nicht Bürger dieses Landes ist, auf die Dauer fast immer als eine furchtbare Erschwerung seiner gesamten Lebensverhältnisse heraus.

Unterwegs

Rheinsberg, Elegie des Ruhms

Es gibt Orte, die selbst der zu kennen glaubt, der nie dort gewesen ist. Ihre Namen sind so etwas wie Zauberformeln geworden; man braucht sie nur auszusprechen: Potsdam – Weimar – Nürnberg, und jeder, der sie hört, wird ganz bestimmte Bilder vor sich sehen, eine ganz bestimmte Luft zu atmen meinen. Diese Städte haben neben ihrer wirklichen, körperlichen, steinernen Existenz eine zweite gewonnen, die aus einem dichteren, unzerreißbareren Stoff gewoben ist als Stein; sie leben als Klang und Bild unzerstörbar, unbekümmert darum, wie ihre Wirklichkeit sich wandelt. Das Potsdam der Wachtparade und des Hohenfriedbergers wird lebendig sein, wenn das wirkliche Potsdam längst ein Stadtteil von Groß-Berlin sein wird; und das Nürnberg der Meistersinger ist lebendiger als das Nürnberg der Spielwarenindustrie und der Fußballklubs. Diese Städte sind nur nebenbei, nur auf zufällige und gleichgültige Art geographisch-politische Wirklichkeiten; hauptsächlich und eigentlich sind sie Legende.

Auch Rheinsberg gehört zu diesen Orten. Diese brandenburgische Kleinstadt mit 4000 Einwohnern, Bahnstation, Amtsgericht, Polizeistelle, Volksschule, Spar- und Darlehenskasse, einer Fabrik, Ackerbürger- und Kleinhändlerstadt wie tausend andere, ist trotzdem ein Inbegriff von Jugend, Genie, Freiheit, geistreicher Fröhlichkeit – Rheinsberg, das klingt wie ein jugendliches Sanssouci. Aber der Fall Rheinsberg ist ein ganz besonderer Fall, weil die Legende hier trügt. Die Legende Rheinsberg fällt nicht nur mit der Gegenwart und Wirklichkeit Rheinsberg auseinander – was ihrer inneren Wahrheit keinen Abbruch täte, sie ist auch in sich unwahr. Rheinsberg verdient zwar, Legende zu sein; es hat genug große Vergangenheit eingefangen, um mühelos eine gleichgültige Gegenwart damit auszulöschen. Aber diese Vergangenheit, heute noch deutlich zu lesen in Schloß, See und Park, ist anders, als die Legende will. Rheinsberg ist nicht fröhlich, es ist ganz gewiß nicht jugendlich. Es stammt nicht aus dem Geiste Sanssoucis; es ist eher sein Gegenbild.

Ort der Ungnade

Rheinsberg – dies ist es vor allem, was stets vergessen wird – war nie ein Lustort, sondern eher ein Verbannungsort. Ein Verbannungsort freilich aus den Zeiten, als Politik eine Angelegenheit großer Herren war und in einem gewissen großartig-chevaleresken Stil gehandhabt wurde. Immerhin: Nie hat hier ein regierender Fürst gelebt und gewaltet; der Kronprinz Friedrich lebte hier halb begnadigt, halb frei als junger Offizier mit halbgeduldeten Privatneigungen, der Prinz Heinrich in voller Ungnade, einsam, gekränkt und verneinend. Er ist es eigentlich, der sich hier sein Denkmal gesetzt hat. Vom Kronprinzen erzählt der Ort, aller Erwartung zum Trotz, wenig; und was er erzählt, klingt nicht so unbekümmert fröhlich, wie man es erwartet.

Im Schloß hat man die Zimmer wiederhergestellt, die er bewohnte; man kann hindurchgehen. Man wird nichts Königliches, nichts huldvoll Prunkendes in ihnen finden, nicht einmal etwas jugendlich Lustiges, Verspieltes. Es sind sehr einfache Zimmer mit ziemlich schlichten, wenig bequemen Möbeln, hell zwar, freundlich, mit schönem Blick aus den Fenstern, aber ohne die geringste Üppigkeit, eher karg. Wenn man sie sieht, denkt man unwillkürlich an den Ausspruch, den Friedrich viel später einmal Katt gegenüber getan hat: In Rheinsberg habe er unendlich viel gearbeitet. Auf jugendlichen Überschwang, Feste, schöngeistige Muße weist nichts; noch weniger auf jene unverbürgten, abgeschmackt-schelmischen populären Überlieferungen, die Rheinsberg zum Schauplatz sentimentaler Liebesepisoden machen. Auch der Wachtturm darf kaum dahin gedeutet werden, den Friedrich (als einzige bauliche Spur seines Hierseins übrigens) vor den westlichen Eingang des Parks setzen ließ, um die überraschenden Revisionsbesuche zu parieren, die sein Vater hier wie sonst liebte. Französische Bücher, Zivilkleider und Musikinstrumente genügen durchaus, um diese Maßnahme zu erklären. Sie ist ein Zeugnis mehr für die halbe Unfreiheit, die mißtrauische Verscheuchtheit, die Friedrichs Rheinsberger Zeit noch beschattet. Nein, das war keine übermütige Zeit; eine Rekonvaleszentenzeit eher, erlösend gewiß gegen das Inferno, das ihr voranging, aber nicht frei von schmerzlichen Nachgefühlen, von Druck und Ungeduld. Friedrich ging von hier, ohne sich in etwas zu hinterlassen – ohne Umblicken gleichsam; seine Denkmäler hat er sich anderswo gesetzt. Nie ist er als König nach Rheinsberg zurückgekehrt; und es war nicht einmal ein Freund, dem er das Schloß schenkte. Er schenkte es seinem Bruder Heinrich, der von ihm in Ungnaden schied.

Der freilich hat hier Hof gehalten, fast fünfzig Jahre lang, und von ihm weiß und erzählt der Park noch viel. Von ihm stammt alles, was dem Schloß und Park ihr Gesicht gibt, all die Tempelchen, Grotten, Denkmäler, Säulen und Inschriften, und wenn in diesem Park noch immer seufzend ein Geist umgeht, dann ist es der seine. Er ist der König von Rheinsberg gewesen, wie Friedrich der von Potsdam und

Ludwig der von Versailles. Aber wie schmerzhaft deutlich wird es hier, daß er kein wirklicher König war, sondern nur ein königlicher Verbannter! Die wahren Könige, wo sie sich ihre Sitze schufen, unterwarfen sich huldvoll und souverän auch die Natur; in Sanssouci wie in Schönbrunn und Versailles ist die Natur ganz zum Bild und Plan gebändigt. Die Wiesen, Teiche und Bäume haben ihren Ort wie die Statuen, Wege und Treppen; sie scheinen von derselben gebietenden Hand geschaffen wie jene; nichts, das nicht der königlichen Absicht diente. In Rheinsberg ist der Park noch fast Wald; man merkt kaum die Stelle, wo er in den wirklichen Wald übergeht. Und ohnmächtig nur, im Spiel, ohne rechte Herrscherkraft sind all die Mäler und Zierate in ihn hineingestellt, die er abschüttelt, sowie er aus dem engsten Umkreis des Schlosses tritt. Die gelb- und rosenfarbenen Tempel und Lauben, die abgebrochenen Säulen und steinernen Tafeln stehen fremd zwischen den unbeschnittenen Ulmen und Eichen; aus den geharkten Wegen treten hier und da unverjagte Baumwurzeln. Die Natur ist unbezwungen geblieben. Sie zu bemeistern, fehlten die Mittel, fehlte vielleicht auch die Kraft des Plans; was übrigblieb, war ein resigniertes Spiel. Der hier saß, gewiß ein großer Herr und ein fürstlicher Geist, muß in seinem innersten Nerv gelähmt, im Tiefsten ohne Hoffnung gewesen sein; ein Verbannter.

Die Geschichte berichtet wenig über den Prinzen Heinrich von Rheinsberg, der hier

»so schmerzlich klug und so enttäuschten Sinn
in müdem Hochmut bergend, in Entsagen
ganz eingesponnen«

fast fünfzig Jahre gelebt hat, der seinen großen beneideten Bruder überlebt, der noch das Verhör der Könige, noch Napoleon, noch fast den Sturz seines Landes erlebt hat – mit welchen Gefühlen wohl? Was er hier hinterließ, zeugt nicht von irgendeiner Erschütterung oder auch nur Teilnahme. Dieser Hof muß schon im Leben etwas Geisterhaftes gehabt haben; noch in der Zeit von Lunéville und Marengo hat man hier zwischen den beschnittenen Taxushecken des kleinen Naturtheaters französische Alexandriner gesprochen und kleine Gelegenheitsdichtungen voller Anspielungen auf verschollene Heldentaten und Intriguen gespielt. Der fürstliche Verbannte hier lebte nicht mehr in der Welt, die rings um ihn her gewitterte. Er lebte hier, in einer Entsagung und Treue zu sich selbst, die wahrhaft königlich ist, ein Leben zu Ende, das, voller Hoffnung, Spiel und Ruhm in seinem Beginn, schon längst gescheitert war und das den Zeitgenossen schon vor seinem Ende unverständlich werden mußte.

Der Obelisk der Fronde

Der königliche Prinz, dem der Erstgeborene den Raum der Wirksamkeit nahm; der Philosoph und Schöngeist, dessen Ruhm der hellere seines Bruders verdunkelte; der Feldherr, der (nach dem Wort dieses Bruders) nie einen Fehler gemacht hätte, der aber ohne Glück blieb; der Sieger von Prag, der selbst diesen Titel durch den nutzlosen, aber eindrucksmächtigen Opfertod Schwerins verlor; der Frondeur schließlich, dessen Reich ein Schloß und ein Park war – er lebte dieses bitter gewordene Leben mit einem Stolz und einer Haltung zu Ende, die trotz allem nicht kleiner sind als die mönchische Verbissenheit, mit der der alte, kranke und böse Friedrich sein großes Leben zu Ende führte. Getadelt, verstoßen, um Wirksamkeit und Ruhm gebracht, alternd und schließlich halbvergessen, bewahrte er all die Anmut, all die noble Leichtigkeit und Zierlichkeit, die sein großes und edles Jahrhundert vorschrieb. Noch wo er bitter ist, ist er es auf bezaubernde Art. Er baute hier jenen Obelisken, der gewiß das merkwürdigste Denkmal des Siebenjährigen Krieges ist; er trägt auf achtundzwanzig Tafeln achtundzwanzig Namen preußischer Kriegshelden (sonderbar genug klingen inmitten des sorgfältigen Französisch, das nicht einmal die Übersetzung des »von« versäumt hat, ihre märkischen Namen: de Möllendorf, de Ziethen, de Wobersnow), und darunter in fürstlich gemessenem Stil bei jedem einzelnen das Lob seiner Verdienste, hier herzlicher, dort zurückhaltender, mitunter mit zart versteckter Kritik vergiftet. Aber er verschweigt zwei Namen: den Namen des Prinzen selbst und den seines großen Bruders. Nicht Friedrich führt hier die Schar seiner Paladine, sondern – August Wilhelm, sein jüngster Bruder, der nach Kolin in Ungnade fiel und wenige Monate später starb.

Prinz Hamlet

Im übrigen ist dies Denkmal, das so still und eindringlich frondiert, mit untrüglichem Raumsinn und Geschmack an die richtigste Stelle gesetzt; und wie dieser Obelisk zeigen alle die Spuren, die der Prinz hier hinterlassen hat, die Würde und den eigensinnigen Stolz eines Mannes, der sich trotz allem bewußt ist, vor der Ewigkeit zu stehen. Merkwürdig nur: alle diese Mäler seufzen. Der Prinz, sonst so ganz Kind des Rokokos, hat eine fast schon romantische Vorliebe für Verfallenes, Zerstörtes, Geknicktes gehabt; er liebte gebrochene Säulen, künstliche Ruinen, verfallene Grotten und moosüberzogene Steinbänke – sie kehren melancholisch und zierlich überall im Park wieder. Die vielen Tafeln mit französischen Inschriften, Versen und Betrachtungen sind so verwittert, daß man oft Mühe hat, sie zu lesen; sollte vielleicht auch dieser Eindruck schon künstlich vorbereitet worden sein, als man sie setzte? Jedenfalls: Auch diese Inschriften, fast alle, klagen; bald, halb scherzend noch, über die Nichtigkeit der Liebe, des *fils de la folie*, bald mit einem Ernst, den nur noch das zierlich-klare Französisch hindert, finster zu sein, über den Tod von Freunden, über die Vergänglichkeit, die Nichtigkeit des Ruhms; und immer wird der Wanderer, der *passant*, den sie nie versäumen mahnend anzureden, zur Trauer und zur ernsten Einkehr eingeladen. Auch diese Tafeln ziehen sich durch den ganzen Park – bis hin zu der ein wenig abgelegenen Pyramide, die der Prinz sich selbst zum Grabmal bestimmte und auf die er sich selbst eine hamletische Grabschrift setzte:

Jetté par la naissance dans ce tourbillon de vaine fumée
Que le vulgaire appele
Gloire et grandeur,
Mais dont le sage connoît le néant;
En proie à tous les maux de l'humanité;
Tourmenté par les passions des autres;
Agité par les siennes;
Souvent exposé à la calomnie;
En bute à l'injustice;
Et accablé même par la perte
Des parents chéris,
D'amis sûrs et fidèles …

Das unterscheidet sich von Hamlets Klage über der Zeiten Spott und Geißel fast nur durch den zierlichen, spitzeren, anspielungsreichen, fast (angesichts des Todes!) geistreichen Ton; aber der Fortgang ist anders. Dieser Prinz, anders als der von Dänemark, schaudert nicht vor dem unbekannten Land. Er stammt aus einer ungläubigen Zeit, und der Gedanke der Ewigkeit gibt ihm nur Worte einer unnahbar stillen Überlegenheit ein:

Ne touchent pas celui
L'éloge ou le blâme
Qui repose dans l'éternité ...

Das ist der Geist Rheinsberg. Nicht der Geist fröhlich-leichtherziger Jugend – den mag Rheinsberg weiter für die verkörpern, die es nicht kennen. Wer Rheinsberg kennt, dem wird es nicht weniger ehrwürdig sein, so wie es von Gnaden seiner Vergangenheit wirklich ist: eine Stätte der einsamen Anmut, des hoffnungslos tapferen Spiels, des Stolzes, eine Stätte des leichten und festen Trotzdem.

Marienburg – Verschüttete Geschichte

Die Geschichte, wie die Liebe, liebt das Wandern. Nur wenige Orte der Erde sind begnadet mit einer durch Jahrhunderte stets erneuerten Pracht und Größe; auf den meisten liegt nur für eine geringe Zeitspanne der Gewitterschein großer Taten und Heimsuchungen; dann sinken sie zurück in den Alltag. Aber wie ein Mensch oft durch *ein* Erlebnis, *eine* Leidenschaft, *ein* tiefes und mächtiges Gefühl für sein ganzes Leben Prägung, Schnitt und Form erhält, so auch solche Städte. Mögen ihre Menschen in Generationen die gewaltige Musik des Schicksals aus dem Gedächtnis verlieren: ihre *Steine* vergessen sie nie. Noch aus ihren verwitterten, von Alter und Alltag zerfressenen Zügen blickt jugendlich mit Strahlenaugen ihre unvergängliche Vergangenheit.

Wechselvolle Geschichte

Man fährt deshalb mit Erwartung nach einer Stadt wie Marienburg. Mag Marienburg auch heute wenig bedeuten: wenige Plätze der Erde haben Größeres erlebt als die Nogatfestung, wenige könnten mehr berichten von Stolz, Macht und Pracht, von Verzweiflung, von Trotz und von Schmerz. Marienburg war ein Jahrhundert lang Hauptstadt des deutschen Ordensstaats, und es war das Jahrhundert seiner stolzesten und üppigsten Blüte. Hierher kamen die Gesandtschaften von Mailand, von Antwerpen, von Schweden, von Burgund, ein Reich, das bis Riga hinauf führte, wurde hier verwaltet, und Riesen wie Winrich *von Kniprode* residierten hier. Im folgenden Jahrhundert, dem fünfzehnten, als der Ordensstaat zerfiel, stand Marienburg als einzige Stadt in ganz Preußen zum Orden; mit einem Stolz und Selbstbewußtsein sondergleichen blieb es einer verlorenen Sache treu, die seine Sache war. Es büßte mit jahrelanger Belagerung dafür und mit entsetzlich viel Blut. Diese Belagerung übrigens war nur eine von vielen. Wenige Städte sind so oft berannt worden wie Marienburg: 1410 erlitt und bestand es die erste, die berühmteste Belagerung, als nach der Schlacht bei Tannenberg Heinrich von Plauen noch einmal das Schicksal des Ordens zu wenden schien. 1454 bis 1460 durchkämpfte es die zweite – ohne den glücklichen Ausgang der ersten, aber womöglich mit noch hoffnungsloserer Tapferkeit. Von den schwedisch-polnischen Kriegen ging keiner vorbei, ohne daß Stadt und Burg belagert wurden. Die polnische Zeit überhaupt, schon eine Zeit des Verfalls im ganzen, entbehrt noch nicht eines gewissen barocken Glanzes. Die Zeit war abenteuerlich, die Herren wechselten; Gustav Adolf hieb 1629 eigenhändig mit einem Beil das Tor der katholischen Pfarrkirche auf, um evangelischen Gottesdienst darin abzuhalten, Karl XII. überraschte 1703 den Magistrat beim Kriegsrat und forderte den verdutzten ehrbaren Herren die Stadtschlüssel ab. Zwischenein aber residierten hier in Saus und Braus die polnischen Könige, die Sigismunde und Stanislaus Lesczinski. 1710 feierte August der Starke auf der Marienburg jene Verbindung mit der Gräfin Cosel durch ein sechstägiges Scheibenschießen; in den Remtern der Ordenshochmeister residierte die königliche Mätresse drei Monate lang mit großem Hofstaat, und die Stadtchronik kann sich nicht genug darin tun, die Pracht ihres Trosses, die Zahl ihrer

Handpferde, Wagen und Maulesel zu bestaunen. Erst in der preußischen Zeit, seit 1772, trat Marienburg in den Schatten – eine kurze geschichtliche Nacht, und welch langer, gewaltiger, wechselvoller Tag davor! Man erwartet sich viel von der Stadt.

Schweigende Stadt

Um so tiefer ist die Enttäuschung: Marienburg schweigt. Marienburg, die Stadt, ist eine trockene, nüchterne preußische Mittelstadt, von hundert anderen kaum zu unterscheiden. Es gibt eine alte Kirche, ein paar alte Tore, aber sie scheinen mürrisch von nichts zu wissen; keins der großen Abenteuer der Stadt hat sich dort abgespielt. Um sie herum ist alles neu; ein mächtiges Finanzamt, ein gewichtiger Regierungsbau, beide in altertümlichem Klinker gehalten, repräsentieren korrekt und pietätvoll; kein Haus ist älter als hundert Jahre. Kein Denkmal; nur »Denkmäler«. Ein Stein erinnert an Bartholomäus Blume. *Bartholomäus Blume* war Bürgermeister von Marienburg, als die preußischen Städte vom Orden abfielen und im Bunde mit der polnischen Krone den Vernichtungskampf gegen den Ordensstaat begannen; 1453. Er blieb beim Orden, »aus Erkenntlichkeit für das, was der Sitz des Meisters für die Stadt war«; mit der Geste eines Mannes, der weiß, wo er hingehört, und auf sich nimmt, was daraus folgt. Es folgte daraus Krieg und Belagerung über Belagerung, 1457 fiel die Burg. Aber noch drei Jahre hielt Blume die Stadt. Im März 1460 wurde die Stadt von aller Zufuhr abgeschnitten; seitdem hielt er sie noch fünf Monate. Am 8. August 1460, nachdem die letzte Brotkrume gegessen war, ließ er sich ausliefern und die Stadt, die sich damit ihre Existenz erkaufte, übergeben. Am gleichen Tag wurde er hingerichtet, sein Körper in vier Teile zerrissen und »zum schaudervollen Warnungszeichen« in Stücken auf die Tore der Stadt gepflanzt. Dafür setzte man ihm am 8. August 1860 einen mittelgroßen Stein, auf dessen einer Seite zu lesen steht: »Dem kühnen und treuen Kämpfer für deutsches Recht und deutsche Herrschaft wider fremde Willkür und Landesverrat«, und auf der anderen: »Zum vierhundertjährigen Todestage des für seine Gesinnungstreue geopferten Mannes, die Stadt Marienburg, 8. August 1860.« Schmeckt man den faden, peinlichen Geschmack? Versteht man, daß ein solches Denkmal keins ist? Daß es die Grube der Vergessenheit nur fester zustopft? Wenn es unmöglich war, etwas zu retten, was wirklich von dem Helden sprach – sein Haus, den Turm, wo er geendet, die Mauer, die er verteidigt hatte, auch nur etwas von seinem Gerät oder seiner Rüstung – war es dann nicht besser, bescheiden zu schweigen? Man sähe dann vielleicht nichts vor sich. So sieht man eine Versammlung von Bratenröcken.

Schichtungen

Man ist schnell fertig mit der Stadt. Enttäuscht und fröstelnd wendet man sich zur *Burg*, die um sich greifend, vielgeschossig, gewaltig ausladend, eine mächtige Anhäufung von Dächern, Mauern und Türmen, wuchtig Stadt, Fluß und Ebene beherrscht. Gottlob, sie wenigstens spricht und klingt. Schon das kolossische Marienstandbild im Erker der Schloßkirche sieht einen anders an als irgendeine beliebige Madonna. Ernst, starr und alt, mit den ungeheuren Augen, die so viel Glanz und Entsetzen erblickt haben. Und wenn man über die Zugbrücken geht, in hallenden, leeren Remtern an mächtigen Gewölbegurten hinauf-, von hochgelegenen Balkonen in steinerne Abgründe hinunterblickt, dann fühlt man für Augenblicke, während Gegenwart zurückbleibt, uralten Blutgeruch, Schauder und Geisterhauch der Geschichte. Nur seltsam, der Zauber hält nicht an, er ist nicht dicht genug, er wird immer wieder gestört. Viele Mauern sind so neu, so pedantisch-ordentlich, gestern gefügt und unerprobt; die Tünche vieler Wände ist so frisch, und die Stadtwappen, Ornamente und Hochmeisterbilder, die bald als Fresko an die Wand gemalt, bald als bunte Scheiben in die Fenster gefügt sind – man möchte es sich lange nicht zugeben, aber es drängt sich schließlich auf: Sie sind unleugbar *Jugendstil*. Es ist die Wahrheit. Sie sind zwanzig, dreißig Jahre alt, und von den Mauern stehen die meisten so, wie sie hier stehen, auch erst seit hundert Jahren. Gewiß, es gibt noch Räume, an die seit ihrer großen Zeit nicht gerührt wurde und die wie Orgeln zu tönen beginnen, kaum daß man eintritt: die Schloßkirche etwa, steilste Gotik, eng, finster, hoch, mit den streng geschiedenen Sitzen der Meister, der Gebietiger und der gemeinen ritterlichen Brüder – es ist, als wären sie eben erst daraus aufgestanden. Daneben aber gibt es Räume, die wüst liegen, entstellt, mißhandelt, und hier und da sind noch Arbeiter dabei, den Kalk von den Wänden zu klopfen, den banausische Zeiten daraufwarfen. Und dann die »erneuerten« Gebäudeteile, glänzend vor Neuheit, sauber, ordentlich, bemüht, pietätvoll und tot, tot, tot. Die Geschichte liegt hier nicht, wie an so vielen andern geschichtlichen Stätten, Zeiten überdauernd am Tage, wie ein erstarrtes Meer; sie liegt verschüttet. Die Marienburg durchwandern, das ist wie eine geologische Gesteinsforschung; Schicht über Schicht findet man hier die wunderlichsten Zeugnisse der Epochen übereinandergelagert und zuunterst erst, halbverborgen, nur manchmal noch freiliegend, den Edelstein, um dessentwillen man kam. Das sonderbarste Schicksal hat hier gewaltet.

Von der Burg zur Kaserne

Der Beginn der Zerstörung fällt zusammen mit der stolzesten Erinnerung: der *Belagerung im Jahre 1410*. Damals, als nach der Schlacht bei Tannenberg binnen zehn Tagen alle andern preußischen Komtureien, Festungen und Städte sich dem polnischen Sieger unterwarfen und gleichschalteten, »dergleichen«, wie die Chronik meldet, »nie ward gehört in irgendeinem Lande von so großer Untreue und schneller Wandelunge« – damals warf sich, wie bekannt, Heinrich von Plauen von seiner Komturei in Schwez mit 5000 Mann in die Burg, brannte die Stadt nieder, so daß die Belagerer auf Trümmern hausen mußten, und hielt die Burg unter täglichen Ausfällen und Gefechten drei Monate lang, bis die Belagerer, »von vergeblichen Anstrengungen, Krankheit und Ungeziefer fast verzehret«, abziehen und die Früchte ihres Sieges noch einmal preisgeben mußten. Nicht nur die Stadt wurde niedergebrannt, auch die Burg litt damals von den Bränden und Feldstücken der Belagerer den ersten Schaden. Noch heute sieht man in des Meisters großem Remter die Kugel einer polnischen Donnerbüchse in der Mauer stecken. Aber nicht die Narbe, die die Burg damals davontrug, haben das große stolze Bild ihrer Blütezeit entstellt. Nicht einmal der Verfall der Polenzeit hat so vernichtend gewirkt. Freilich, damals begann die Burg zu verkommen, wie eben Burgen verkommen, aus denen das Leben entweicht. Viele Teile standen jahrhundertelang leer, unbewohnt und ungepflegt, die Außenbezirke waren Händlern verpachtet, und in der Annenkapelle wurden gar, auf irgendein schwindelhaftes Gerücht, die Ordensbrüder hätten die Schätze versteckt, die Grüfte der Hochmeister aufgehackt, durchwühlt und geschändet. Die Chronik berichtet recht anschaulich davon; es geschah 1493, ein entlaufener Ordensbruder war der Anstifter. Das Hochschloß aber blieb immer noch Starostei, und die häufige Anwesenheit der Könige bewahrte die kostbarsten Teile der Burg vor allzu großer Vernachlässigung. Wie stets war auch hier das eigentlich Zerstörende nicht Krieg und nicht Unordnung, sondern entfesseltes Banausentum, wildgewordene Mittelmäßigkeit, von der noch immer alles Übel auf Erden gekommen ist. Und es ist bitter zu bemerken, daß diese Mächte grade in dem Augenblick zur Herrschaft gelangten, als die Burg unter preußische Hoheit kam: 1772. In diesem Jahr wurde die Burg *Kaserne*, und zum ersten Male trat die Spitzhacke in Tätigkeit: Aus den Konventsremtern mußte ein Exerziersaal, aus den Küchen ein Pferdestall, aus den Kellern Gefängnisse gewonnen werden: Wände und Pfeiler fielen, Fenster und Schießscharten wurden vermauert, Fliesen aufgenommen, Decken durchbrochen, Balkenlagen zu neuen Zimmern gelegt. Schlimmer aber wurde es noch, als dreißig Jahre später die Garnison in die Stadt verlegt und die Burg in ein Kriegsmagazin verwandelt wurde; jetzt war ihr, nach einem Wort Joseph von Eichendorffs, die härteste Belagerung bereitet, die sie jemals erlitten. Mit einer Großzügigkeit und Systematik, die Bewunderung erregen könnte, mit der ganzen Unbeirrbarkeit und draufgehenden Zielsicherheit, mit der der preußische Staat seine Zwecke verfolgte, wurden jetzt Gewölbe, Bogengänge, Pfeiler, Türme, Tore, Säle, Treppenhäuser, Balkone, Zierate, ja selbst Kapellen zerschlagen und zertrümmert und an ihrer Stelle saubere, viereckige, bebalkte Böden und Speicherräume eingerichtet, wo denn alsbald Mehl, Salz, Getreide und Munition säuberlich aufgeschichtet wurden. Nur weniges entging der Zerstörung – die Schloßkirche vor allem und einige kleinere Kapellen, die fremd noch Frömmigkeit und Größe beherbergten, wie ihre Nachbarräume Mehlsäcke und Patronenkisten. Das war 1801.

1803, ein wenig zu spät leider, erscholl dann der leidenschaftliche Protest Max von Schenkendorffs, und nun auf einmal entdeckte eine rückgewandt-romantische Zeit das Kleinod, das man zerstört hatte. Nicht nur patriotisch-geschichtlich bewegtes Bürgertum, auch gebildete Behörden nahmen Anteil und empörten sich; und nun trat die Burg in ihre seltsamste Epoche, in die der »Wiederherstellung«. Die Zerstörung, die sollte nicht geschehen sein, was vergangen war, sollte und mußte wiederkehren, und müßte man es dem Totenreiche entreißen! 1817 begannen die Wiederaufbauarbeiten. In einer sehr schönen, heute verschollenen Schrift Eichendorffs, die übrigens mehr enthält, als der Titel sagt (»Die Wiederherstellung des Schlosses der deutschen Ordensritter zu Marienburg«; 1844) kann man lesen, mit welch leidenschaftlicher Sorgfalt man alten Rissen, Plänen und Beschreibungen nachspürte, mit wie liebevoller List man fast kriminalistisch Indizien und Kombinationen nachging, um alles wieder so herzustellen, wie es zuvor gewesen war. Stückwerk, wie nicht anders möglich, blieb es trotzdem, und 1842 blieben die Arbeiten fürs erste wieder liegen, um erst nach der Reichsgründung neu aufzuleben. Sie sind noch heut nicht abgeschlossen, aber so weit gefördert, daß die meisten Spuren der Magazin- und Kasernenzeit getilgt sind, daß von der alten Architektur manches, von der alten Ausschmückung und Malerei einiges (wovon sich noch Spuren unter dem Kalk fanden) wiederhergestellt, anderes fromm und wohlmeinend ergänzt ist. So wölben sich die Säle und ragen die wuchtigen Türme wieder ganz wie die alten, und das Licht fällt wieder durch bunte Scheiben, und Schießscharten für Kartaunen und Donnerbüchsen sind wieder da, und bunte Bilder und manch gotischer Zierat schmücken wieder Wände und Mauern, und nur eines fehlt: der Hauch und die große Musik der Geschicke, die um die alten, zerstörten Mauern schwangen und von denen die neue, blitzblanke Pracht nichts weiß.

Trauer und Entmutigung

Mit sonderbar gemischten Gefühlen wandelt man, von einem liebenswürdigen Alten geführt und belehrt, durch die weiten alt-neuen Räume, so willig, sich begeistern und bezaubern zu lassen, für Augenblicke erschüttert, und doch immer wieder aus dem Traum gerissen und fast zum Lächeln gestimmt. Gewiß, diese romantische Bemühung und Geisterbeschwörung, mit der man hier Getötetes zum Leben zu wecken sucht, ist ernsthafter, rührender, größer als das schäbige Pathos, mit dem unten die Stadt Bartholomäus Blume ehrt; und doch, auch sie ist unfruchtbar und im tiefsten ohnmächtig. Dies neue, erstehende Schloß, es ist eben nicht das alte, es ist nur sein lebensgroßes *Modell*; und alle Bemühung und Hingabe legt sich auch nur wieder als eine neue Schicht späteren Geschehens, doppelt lastend, über das große Geschick, das einst das alte Gemäuer heiligte. Diese neuerstandenen Räume haben weder Winrich von Kniprode noch Heinrich von Plauen gesehen, sie wissen und erzählen nichts von ihnen; sie haben nur Wilhelm den Zweiten gesehen, der hier, als Ordensritter maskiert, Huldigungen entgegennahm und Reden hielt. Sie atmen nicht den Geist der Geschichte; sie atmen fast den Geist des Kostümfests. Und sie verstummen beschämt, wenn neben ihnen, wie eine Metallader im roten Gestein, ein Überlebendes der alten Zeit aufleuchtet, eine Kapelle, ein Kreuzgang, eine Brücke, die der Zerstörung getrotzt hat.

Man verläßt die Marienburg halbbefriedigt, eher verwirrt als erhoben. Aber seltsam! Wenn den Scheidenden später der Zug langsam über die Nogatbrücke entführt und vor dem rötlichgrauen Himmel dunkel noch einmal die Massen der Burg auftauchen, die Fenster im Abendlicht glühen, die Mauern drohen und die Türme wachen, dann hat auf einmal die Burg, ob hundertmal erneuert und zerstört, wieder ihre alte ungeheure Wirklichkeit zurückgewonnen. Der Trotz lebt wieder in ihren Mauern, der Glanz der Herrschaft strahlt um das Marienbild, Schicksal und Drohung schwebt über den Türmen, und je mehr das Schloß sich mit Himmel und Wolkenbildern vermischt und zu Traum wird, um so mächtiger ertönt dem Bezauberten wieder die wilde Musik seiner alten Größe und Herrlichkeit.

Zwei Völker essen

Die Deutschen und die Franzosen bezichtigen sich gegenseitig, Fresser zu sein. Sie tun das im besten Glauben, mit vollster innerer Überzeugung von der Richtigkeit ihres Standpunkts, mit der ganzen Unschuld, die das Zerwürfnis der beiden Völker in all und jedem so hoffnungslos und unheilbar erscheinen läßt. Die einleuchtendere Begründung haben natürlich die Franzosen für sich, wie immer (es spricht gegen die französische Sache, daß sie immer jedem Dummkopf als die gute und gerechte zu erscheinen weiß): Die Deutschen veranstalten fünf Mahlzeiten am Tage, die Franzosen zwei; die Deutschen essen während der Arbeit (ihre berühmten Stullen), die Franzosen nie; die Deutschen werden groß und dick, die Franzosen bleiben klein und dünn; und dann die Teller! »Vergleichen Sie nur Ihre Teller mit unseren«, rief ein Franzose, »und Sie wissen alles!« In der Tat, die deutschen Teller sind viel größer als die französischen. Die französischen Teller sind, was man bei uns Frühstücksteller nennt. So ein französischer Gang hört auf, ehe er richtig angefangen hat. Es ist wie mit einer Diskussion mit Franzosen: Sie hört ebenfalls auf, ehe sie richtig angefangen hat; man ist geschlagen, ohne daß überhaupt ein Gedanke entwickelt worden wäre. Eine Diskussion zum Beispiel über die Frage, ob die Deutschen oder die Franzosen größere Fresser sind, wäre in Frankreich an dieser Stelle beendet. Der Deutsche, der unbesonnen genug seine Meinung von sich gegeben hätte, müßte geschlagen und beschämt abziehen – mit einem tiefen Unbehagen darüber, eigentlich recht zu haben, es aber niemandem klarmachen zu können; einem Unbehagen, das jedem richtigen Deutschen von Grund auf geläufig ist.

Denn recht hat er doch wohl, trotz aller so verdächtig überzeugenden französischen Gegenargumente. Sollte es wirklich ein Zufall sein, daß er nur zwei Wochen in Frankreich zu leben braucht, um zu einem Schlemmer, Prasser und Diener des Bauchs zu werden – woran er in Deutschland nie im entferntesten gedacht hat? Der Deutsche, der im Lande bleibt, nährt sich redlich, ohne je einen Gedanken oder gar ein Gefühl an den Akt der Nahrungsaufnahme zu wenden. Er ißt nicht, er tankt. Er nimmt seine Stullen und seine Kartoffeln zu sich, um es hinter sich zu haben und wieder für ein paar Stunden nicht essen zu müssen; er tut so viel Fleisch und Gewürz dazu, wie nötig ist, um keine Scherereien mit dem Gaumen zu haben, nicht mehr. Das einzige, worauf er beim Essen Wert legt, ist das einzige, worauf der Franzose keinen legt: Sauberkeit. Aber gerade diese peinlich saubere, staubfreie Atmosphäre, in welcher der Deutsche den Eßakt vollzieht, zeigt nur, wie nüchtern-korrekt er dazu steht, wie sehr ihm an sachlicher, hygienischer, glatter Erledigung der Angelegenheit liegt; die helle, kühle, blankgescheuerte Einrichtung so einer normalen anständigen deutschen Gaststätte erinnert leise, aber ganz deutlich bereits an den ebenso hellen, kühlen, weißgekachelten Komfort der Orte, an denen später, mit ebensoviel und ebensowenig Gefühlsbelastung, die umgekehrte Operation stattfindet. Ein wirklich guter Deutscher wird auch, wenn man ihm alles dies vorhält, eher geschmeichelt als beleidigt sein; er ist tief durchdrungen davon – je weniger bewußt, um so tiefer –, daß es höhere und wichtigere Dinge gibt als des Leibes Nahrung und Notdurft. Der Schlemmer und Prasser ist in Deutschland eine der unpopulärsten Figuren, und einem Regenten verzeiht man eher ein Verbrechen als einen Bauch; was den Feinschmecker betrifft, so fällt er in Deutschland unweigerlich in die Kategorie der Sonderlinge – wobei er freilich weich fällt. Denn die Deutschen sind bekanntlich gutmütiger mit ihren Sonderlingen als andere, tugendhaftere Völker.

Ein Deutscher, der mit solchen Anschauungen und Gewohnheiten nach Frankreich kommt, kommt in des Teufels Küche, nämlich in die französische. Einem Gemeinplatz zufolge ist die französische Küche die beste der Welt. Ein törichter, ein nichtssagender Satz. »Die beste«, was heißt das schon! Um sich darunter etwas vorzustellen, müßte man sich erst einmal über eine Rangordnung der Werte einigen. Mit Wahrheit kann man vielleicht sagen, daß die französische Küche die anspruchsvollste der Welt ist; sie tritt mit den Allüren etwa einer großen Kurtisane auf, sie verlangt Konzentration, Hingabe und Würdigung, und sie weiß, was sie dafür zu bieten hat. Eine Mahlzeit ist in Frankreich eine feierliche Angelegenheit, man geht kaum zu weit, wenn man sie mit einem Gottesdienst vergleicht – einer Art von heidnischem Gottesdienst, einem Saturnalienfest etwa; und in dieser Beleuchtung sieht es sich ganz anders an, daß der Franzose zwei Mahlzeiten täglich veranstaltet. Während dieser Mahl-Zeiten, zweimal zwei Stunden am Tag, ruht der Verkehr, die Geschäfte sind geschlossen, die Bibliotheken, die Sportplätze, die Behörden sind unzugänglich; die Menschen aber wenden sich dem Fest des Essens zu. Die Gänge, fünf bis sechs an der Zahl, reihen sich an dem weißen, lockeren, unsättigenden Brot auf wie Perlen an einer Schnur. Man massiert den Gaumen mit einigen Horsd'œuvres, besänftigt ihn mit Fisch, gönnt ihm darauf die direkte Lust eines wohlgewürzten Fleischstücks, das noch ein wenig roh sein muß, so daß man noch entfernt die Todesangst von Tieren mitschmeckt; das darf aber nicht zur Erschöpfung führen, denn nun kehrt man in die zivilisierten Gefilde milder Gemüse zurück, dann folgt ein Entremets, ein Intermezzo: eine Leckerei, ein kulinarischer Witz, der einem die Kraft zum Käse gibt – der Käse darf einer französischen Mahlzeit sowenig fehlen wie einer frommen das Tischgebet; es gibt dem Eßfest das Erbauliche. Nach ihm darf man sich beliebigen Ausschweifungen hingeben, Torten und süßen Speisen, ohne daß es noch ernstlich zählt. Man reinigt sodann den Magen mit Früchten, und zum Schluß tritt der tiefschwarze, ernste, bittere Kaffee auf wie der Tod am Ende eines reichen und vollen Lebens; vor ihm wird alles zu nichts, entsühnt tritt man hinaus ins Jenseits. Ich spreche nicht von den Weinen, die die Platten so selbstverständlich begleiten und verklären wie die Träume die Taten. Dies alles spielt sich in einer Art von Dämmerung ab, die, der Helligkeit deutscher Speisestätten sehr unähnlich, kleine nebensächliche Mängel der Reinlichkeit ebenso verhüllt, wie sie das Schmatzen, Schlürfen, Stippen und Aufstoßen begünstigt, das zu einer guten Mahlzeit gehört. Denn es hieße wahrhaftig die Küche beleidigen, wenn man sich die Freude an ihr nach deutscher Unsitte durch ästhetische Hemmungen und ängstliche Selbstbeobachtung vergällen wollte. Der Franzose ißt ungeniert und gerade deshalb mit Würde – mit der ganzen Würde des Menschen, der etwas Rechtes, Gutes, ja Frommes tut; während der Deutsche, der, essend, sich so wenig wie möglich merken lassen möchte, daß er ißt, in all seiner diskreten Lautlosigkeit eine etwas unglückliche, verstohlene, unentschlossene Rolle spielt.

Übrigens spreche ich hier nicht von den Schlemmereien weniger Wohlhabender. So, wie geschildert, ißt das französische Volk, der kleine Mann, dieser spar- und arbeitsame, unelegante, bescheidene, etwas schmutzige, gutmütige Kleinbürger, der mit seiner Familie in zwei Zimmern haust und sich alle drei Jahre einen Anzug kauft. Er wechselt selten das Hemd und leistet sich nicht so leicht ein Bad; aber sich nach deutscher Art von Stullen zu nähren, würde er mit ebensoviel Entrüstung von sich weisen wie etwa die Zumutung, das Zölibat auf sich zu nehmen. Es würde auch in Frankreich nie gelingen, einen Kapitalisten oder Minister durch den Abdruck seiner Speisekarte unpopulär zu machen; der Schlemmer stößt hier auf belustigtes Verständnis, der Feinschmecker auf wirkliche Hochachtung. Wenn der Franzose mit Verachtung jemanden als Fresser bezeichnet, dann denkt er dabei gar nicht an das, was der Deutsche sich darunter vorstellt, sondern er denkt gerade an den harmlosen asketischen Deutschen, der sich gar nichts aus dem Essen macht und fünfmal am Tage ißt – und jetzt tut sich der Abgrund auf, die unendliche Schwierigkeit, das ganze Aneinandervorbei des deutsch-französischen Gesprächs. Auf einmal entdeckt man bei einer so harmlosen Angelegenheit wie dem Essen, daß zwischen diesen beiden Völkern nicht nur Meinungsverschiedenheiten und Vorurteile stehen, sondern tiefe Unterschiede des Lebensgefühls. Dem Deutschen scheint es barbarisch, eine ordinäre körperliche Funktion wie die Nahrungsaufnahme wichtig und ernst zu nehmen, sich ihr mit schmatzendem Behagen hinzugeben, gar Geist, Herz, Leidenschaft daran zu wenden. Dem Franzosen umgekehrt scheint es barbarisch, irgend etwas, ordinär hin und animalisch her, ohne Geist, Herz, Leidenschaft zu tun. Der Deutsche empfindet gotisch, der Franzose antik – und zwar gerade der einfachste Deutsche und der einfachste Franzose, Leute, die nie etwas von Gotik oder Antike gehört haben und nicht durch Bildung instinktunsicher geworden sind.

Im Ernst sind sie wohl beide gleich komisch: der Franzose mit dem aufgepflanzten Besteck, der Serviette vor dem Bauch und dem kauenden Munde, voll tiefer Hingabe über seinen geistvoll bereiteten Hammelrücken gebeugt, und der Deutsche mit der ewigen Aktentasche und darin neben den Büchern dem ewigen Stullenpaket – dem trüben Erdenrest, zu tragen peinlich. Aber sie können sich nicht entschließen, übereinander zu lachen, geschweige denn über sich selbst. Sie sitzen da zu beiden Seiten des Rheins und nehmen sich ernst und beschimpfen einander als Fresser. Wenn sie sich morgen wieder die Köpfe einschlagen, wird es mit Unschuld und Überzeugung geschehen.

Bessarabien an der Seine

Wenn wir kein Geld mehr haben, und das haben wir gar nicht so selten, essen wir im Bessarabischen; wie hübsch ist es hierzulande, kein Geld mehr zu haben! Das Bessarabische liegt in einer Gegend von Paris, wo sich die Füchse gute Nacht sagen; solche Gegenden gibt es viele in Paris, die Stadt hält sie gewissenmaßen vorrätig, und es sind die überraschendsten Stellen, die sich die Füchse hier zum Gutenachtsagen aussuchen. Diese zum Beispiel liegt gleich hinter dem Pantheon. Am Pantheon geht es noch pathetisch zu, wie man sich denken kann; die Straßen treten breitspurig auf, sie können es sich leisten, die Häuser stehen vornehm-lässig da, die Hand am Degen gleichsam. Kirchtürme ragen, der wuchtige von Sainte-Geneviève und der zierlich-lichte von Saint-Étienne-du-Mont, alles aber überragt die Pantheonskuppel, die scheußlich wäre mit ihren Friesen und Säulen, wäre sie nicht doch so herrlich anzusehen; hart am Rande des Kitschs vorbei schwingt sie sich mit einem rührend-pathetischen Bogen in den Himmel hinein, der sie liebt, denn er verklärt sie zu allen Zeiten mit allen Mond- und Sonnenfarben.

Gleich dahinter also beginnt die Gegend der Füchse. Was für Gassen, die da in die Place de la Contrescarpe hinabschleichen wie in die Wolfsschlucht, krummen, gebückten Ganges, kleine, verstohlene Laternen wie Grubenlichter vor sich hertragend! Wie sie schon heißen, die Straßen dieser Gegend! Da gibt es die Straße des Galgens und die

Straße des Schlüssels, die Straße der vier Winde und die Straße der Flöhe des Eremiten. Dies sind, man spürt es, die krummen Wege, aus denen zu den Zeiten Gargantuas Prälaten und Ritter wandelten – huschen nicht ihre Schatten noch, Kapuzen über der Stirn, nachts mit den Katzen lautlos um die Straßenecken? Hierherum ist auch die Place Maubert, wo man dazumal die Ketzer zu Asche verbrannte. Heute ist es eine Gegend der Flohmärkte und der Pferdeschlächtereien. So dicht liegt hier Glanz und Verfall beieinander, und man weiß nicht einmal genau, was schöner ist. Gestern haben wir noch bei Rosier geschlemmt, und heute gehen wir ins Bessarabische.

Wie viele Vorteile bietet nicht das Bessarabische! Es ist nicht nur billig, es ist herzlich. Es ist ein russisches Restaurant; hier geht es menschlich zu. Ich gebe zu, mit Zögern betrat ich die Höhle, in der es haust. Das Haus sieht nicht so aus, als sei man seines Lebens hier sicher; aber wo ist man das? Wer dennoch eintritt, wird belohnt. Drinnen scheint zwar weder Sonne noch Mond herein, aber die ewige sanfte Dämmerung, die hier herrscht, ist blau vom Rauch der Zigaretten, und ewig tönt traurige Musik, und überall sitzen sympathische Menschen herum, Russen nämlich. Ewig schwirrt ihr unverständliches weiches Gespräch in der Luft herum, sie scherzen, sie diskutieren, sie ereifern sich – man versteht nichts, aber man versteht alles. Hier ist gut sein.

Man bekommt hier für neunzig Pfennig nicht nur ein erstaunlich vielgängiges Essen, sondern noch mancherlei dazu, nämlich als erstes einmal eine Art Familienanschluß. Ich habe jetzt vielleicht ein halbes dutzendmal dort gespeist, und ich weiß jetzt, was das für Leute sind, die mich dort speisen und tränken; ich kann sie mehr oder minder meine Freunde nennen. Es sind junge Leute, Geschwister, ein Mädchen und ein Junge, Russen, wie gesagt. Sie haben weiche Gesichter und weiche Bewegungen, mächtige schwarze Lockenköpfe und die lebendigsten Augen, und sie sehen sich auf die rührendste Weise ähnlich. Erst hatten die Eltern das Lokal, sie sind 1917 aus Rußland hinausgegangen, wie man so hinausgeht, solange das mit den Bolschewisten dauert; inzwischen halfen sie sich eben mit diesem Lokal durch. Nun, dann sind sie also hier gestorben, und jetzt sitzt die zweite Generation im Laden und verwaltet ihn schlecht und recht und melancholisch und lustig nach Russenart.

Wie die Kinder es eigentlich machen, ist rätselhaft; denn das Essen ist viel zu gut und billig, als daß sie daran verdienen könnten, und die Leute, die hier essen, sehen so aus, als ob sie meistens anschreiben lassen, und außerdem verrechnen die Wirte sich immer zu ihrem Nachteil. Damit nicht genug, sie sitzen dauernd mit den Gästen zusammen und essen zur Gesellschaft mit und tun ihrem eigenen Essen Ehre an. Und zu allem übrigen ist der Junge noch ein Spieler seines Zeichens; was schließlich trotz allem noch einkommt, verspielt er aufs hurtigste, er weiß selbst nicht wie.

Trotzdem muß es ja irgendwie gehen, denn sonst wäre der Laden ja zu; und ein bißchen gehört es zum Stil, daß dieses Lokal auf einer unsoliden, undurchsichtigen, zauberhaften ökonomischen Basis ruht. Es gehört auch zum Stil, daß man das Essen nicht immer pünktlich bekommt oder manchmal falsches Essen. Auf dem Weg zum Tisch bis zur Küche sitzen soviel Bekannte, die das Mädchen scherzend aufhalten; da kann es wohl einmal passieren, daß ein Tee in Vergessenheit gerät oder aus einer Omelette eine Boulette wird. Mit wieviel scherzhaft-liebenswürdiger Zerknirschung wird man dafür nachher entschädigt! Und wie wirtlich-familiär wird man dazu angehalten, seinen Vorteil wahrzunehmen, nur ja keinen Gang auszulassen, auf den man für seine neunzig Pfennig ein Anrecht hat, vielleicht ein Stück Torte zu nehmen, wenn man kein

Gemüse mehr mag; die Torte ist selbstgebacken, das versteht sich.

Das andere, was gratis mitgeliefert wird, ist Schwermut. Dem Russen, wenn man es noch nicht wissen sollte, schmeckt es nur, wenn er melancholisch ist. Ein russisches Essen ohne Schwermut, das wäre! Dies Volk tut alles, um sich beim Essen in die rechte Buß- und Jammerstimmung zu bringen; es raucht vor jedem Gang (manche sogar während des Essens) seine scharfen, bitteren, herzbeklemmenden Zigaretten; es ißt im Dunkeln; vor allem ißt es nur bei traurigster Musik. Zu russischem Essen gehört eine Musik, die sich auf die Tränendrüsen und auf den Darm legt und einem das Rumpsteak im Magen umdreht; eigentlich muß es Balalaika sein, aber so reich sind wir hier im Bessarabischen nicht.

Hier haben wir nur ein Radio, aber es ist ein guter Apparat mit Fernempfang, und irgendwo auf der Welt gibt es ja bestimmt immer etwas Trauriges zu hören. Erstaunlich, mit welcher Findigkeit die Wirte es aufzuspüren wissen! Geht irgendein Programm ins Fröhliche über, im Nu wird dem Radio der Hals umgedreht; Liebesleid von Kreisler ist das Äußerste, was allenfalls einmal erlaubt wird. Welche Freude dagegen, wenn es einmal so etwas gibt wie heute die Übertragung der Königsbeisetzung aus Brüssel! Da wird das Radio auf größte Lautstärke gestellt. Die Glocken dröhnen in den kleinen dunklen Raum, als wollten sie ihn sprengen, und tränenerstickt tönt die Stimme des Ansagers, der leidend die Uniformen der trauernden Herren und die Trauerkleider der Damen beschreibt.

Keiner hört ihm übrigens zu. Das ist das Merkwürdige, daß diese Traurigkeit zwar als Kulisse unentbehrlich ist, daß sie aber die Stammgäste keineswegs ansteckt; im Gegenteil! Dies Volk ist munter wie der Fisch im Wasser; es ist ein sonderbares Volk. Ein paar Alte gibt es, bärtige Vergrämte, die werden wohl noch aus der Zeit der Eltern stammen; sie sehen mit schweren Tränenaugen in ihre Zeitung und in die Welt und wischen sich die Suppe und den Wodka aus dem Bart. Aber das meiste, was hier sitzt, sind junge Leute, und von ihnen kann man eigentlich nichts weiter sagen, als daß sie ohne Geld sind. Sonst sind sie, so sehr man sich anstrengt, sie bürgerlich unterzubringen, eigentlich eigenschaftslos – unqualifizierbar in jedem Sinn. Sie sind Russen, ja, aber Emigranten schon nicht mehr, ihrem Alter nach; Franzosen aber sind sie noch weniger. Ihre Heimat ist wahrscheinlich dies Lokal und sonst nichts auf der Welt.

Und was mögen sie von Beruf sein? Der eine oder andere vielleicht Student; aber die meisten sehen zu abgerissen dazu aus. Eine bürgerliche Tätigkeit traut man eigentlich keinem zu; ihr Hauptberuf dürfte sein, kein Geld zu haben. Sie haben dafür unendlich viel Zeit; sie sitzen hier stundenlang. Man hat manchmal das Gefühl, sie gingen nie hinaus. Sie diskutieren, sie lachen, manchmal springen sie auf und rennen herum, manchmal im Eifer setzen sie sich, gestikulierend, auf einen Tisch, manchmal gehen sie aufeinander los und ringen, und dann lachen sie aus tiefster Brust und vertragen sich und bestellen einmal wieder etwas; und das wirtliche Mädchen geht weg und vergißt es, oder sie ißt es gleich mit, und dazu haucht das Radio Grabgesänge, und die Mädchen lachen mit blanken Augen und werfen die Köpfe mit den schiefen Baskenkappen in den Nacken, und der bittere Rauch wirbelt aus vielen Zigaretten hoch in die blaue, dicke, duftende Dunkelheit, und so vergeht die Zeit ...

Wer hier gegessen hat, hat einen Traum geträumt. Wer hier hinausgeht, hat eine Versuchung bestanden.

Pawel Pawlitsch speist

Keine Gurkensuppe?« – und der Gast, aus seiner Zusammengesunkenheit auffahrend, hob der Wirtin seinen Schnauzbart mit dem Ausdruck des Entsetzens entgegen.

»Nein, Väterchen, nein«, sagte die Wirtin, »aber vielleicht nehmen Sie eine Blumenkohlsuppe, sie ist heute besonders gut, oder eine Borscht, mit viel Sahne, wie wär's?«

Der Gast verwarf alles mit furchtbarer Gebärde. Er rief mit zuckender Lippe: »Das letzte Lokal hat zu dieser Jahreszeit Gurkensuppe, das letzte, das letzte Hundlokal. Nur Sie nicht! Wie kommt das? Wie kommen Sie als einzige dazu, keine Gurkensuppe zu haben, he?«

»Haben eben heut keine, Pawel Pawlitsch!« rief die Frau, »müssen schon mit einer andern Suppe vorlieb nehmen. Oder wart, wollen Sie lieber einen Fischsalat, mit schönen Fischchen und Krabben? Auch ein bißchen Krebs ist drin!«

Zugleich rief der Mann aus der Küche, wo er Schnitzel briet: »Schmeiß ihn doch raus, schmeiß ihn doch raus, den Puter, den alten stinkigen!« Und er lachte zornig, aber er fuhr fort, Schnitzel umzuwenden, daß sie aufzischten, und tat nichts, um Pawel Pawlitsch hinauszuwerfen.

Die Frau gab auch gar nicht acht auf sein Reden, sondern fuhr jetzt fort, Pawel Pawlitsch zum Appetit zu ermuntern. Der zuckte noch ein paarmal zornig auf, dann begann er zu weinen und rief, von Schluchzen unterbrochen: »Wissen Sie, Mütterchen, die Gurkensuppe bei Rodzoroski auf dem

Nikolaiskiprospekt, Zwiebelchen schwamm drin und Markklößchen, und obendrauf war grüner Pfeffer gestreut: Oh, oh! Und jetzt haben Sie keine Gurkensuppe mehr.« Er suchte ein Taschentuch, um sich den Schnauzbart zu wischen, fand keins und fuhr fort: »Hundelokal, Hundelokal, keine Gurkensuppe!«

Indessen entwischte die Frau in die Küche, den Fischsalat zu holen. Es war ein sehr kleines Lokal, nur der Raum zum Essen und gleich daneben die Küche, die offenstand. Der Mann kochte, und die Frau trug auf, und wir Studenten aßen dort, wenn wir kein Geld hatten. Wenn man dem Mann glauben durfte, war er früher Koch beim Großfürsten Alexander Nikoljewitsch gewesen. Jetzt hatte er schon seit sechzehn Jahren, in der verborgensten Gegend der Hauptstadt eines fremden Landes, dies Lokal. Nun, sein Essen war gut und obendrein billig, was wollte man mehr!

»Hat wieder seinen bösen Tag, Pawel Pawlitsch«, sagte die Frau in der Küche und seufzte auf.

»Der Wolf, der alte, mottenfraßige«, sagte der Mann. »Sollt ihn der Henker holen, lieber heut als morgen! Na, wart«, fügte er hinzu, da die Frau mit dem Salat gehen wollte, und er langte die Wodkaflasche vom Brett und goß ein Glas voll. »Bring's ihm mit, soll sich's bekommen lassen!«

Ein Stammgast, dachte ich, man will ihn sich warmhalten trotz seiner Launen. Pawel Pawlitsch murrte etwas, stülpte den Wodka in den Mund, hustete, knurrte und begann voll Weltverachtung im Salat zu stochern. Er stach nach ihm nicht wie nach Salat, sondern wie nach einem Feind, und er schlang ihn mit Grimm. Pawel Pawlitsch war unbestimmbaren Alters und Standes, sein brauner Anzug war abgerissen, seine rechte Hand zitterte unaufhörlich ein wenig, und in den tausend Falten seines Gesichts saß Schmutz und Schwermut. Traurig hing die große Nase, hing der graue Schnauzbart über den Teller, ab und zu zuckte es in der Stirn, und mitunter hustete er kläglich und anhaltend.

Mitten in einem Hustenanfall brachte ihm die Wirtin sein Schnitzel, und sie klopfte ihm den Rücken und rief: »Ja, Väterchen, rauhes Wetter, schlimmes Wetter, nichts für uns alte Leute, täten besser, am warmen Ofen zu sitzen!«

Pawel Pawlitsch nahm keine Notiz davon, nur den Teller schob er näher unter seinen Bart, und begann, das Schnitzel zu zerschneiden. Es war bemerkenswert, daß er das Messer zwar grimmig, aber korrekt führte.

»He!« rief er plötzlich, und wahrhaftig, das ganze Lokal erschrak, so furchtbar zornig hatte er geschrien. Die Wirtin lief herbei, mit gräßlichem Ausdruck hielt er ihr auf der Gabel ein Stück Fleisch entgegen: »Was ist das?« schrie er.

»Kalbsschnitzel«, rief die Wirtin, »schönes Schnitzel nach Wiener Art, Pawel Pawlitsch, schmeckt's Ihnen nicht?«

»Ein Stein ist es«, schrie Pawel Pawlitsch, und die Kraft seiner Stimme setzte mich in Erstaunen. Es war eine Kommandostimme; vielleicht war er einmal vor Zeiten ein Offizier des Zaren gewesen und hatte eine Kompanie, ein Bataillon so angeschrien. »Ein widerwärtiger harter Kieselstein, den kein Mensch verdauen kann, nur die Zähne kann man sich daran ausbrechen! Ein Stein, ein Stein, das ganze Schnitzel ein harter Stein«, und er hielt der Wirtin anklagend den Teller entgegen.

»Aber Väterchen ...«, stammelte die Wirtin.

»Schmeiß ihn doch endlich raus!« rief der Mann aus der Küche, »kopfüber raus, den räudigen Hund, den elenden!« Und er gebrauchte noch viele Schimpfworte, aber sie gingen unter, denn zugleich schrie Pawel Pawlitsch weiter; es herrschte auf einmal Höllenlärm.

»Und ihr wißt es, ihr wißt es«, schrie Pawel Pawlitsch in höchster Erregung, »daß mein Magen es nicht verträgt, mein armer alter Magen! Daß ich ganz weiches Fleisch brauche, ganz weiches, wie oft soll ich es noch sagen! Furchtbare Schmerzen habe ich, wenn ich Steine essen muß, ganz weiches Fleisch brauche ich, sammetweiches: Aber ihr wollt mich umbringen!«

»Da sei Gott vor«, rief die Wirtin und schlug ein Kreuz, »da sei Gott und alle seine Heiligen davor, daß wir euch umbringen wollen. Pawel Pawlitsch; gebt's her in Gottes Namen, das schöne Schnitzelchen …« Die Frau weinte ein wenig.

»Aber nichts anderes kriegt er, nichts anderes!« schrie der Mann aus der Küche. »Soll er anderswo essen gehen, anderswo! Ha, ha!«

Die Frau weinte noch ein bißchen weiter um ihr Kalbsschnitzel und raffte die Schürze hoch, um die Tränen wegzuwischen. Das schien Pawel Pawlitsch zu rühren, denn er sprach in milderem Tone: »Ein Fricandeau, durchgedreht, ganz weich gebraten, ganz saftig, sammetweich …«

»Will sehen, daß ich's recht mache«, sagte die Frau unter Tränen, und sie entwischte, das abgelehnte Schnitzel mit sich tragend.

»An den Beinen aus dem Fenster schmeißen werd ich ihn«, rief der Mann, aber er tat nichts dergleichen. Statt dessen begann er, zornig lachend, Fleisch durchzudrehen. »Gott wird's ihm heimzahlen«, rief er noch, »das schöne Schnitzelchen!«

Dann briet die Frau das Fricandeau.

Pawel Pawlitsch saß inzwischen seufzend und versunken, das Kinn wie in schwerem Nachdenken auf der Brust, seine rechte Hand zitterte leise ohn Unterlaß. Ich sah auf einmal, daß unter seinem Vorhemdchen kein Hemd war. Ja, Pawel Pawlitsch mußte etwas sehr Hohes von Abstammung sein, daß er trotzdem ein so wählerisches und herrisches Wesen bewahrt hatte, ein großer Herr offenbar trotz aller Abgerissenheit, gewöhnt, respektiert zu werden. Eben brachte die Frau das Fricandeau herein, noch dampfend, und gleich eine süße Speise dabei. Er aß alles seufzend und forschend, als argwöhne er Gift darin. Wir alle warteten auf den nächsten Ausbruch. Aber schließlich stand er auf, sah sich ein wenig wankend um und winkte Abschied.

»Gott mit dir, Väterchen«, rief die Wirtin, und auch der Wirt murmelte: »Gott mit dir«, während Pawel Pawlitsch, leise zitternd und zusammengesunken, sich an den Tischen stützend, zur Tür schlich.

Es fiel mir auf, daß er nicht zahlte. »Das ist ein Abonnent, nicht wahr?« fragte ich die Wirtin, während ich meinerseits zahlte.

»Wer? Pawel Pawlitsch? O nein, mein Herr. Denken Sie, wir würden solche Abonnenten dulden? Wir hätten ihn schon längst hinausgeworfen. Glauben Sie nicht, mein Herr, daß wir solche Abonnenten haben.«

»Was ist er denn aber?«

»Pawel Pawlitsch«, sagte die Wirtin, und sie senkte abergläubisch die Stimme, »Pawel Pawlitsch ist ein Armer.«

»Ein Bettler?!« rief ich.

Aber die Wirtin sah mich nur mit großen einfältigen Augen an, als spräche ich eine fremde Sprache.

Die Lampen von Paris

Der Charme einer Stadt wie der einer Frau liegt in den Dingen, die man nicht bemerkt. Gewiß haben die anderen, die offen gezeigten, stolz zur Schau gestellten, auch ihren Wert und ihre Wirkung. Aber kein Perlenhalsband, kein noch so blitzender Stein, keine schimmernde Anhäufung von Pelz und Seide hat den tiefen unerklärlichen Reiz eines nicht nachweisbaren Parfüms, einer unmerklichen Fältelung oder Verbrämung, eines heimlich raffinierten kleinen Schmuckknopfs, den man gar nicht zu sehen meint. So ist es auch mit Städten. Nichts gegen ihre »Sehenswürdigkeiten«, ihre Kirchen, Tore, Schlösser, Parks, Museen, Denkmäler, Prachtstraßen! Mit Recht tragen alle diese schönen Dinge ihre drei Sterne im Baedecker. Dennoch, das Eigentliche und Letzte sind sie nicht. Man sieht sie an und nickt mit dem Kopf und findet, daß sie schön und imponierend sind, wie das ja auch ihre verfluchte Pflicht und Schuldigkeit ist. Die Liebe hängt an anderen Dingen, an zarteren, unscheinbareren, intimeren; an so unauffälligen oft, daß der Verliebte sie selbst gar nicht zu benennen weiß. Eine kluge Stadt aber weiß das, und sie hält auf ihren kleinen Schmuck. Ich glaube, man kann eine wahre Stadt von Welt daran erkennen, wie ihre Kleinigkeiten beschaffen sind. Repräsentieren kann auch eine groß gewordene Kleinstadt, wie es eine reiche bourgeoise kann; aber die Parvenustadt wird überall, wo sie sich nicht gerade zur Repräsentation verpflichtet fühlt, mit einem erleichterten

Aufseufzen in ihre alte Schlamperei zurückfallen. Die angeborene, unverlierbare Anmut in den Dingen, auf die es scheinbar gar nicht ankommt – das macht den Charme und den Adel einer Stadt.

Dies alte, kluge, junge, törichte, verfallende, blühende, unsterbliche Paris zum Beispiel, diese damenhafteste Stadt der Welt – wenn man ihre ungezählten Liebhaber fragt, was sie eigentlich so bezaubert, fangen sie an zu stammeln. Sicher ist nur, daß kaum einer zur Antwort den Louvre, den Eiffelturm oder das Pantheon aufzählen wird. Sie stammeln, sie sagen »die Atmosphäre«, »das Licht«, »der Zauber«, sie geraten ins Schwärmen ... Die Stadt lächelt dazu ein abgrundkluges, weibliches Lächeln. Sie hat schon ihre Toilettengeheimnisse, die Stadt Paris; kleine Geheimnisse, zu unscheinbar, als daß man sie ihr entreißen könnte ... Hier ist eines davon. Nur ruhig, sie hat noch viele, die unenträtselt sind. Dies haben wir in einer indiskreten Minute enthüllt. Hier ist es. Erschreckt nicht! Es sind ihre *Lampen*.

Lampen gibt es in jeder Stadt, gewiß, aber es kommt darauf an, was eine Stadt daraus macht. In den meisten Städten sind das unscheinbar nützliche, brave Dinger, die dazu da sind, daß man nachts die Häuser sehen kann; daß man auch sie selbst ansehen könnte, auf diesen Gedanken kommen sie in ihrer Bescheidenheit gar nicht, und am Tage, solange sie nichts zu tun haben, stehen sie arm und überflüssig, sich selbst zur Verlegenheit, herum. Nicht so die Pariser Lampen. Das sind stolze Geschöpfe, die auf sich halten, Gebilde, die das Tageslicht nicht scheuen; für eine unbeachtete Dienstmädchen-Existenz würden sie sich bedanken. So eine Pariser Lampe ist sich nicht zu gering dazu, einer Straße Rhythmus und Gliederung zu geben oder ganz einsam, denkmalhaft, als übermütiges Ausrufungszeichen einen Platz zu krönen. Sie kann es sich auch leisten. Sie hat es in sich. Die Lampe, die hier am häufigsten auftritt, eine hohe, schlanke Hängelaterne, repräsentiert in ihrer Anmut, in ihrem Stolz, in ihrer gelassenen Heiterkeit den ganzen Geist dieser Stadt. Auf ihren lichten Kopf, den sie sehr hoch trägt, ist ein runder, dunkelschimmernder Helm gestülpt. Aber damit ja nicht zuviel Wucht, zuviel Schwere in das Bild komme, ist dieser Helm wie eine Brauthaube mit einem leichten Band unter dem Kinn zusammengeknüpft; und all diese heitere Würde und hoheitsvolle Zierlichkeit trägt ein langer, schlanker, nach oben ständig verjüngter Stengel hoch bis vor die Fenster der ersten Etagen hinauf. Man muß es sehen, wenn in einer der langen Avenuen abends die schnurgerade Reihe dieser hochgewachsenen Lichtträger mit einem Schlage aufflammt, abenteuerlich-prunkvoll und lieblich zugleich; man wird es nicht ohne Herzklopfen sehen.

Aber Paris wäre nicht Paris, wenn es sich an diesem einen Lampentyp genügen ließe. Er bildet die Grundmelodie, aber diese Melodie wird ständig variiert, mitunter von Gegenmotiven ganz unterbrochen. Ihr holder Prunk würde auch nicht überall gleichmäßig am Platze sein; und das Genie dieser Stadt liegt noch nicht einmal so sehr darin, Schönes hinzustellen, als darin, es grade an seinen richtigen Platz zu stellen. Die Pariser Normallampe nähme sich seltsam aus im Gemäuer des alten Montmartre, im gotischen Quartier Latin oder zwischen den verfallenden Herrensitzen der Isle Saint-Louis. So findet man sie dort auch nicht. Dort gibt es ganz einfache Laternen, viereckige Glaskästen auf Eisenstangen gesetzt. Aber wie sind sie hingesetzt! Wie hat man die Ecken, die Treppenpodeste und Bögen herausgefunden, wo auch eine solche Lampe ihr Licht leuchten zu lassen vermag! Welch tiefer Zauber liegt in so einer trüben kleinen Laterne, die an einer verdächtigen Ecke plötzlich ihren gebogenen Arm aus einem Hause steckt – Zeugin nächtlicher Messerstechereien, Beschützerin obdachloser

Liebespaare! Welch ländlicher Friede umschwebt die alten Montmartrelampen, die einsam auf ihren Treppenpodesten wie kleine irdische Sterne über den düsteren Straßenschluchten schimmern! Ein großer Teil von dem unentrinnbar-unerklärlichen Zauber grade der verfallensten Teile des vieux Paris liegt einfach in seinen kleinen Laternen – vielmehr in dem Genie, mit dem diese so bescheidenen kleinen Laternen in die Landschaft hineingesetzt sind.

Wie sehr aber die Laternen das große, das königliche und kaiserliche Paris verzaubern helfen, das liegt offener zutage. An den großen Städten der Repräsentation, an der Place Vendôme, der Place de la Concorde, an der Oper und am Invalidendom hat man gerade an die Lampen einen so überschwenglichen Pomp, eine so königlich ausstreuende Phantasie, einen so hinreißenden Reichtum, eine so unbändige Lust an Prunk und Glanz gewendet und verschwendet, daß auch der Nüchternste nicht daran vorbeigehen kann. Diese Kandelaber, diese Lichtsäulen und Fackeltrauben sind schon keine gewöhnlichen Laternen mehr; es sind Paläste des Lichts, Werke einer besonderen Architektur aus Eisen, Glas, Stein und Flamme. Die dreiköpfigen Barocklaternen der Place Vendôme bilden den Übergang; sie mag man noch allenfalls als besonders kostbare Straßenlampen ansprechen. Die Kandelaber der Place de la Concorde kann man schon nicht mehr so nennen; diese mächtig ragenden Pfeilermasten, die mit ausgebreiteten Armen die großen Lampen rechts und links über das Meer des Riesenplatzes ausstrecken, sind schon Denkmäler eigener Art, Siegessäulen des Lichts. Ihren Höhepunkt aber erreicht diese Prunklust an der Place de l'Opéra, bis sie sich am Pont Alexandre III. überschlägt und ins Grotesk-Verspielte übersteigert. Man hat die Oper und ihren Pomp, so auch ihre Laternen – Geschmack der größten Bürgerzeit, des Second empire und der Kaiserin Eugénie – lange Zeit gescholten, sie überladen und schwülstig gefunden. Mir scheint, man ist heute dabei, dies Urteil zu revidieren. Man erkennt heute die Größe dieser letzten überhitzten Siegesfeier des Barockgeistes in Europa – und wer noch zweifelt, den können gerade diese Lampenkompositionen vor der Pariser Oper vielleicht überzeugen, diese Lichtsymphonien für große Orchester mit ihrer überreichen Instrumentation, ihrer Polyphonie, ihrem harmonischen Raffinement. Hier gibt es Traubenlampen mit über- und nebeneinander angeordneten Lichtkörpern zwischen pompös verschnörkeltem Eisenornament, hier Karyatiden, die Lampen wie Kronen auf ihren Häuptern tragen, dazwischen wieder raffiniert einfache Stocklaternen – es ist eine Orgie, ein Karneval der Beleuchtungskörper. Hier, einmal in der Stadt, toben die Pariser Laternen ihr ganzes ungeheures Selbstbewußtsein aus, hier ruft ein einziges Mal jede Lampe laut und schmetternd auf den Platz hinaus: »Ich bin da!«

Sie können es sich leisten. Paris weiß, was es an seinen Laternen hat. Paris ist alles in allem – dies ist vielleicht der einzige Ehrentitel, der ihm fehlt – keine saubere Stadt. Die Straßenreinigung ist anderswo besser, und wenn der Putz von den Häusern fällt – warum nicht? Desto malerischer wirken sie. Aber die Laternen, die haben es gut in Paris; die läßt die Stadt nicht verfallen. Sie werden mit einer Liebe gepflegt wie wohl nirgends sonst; noch in den ärmsten Quartiers blitzen und blinken sie wie Edelsteine. Und täglich kann man, häufiger als irgendwo, die Laternenputzer auf ihren schwanken Leiterchen hoch oben schweben sehen. Selbstvergessen hängen sie zwischen Himmel und Erde, den Kopf vornübergebeugt, und hingegeben waschen und wischen sie die kostbaren Glasköpfe der edlen Lampen blank – zärtlich und sorgfältig, als kämmten sie den Kopf einer schönen Frau.

Die Geschichte vom Hammel Tonton

Viele meinen, an dem Leid und Elend dieser Welt sei die menschliche Härte schuld; ich glaube im Gegenteil, das Schlimmste richtet die menschliche Weichheit an. Wer das nicht versteht, für den erzähle ich die Geschichte von Tonton, wie sie mir Klara erzählt hat.

Klara ist eine junge Frau, die an einem kühlen und windigen Apriltag in einem französischen Fischerdorf auftauchte, und dieses Dorf war die Heimat Tontons, für den Klara das Schicksal wurde. Damals war Tonton vier Wochen alt.

Tonton war ein Schäfchen und lebte im Hühnerstall. Traurige, dunkle Behausung für ein weißes Lämmchen mit sanften Augen! Klara hörte ihn kläglich mähen, wenn sie am Hühnerstall vorbeikam. Er war dort angebunden, der Arme; einsam, weiß und unschuldig stand er inmitten des hämisch gackernden Hühnervolks. Mußte man nicht Mitleid mit ihm haben? Mußte man ihn nicht lieben? Klara blickte durch die Gitter des Hühnerstalls, sie blieb stehen, sie lockte Tonton mit den Fingern. Siehe, er näherte sich, soweit es seine Fesseln erlaubten, er streckte sein Köpfchen mit einem rührenden Ausdruck hingebender Dummheit aus, seine rosige Zunge kam hervor, er leckte schnuppernd an Klaras Fingerspitzen. Klaras Herz schmolz. Sie war einsam hier, sie weinte viel; die Menschen sprachen eine fremde Sprache, der Himmel, der über dem Meer hing, war grau und die Luft hart, das Wetter stürmisch; wenn Klara am Strand wanderte, sah sie das grüne Meer über die

Klippen springen. Die Menschen, die sie hierher verbannt hatten, waren böse, so böse wie die, die Tonton in den Hühnerstall gesperrt hatten. Aber Tonton war gut, unschuldiges Tier, armes, süßes, das geduldig litt, weiches weißes Fell, dünne rosige Zunge, die rauh-feucht leckte –.

Klara befreite Tonton. Die Patronne, eine dicke gutmütige Bauernfrau, erklärte sich unter einem langen herzlichen und scherzhaften Wortschwall einverstanden. Als Klara aber, in dem engen schmutzigen Hühnerstall hingekauert, Tonton losband, kam er wahrhaftig auf sie zugehüpft, beide Vorderpfoten niedlich angehoben, und schmiegte seinen Kopf gegen ihre Schultern.

Was Klara von der folgenden Zeit erzählte, kürze ich ab. Es ist langweilig zu hören, wenn man Klara nicht beim Erzählen zusehen kann; so, wie sie es erzählte, war es freilich gar nicht langweilig, denn sie wurde schön dabei. Sie hat alte traurige und dunkle Augen, und diese Augen wurden von innen her hell, das ganze Gesicht wurde jung und warm, es bekam einen süßen Glanz wie das Gesicht einer jungen Mutter oder einer Frau, die liebt. Sie erzählte von den Monaten mit Tonton, einer traurig-glücklichen Zeit. Einsamkeit, Bangigkeit, Gefahr, Heimweh – und Sommer und Tonton. Tonton begleitete Klara auf ihren Spaziergängen, an einem Bändchen erst, dann freiwillig wie ein Hund; sie suchte die Stellen, wo Klee wuchs und die frühesten süßen Kräuter, und während Tonton eifrig und dankbar rupfte und knabberte, modellierte sie ihn in Ton. Dann kam er herbeigehüpft, niedlich auf beiden Pfoten springend, und schmiegte sich an. Sommer, warme Tage. Sorgen um Tonton, der verlorenging und sich wiederfand. Die Freude, die Hand in Tontons wild wuchernder weißer Wolle zu begraben. Sein begrüßendes Mähen, jeden Morgen, wenn ihn Klara besuchte. Wie er sich an sie gewöhnte! Wie er ihr vertraute! Zeit des Glücks.

Tonton inzwischen gedieh und wuchs. Wie sollte er nicht!

Nur freilich, jetzt war er kein Schäfchen mehr, jetzt war er allmählich unleugbar ein regelrechter Hammel. Ein schöner Hammel, gewiß, groß, kräftig, mit mächtigem Brustkorb und hübsch geformtem Kopf, mit sanften, lieblichdummen Augen immer noch, aber ein Hammel. Zudem ward er sonderbar. Nur zu erklärlich, daß er anders von Sinnesart wurde als seinesgleichen. Er war ein männliches Tier, aber er machte sich nicht viel aus Schafen – wie sollte er, der bei Menschen ein- und ausging! Wenn er seine Tage hatte, so war er bösartig gegen andere Tiere, er teilte Stöße mit dem Kopf aus, tobte herum, erschreckte die Hühner, die einst seine Kindheit umgackert hatten. Auch Kinder mußte man vor ihm warnen – sie standen offenbar für seinen verwöhnten Sinn der Tierheit zu nahe. Nur zu erwachsenen Menschen war er unendlich zutraulich, zu Frauen vor allem, ihnen legte er den Kopf in die Hand, und mit genußsüchtig zugekniffenen Augen ließ er sich geduldig krauen. Und Klara namentlich folgte er, ergeben und vertrauend wie ein Hündchen.

Armer Tonton! Er wandelte den Weg eines gefährlichen Glücks. Es wurde Herbst. Der Herbst ist die Zeit, da man die Hammel schlachtet.

»Ja«, sagte die Patronne jetzt öfters, »was machen wir nur mit Tonton?« Auch sie mochte ihn gern, er war ein so kurios zutrauliches Tier; im Innersten freilich hatte sie ihn wohl schon verraten. Klara ihrerseits, auf diese wiederholte Frage hin, seufzte und ward verwirrt. Ein unerträglicher Gedanke, daß Tonton »etwas geschehen« könnte! Aber was sollte sie tun? Ihre Tage hier waren gezählt; sie konnte in diesem Fischerdorf nicht überwintern. Sollte sie Tonton mitnehmen, nach Paris, nach Amerika, wer weiß wohin? Sollte er ihre Hotelzimmer, ihre Schiffskabinen teilen, ein Hammel? Sie seufzte, schluckte, setzte zum Reden an und schwieg. Die beiden Frauen standen mit dem Hammel auf der herbstlichen Weide, die dicke und freundlich-lebensdralle neben der schmalen, traurigen, städtisch gekleideten. Tonton ließ sich von ihren achtlosen Händen streicheln; inzwischen handelte es sich um seinen Tod.

»Wenn man Tonton zur Zucht verkaufte!« sagte Klara. Sie hatte Phantasie, und schon sah sie im Geiste ein tröstliches Bild: Tonton paschahaft im Kreise seiner Schafe thronend, freilich getrennt von ihr, freilich sie vergessend, aber dafür im Genuß eines natürlichen Glücks, Generationen von Schafen zeugend bis an einen sanften Patriarchentod – sie opferte sich und ihre Liebe, edelmütig gab sie selbst ihr Andenken bei Tonton preis, wenn er nur glücklich war! Die Patronne wiegte den Kopf; es war nicht so leicht, Hammel zur Zucht zu verkaufen. Immerhin, man konnte sehen ... Noch war nicht aller Tage Abend ... Liebenswürdiger französischer Wortschwall.

Am Abend aber trieb es Klara zu Tonton. Tonton hatte um diese Zeit wieder einen schlechten Aufenthalt, er stand, zu groß für den Hühnerstall, unter einem ärmlichen Blechdach, das ihn nur notdürftig schützte. Er mähte Klara freudig entgegen. Sie kraulte ihn und ließ ihn Zucker aus ihren Fingern schnappen. Dabei sah sie ihn an und bemühte sich zu denken: »Ein Schlag vor den Kopf ... Ist es so schlimm? Er weiß nichts davon, schon ist es vorbei – ist es denn wirklich so schlimm? – Und überdies, er wird ja doch zur Zucht verkauft!« In dieser Nacht wachte Klara auf mit einem schrecklichen Gewissensdruck, und sie weinte bitterlich. Sie hatte ein weiches Herz, daran fehlte es nicht.

Sie bekam schlechte Nachrichten, sie hatte Sorgen, sie war halb krank, und abreisen mußte sie auch. In diesen Tagen wurde Tonton verkauft, welche Freude, es hatte sich wirklich einer gefunden, der ihn zur Zucht kaufte, die Wirtin erzählte es ihr. Sie nahm es hin, halb getröstet. Tonton war weg. Auch sie mußte bald weg, Abschied, Herbst.

Aber zwei oder drei Tage später befiel sie das Heimweh nach Tonton, Heimweh und würgende Angst zugleich, ein unbeschreibliches Gefühl. Sie hatte doch dreihundert Franken, die sie zur Reise brauchte, und wann sie neues Geld bekommen würde, wußte sie nicht – gleichviel, sie ließ sich die Adresse des Käufers geben, und sie beschloß, hinzufahren und nach Tonton zu sehen, ihn doch noch zu kaufen, wenn es sein mußte; ach, was beschloß sie nicht alles! Das Dorf, wo der Käufer wohnte, war mit einer Kleinbahn zu erreichen, zwei Stunden Fußweg bis zur nächsten Station.

Schreckliche Reise durch Nebel und Herbststurm, bei grauem Himmel, später regnete es. Im Dorf sich durchzufragen war nicht leicht. Schließlich fand sich Klara einem alten, schwerhörigen Bauern gegenüber. Er kannte den Namen Tonton nicht. Einen weißen Hammel, ein Prachttier, zur Zucht gekauft, vor drei Tagen, da und da! Der Alte verstand nur mühsam, er musterte die feine Dame mit Mißtrauen: ersichtlich eine Ausländerin, schick angezogen, dabei durchnäßt, verweint, aufgeregt. »Sie wollen den Hammel kaufen?« fragte er ungläubig. »Nein, besuchen«, schrie Klara. »*Was* wollen Sie?« Klara mußte es wiederholen. Nun schlug sich der Alte auf die Knie und lachte, als hätte er den besten Witz seines Lebens gehört. Kann man es ihm übrigens verdenken? Sie wollte einen Hammel besuchen! Der Alte rief seine Frau, um auch ihr den Witz zu erzählen, beide Alten wollten sich ausschütten vor zahnlosem Gelächter. Klara stand ratlos dabei, vor lauter Erregung lachte sie schließlich mit.

»Und wo ist der Hammel?« konnte sie endlich fragen. Der Alte wurde nun auch seinerseits witzig. »Beruhigen Sie sich!« rief er mit einer flotten Geste. »Er ist schon aufgegessen.« Er sagte es, mehr um einen Abschluß zu finden als aus wirklicher Überzeugung. Denn als Klara aufschrie und erblaßte, zog er zurück. Er wisse es nicht genau. Vielleicht lebe er auch noch. Er habe ihn überhaupt nicht gekauft, sondern sein Schwiegersohn. »Und wo ist der Schwiegersohn?« Er käme morgen vom Fleischmarkt zurück. »Aber der Hammel ist doch zur Zucht verkauft!« Davon wisse er nichts. »Ich will den Hammel jetzt kaufen!« schrie Klara. Der Alte zuckte die Achseln. Da müsse sie mit dem Schwiegersohn reden. Aber wenn sie einen andern Hammel kaufen wolle, ein gutes Fleischtier. Klara hob beide Hände.

Sie blieb die Nacht im Dorfwirtshaus, in einem elenden Bett, Mäuse im Zimmer, Sturm vor dem Fenster. »Ich war damals verrückt«, sagte sie selbst. Am nächsten Morgen sprach sie dann den Schwiegersohn. Er wußte ausführlicher von Tonton zu berichten, als sie hätte hoffen dürfen. Jetzt kommt das Fürchterliche.

»Ach, *der* Hammel!« rief der Schwiegersohn, und sein Gesicht wurde noch einmal in der Erinnerung rot vor gerechtem Zorn. »Ich hätte ihn nicht gekauft, Madame, was, ich hätte ihn nicht geschenkt genommen, wenn ich gewußt hätte, was ich mit ihm alles würde erleben müssen!« Er berichtete anschaulich, gestenreich, er ahmte Tonton hin- und herspringend nach, und die Dorfjungen kamen herzu und umstanden ihn, während er seine Gratisvorstellung gab. Etwas so Verrücktes hatten sie noch nicht gehört.

Tonton war tot. Tonton war willig mit seinem Käufer mitgegangen, fast so willig wie ein Hund, er hatte den Kopf an seiner Hose gerieben und alles mit sich geschehen lassen – zuerst. Und als der Erzähler mit ihm zu Hause ankam und seine Frau begrüßte, da war Tonton sogar herangehüpft und hatte der Frau Kopf und Vorderpfoten auf die Knie gelegt und ihr die Hände geleckt, ein närrisches Tier. Auch auf den Wagen war er ohne weiteres gesprungen, zuvorkommend beinahe, während alle andern Schafe blökten und bockten, wie das die Art der Schafe ist. Aber dann war es losgegangen. Kaum hatte Tonton auf dem Wagen zwischen den andern Schafen eingepfercht gestanden, da hatte er angefangen, um sich zu stoßen und zu beißen. Schläge hatten nichts genutzt, ebensowenig Tritte. Er hatte geschrien »wie ein Kind«, und jetzt hatte das Aas auch ihn, den Käufer gestoßen – »hier, ich habe noch blaue Flecke davon«. Man hatte ihn fesseln müssen. Aber dreimal unterwegs mußte man anhalten, weil Tonton sich losgerissen hatte und den wilden Mann spielte. Die liebe Not hatte man gehabt, die Ladung Schafe heil und unbeschädigt auf den Markt zu bringen. Und auch dort hatte das hysterische Biest mit seinem Getobe und Geblöke alle Schafe wild gemacht und die Käufer verscheucht – Gott sei Dank, schließlich war er Tonton doch losgeworden. Aber der Schlächter habe auch keine Freude mit ihm gehabt, Vorwürfe habe er noch hören müssen. Das Biest sei offenbar ganz außer sich gewesen. Eine Viertelstunde mindestens habe es gedauert. Es habe sich gewehrt wie ein Mensch. Es habe den Schlächter in den Daumen gebissen. »So was«, schloß der Mann, bedächtiger werdend, »ist mir in meinem ganzen Leben noch nicht vorgekommen. Na, jetzt haben wir es überstanden.« Er lachte gutmütig, und er schloß sozusagen nachträglich seinen Frieden mit Tonton – und auch mit der Dame da, der er wohl zu drastisch erzählt hatte, denn sie zitterte am ganzen Leibe.

Das ist die Geschichte von Tonton, wie sie mir Klara erzählt hat. Sie erzählte sie mir in einem Café in Paris, und dort hat alles schon nicht mehr die volle Wirklichkeit und den ganzen Schmerz. Aber sie war dennoch blaß, als sie das Ende der Geschichte erzählte, und sie hätte vielleicht immer noch Trost gebraucht. Schwer, sie zu trösten! Vielleicht liegt eine gewisse harte Gerechtigkeit darin, daß die weichen Herzen, da sie das meiste Übel auf der Welt anrichten, auch selbst am grausamsten darunter leiden.

Der Salon Europas

Die Stadt Paris hat viele Gesichter, und jedes davon ist vieldeutig. Ein Paris gibt es, das man hauptsächlich aus englischen Romanen kennt; es ist das Paris, wohin die junge Lady mit ihrem Klavierlehrer durchgeht und wohin sich der alternde Gentleman aufmacht, den die Torschlußpanik eines tadellos und erfolgreich verbrachten Lebens packt; der elegante Spötter, der in keinem englischen Roman fehlt, kommt jeweils eben aus Paris. Kurz, man kann sagen, daß Engländer, die etwas erleben wollen, dessen Schilderung einen englischen Roman ergibt, zu diesem Zweck in der Hälfte aller Fälle nach Paris fahren. Sie machen sich vorher innerlich und äußerlich so fein wie möglich – ähnlich als wenn sie sich auf einen Ball begäben; und das tun sie im großen und ganzen auch. Denn das Paris, wohin sie fahren, besteht im wesentlichen aus Bällen, Bars, Trottoircafés, den großen Boulevards, der Rue de la Paix, aus eleganten und geheimnisvollen Frauen, die entweder Hochstaplerinnen oder Spioninnen oder unverstandene Herzoginnen sind, – und freilich auch aus der seltsam betäubenden Luft des Seinetals, einem rötlich-grauen, tausendfarbig verschleierten Himmel und dem überall wie ein Parfum in der Luft verspritzten Nachhauch großer Geschichte.

Das Erstaunlichste dabei ist, daß es dies Paris wirklich gibt – nicht nur in den Romanen, sondern in Wirklichkeit. Man kennt nicht etwa Paris, wenn man nur dies kennt –

aber vorhanden ist es. Es gibt tatsächlich ein Paris, das ein Inbegriff von Eleganz, mondänen Abenteuern und romanreifen Liebesaffären ist, ein Paris, das im Café de la Paix frühstückt, in der Reine Pédauque speist und im Tabarin tanzt – ganz wie man es im Roman gelernt hat. Die Bewohner dieses Parks freilich sind größtenteils Fremde: außer Angelsachsen, Russen (»wenn ein Russe im Spiel gewonnen hat«, sagt Dostojewski, »so fährt er nach Paris«), Balkanaristokratie, dazu Diplomaten und arrivierte Künstler aus aller Welt (die Nichtarrivierten leben oft auch in Paris, aber in einem ganz andern). An Franzosen findet man in diesem Paris im wesentlichen nur: Kellner, Portiers, Chauffeure und Boys. Schon die Tanzkapellen und Tänzerinnen sind selten aus Frankreich ... Aber aus Frankreich sind die Luft, der Himmel, die Kleider der Frauen (von Molyneux bis Marlène), die Weine (vom Saumur moelleux bis zum Pommery) – und vor allem: der Stil des Ganzen, die Anmut, das Piano des Reichtums, das unnachahmlich ist.

Welch schwere Kunst, Reichtum mit Anmut zu tragen! Fast überall sonst wirkt er geschmacklos, herausfordernd und überflüssig. Paris hat von seinen Königen das große Erbe überkommen, auf eine Art reich zu sein, die selbst bei den Armen nicht Neid, sondern entzückte Bewunderung weckt. Die Schöpfungen seiner hohen Schneiderei und seiner hohen Küche, sein Tafel- und Tanzluxus, seine Prachtstraßen und Prachtautos: das alles ist erst in zweiter Linie teuer, in erster Linie ist es schön. Paris hat in diesen Dingen einen Stil von solcher Strenge und solcher unmerklichen Selbstverständlichkeit, daß er sich auch dem Fremden aufzwingt, ohne auch nur als Zwang fühlbar zu sein. Man benimmt sich in einem Salon von selbst anders als in einer Studentenbude; Paris ist der Salon Europas.

Nicht mehr lange vielleicht. Um all diese geschmackvolle Pracht, entfaltet von der besten bürgerlichen europäischen Gesellschaft, weht spürbar ein Abendhauch. Die Gäste sind spärlicher geworden; der Besucher findet Stätten leer und tot, die einst von Pracht und Fröhlichkeit übergingen... Indes: Keine Angst für Paris! Diese unsterbliche Stadt hat viele Gesichter. Sie wird mit derselben Anmut, mit der sie reich und mondän war und ist, verstehen, arm und französisch zu sein.

Der Angler an der Seine

Eine gewisse Zeit meines Lebens habe ich in Paris zugebracht; ja, ich kann diese Stadt mit einigem Recht meine zweite Heimat nennen. Nur zweierlei gibt es dort, was mir bis heute so fremd und unverständlich geblieben ist wie die Gebräuche eines polynesischen Inselvolks. Das sind die Seineangler und die Flohmärkte.

Was die Angler betrifft, so stehen sie täglich in großen Scharen, sonntags aber dicht an dicht, am ganzen Ufer der Seine entlang, oder sie sitzen, mit den Beinen baumelnd, auf den Kais und halten mit der Hingabe und Zähigkeit, die ihnen eigen ist, Angeln ins Wasser. Nun ist es aber bekannt, daß es in der Seine, wenigstens in ihrem Pariser Abschnitt, keine Fische gibt oder höchstens ganz minderwertige, ungenießbare, die das Leben in den Abwässern von Fabriken vertragen. Ich habe auch noch nie einen Seineangler etwas fangen sehen. Was angeln sie also? Auf Fragen antworten sie unklar und ausweichend; aber die Leidenschaft, mit der sie ihren aussichtslosen Sport betreiben, ist unverkennbar. Bis heute hatte ich mich damit abgefunden, daß es sich hier um ein Mysterium handle, das man nur still zur Kenntnis nehmen könne.

Von den Flohmärkten erzähle ich nur ungern, denn ich habe die Erfahrung gemacht, daß keiner, der sie nicht mit eigenen Augen gesehen hat, meinen Bericht glaubt. Es sind dies Märkte, auf denen dunkle Erscheinungen in weniger vornehmen Vierteln Gegenstände verkaufen, mit denen man andernorts die Müllkästen füllt – wie zugegeben werden muß, für billiges Geld. Da kann man für zwei Sous fünfhundert beschriebene Postkarten kaufen, einzelne Puppenbeine, ausgekämmte Menschenhaare, abgenutzte Zahnbürsten oder linke Schuhe. Hier sind der Geheimnisse viele: Wer kauft das? Was macht der Käufer damit? Vor allem aber: Wo haben die Verkäufer ihre Ware her? Auf welchem Wege, sei er redlich oder unredlich, ist es möglich, ein Sortiment von Hunderten von alten einzelnen Schuhen zusammenzustellen?

Das war ein noch tieferes Geheimnis für mich als das der Seineangler.

Bis mir heute eine Pariser Zeitungsnachricht beide Geheimnisse zugleich enträtselt hat. Diese Nachricht, überschrieben »Rekord eines Seineanglers«, berichtet mit der naiven Treuherzigkeit, mit der in unserm Zeitalter eben über Rekorde berichtet wird, von dem Kaufmann Jacques Herbart, daß es ihm nachweislich gelungen sei, innerhalb von acht Jahren aus der Seine die Rekordzahl von 500 alten Schuhen herauszuangeln.

Nun wird mir alles klar. Die Seineangler sind offensichtlich identisch mit den Flohmärktlern. Sie angeln nicht nach Fischen, sondern nach den alten Schuhen, die sie dann in ihren Mußestunden feilhalten. Sie sind nicht Sports-, sondern Kaufleute; was sie dem Seinestrom entreißen, führen sie alsbald durch den Kanal der Flohmärkte dem Strom der Volkswirtschaft wieder zu. Ihre Lebensaufgabe ist, den Abfluß französischen Volksvermögens in den Atlantischen Ozean zu unterbinden. Wenn sie, mit einem Zwischengewinn von einem Sou, den Schuh, den der Verschwender in die Seine warf, wieder an den Fuß des Sparsamen gebracht haben, so fühlen sie, daß ihre Mühe nicht vergeblich war.

Und da wundert man sich noch, daß die Franzosen das wohlhabendste Volk der Erde geworden sind!

Erziehung durch Uniform

In den Traditionsschulen der Ehrenlegion von St. Denis, Ecouen und Les Loges

Die Traditionsschulen, in denen die französische Ehrenlegion die Töchter ihrer Mitglieder erzieht, verwirklichen in ungewöhnlich reiner und klassischer Form einen Erziehungsstil, dessen Wert die pädagogischen Kräfte der Gegenwart immer mehr erkennen und fördern. Man könnte zum Vergleich etwa unsere Kadettenanstalten der Vorkriegszeit heranziehen, aber es besteht doch ein gewichtiger Unterschied: Der Kadett trat mit seinem Eintritt in die Anstalt zugleich eine ganz bestimmte Berufslaufbahn an; aus einem Kadetten konnte nur ein Offizier werden, nichts anderes; die Atmosphäre der Schule war ein für allemal die Lebensluft, die er bis zu seinem Tode atmen sollte … Die Mädchen von St. Denis aber, von Ecouen und Les Loges werden später wieder in die volle Freiheit des Lebenskampfes ausgesetzt; sie werden hierhin und dorthin gehen, diesen und jenen Beruf haben, heiraten, Mütter sein, von allen wechselnden Schicksalswinden gezaust werden, ganz wie jede andere Frau. Die Schulen wissen das, und sie richten sich darauf ein. Wer beim Anblick dieser mittelalterlichen Schlösser und dieser strengen schwarz-weißen Uniform meint, hier herrsche ein Geist klösterlicher Abgeschiedenheit, hier wehe keine Zugluft der rauhen und gemeinen Wirklichkeit herein, hier wüchsen Spartanerinnen oder präraffaelitische Heilige heran, der täuscht sich. Die Mädchen werden sehr sorgfältig für das gebildet, was ihnen später bevorsteht. Die Töchter der feudalen Familien in

St. Denis lernen, was sie später brauchen werden: Repräsentieren, Konversation machen, organisieren, Blumen pflegen ... Die weniger Begüterten in Ecouen und Les Loges lernen diejenige ihrer Begabungen zu entwickeln, aus denen sich ein Beruf machen läßt: Musik, Handfertigkeit, Kunstgewerbe ... Les Loges insbesondere ist als die Schule der künftigen Zeichnerinnen und Bildnerinnen berühmt. Und alle lernen, was so wichtig für jede Frau ist (in Frankreich vielleicht noch wichtiger als anderswo): Schönheitspflege ... Nein, Klöster sind diese Schulen nicht. Es sind sehr praktische Schulen fürs Leben.

Und doch – es ist schon etwas an den mittelalterlichen Schlössern und an den strenggeschnittenen Uniformen. Repräsentieren und Zeichnen kann man auch anderswo lernen. Das Eigentliche, was diese Schulen ihren Adepten ins Leben mitgeben wollen, ist freilich noch etwas anderes – und hier fallen einem doch wieder unsere Kadettenschulen von einst ein. Wer in eine solche Schule eintritt, gibt viel auf; und es ist ein Symbol für vieles, daß an die Stelle der bunten und wechselnden Kleidchen die allgemeine, nie wechselnde, herbe, feierlich schwarz-weiße Uniform tritt. So tritt an die Stelle der freien Zeit die feste Tageseinteilung, an die Stelle des Träumens und Spielens die geregelte Tätigkeit, an die Stelle der schwärmerischen Wahlfreundschaften die große und unentrinnbare Kameradschaft aller; und es wird wohl kaum ein Mädchen geben, das nicht in den ersten Wochen bittere Heimwehtränen weint.

Die Überwindung dieser Tränen ist das erste, was eine solche Schule von ihrer Schülerin fordert – und das beglückende und überraschende Gefühl innerer Stärke, das diese Überwindung bereitet, ist das erste, was sie ihr schenkt. Zwei Zauberworte werden hier lebendig: Ehre und Kameradschaft! Denn – auf dieser Schule zu sein, das bedeutet ja keine Strafe, sondern eine Auszeichnung; diese nüchterne

Uniform sagt jedem, was kein noch so hübsches Kleid sagen kann: Mein Vater ist ein Ritter der Ehrenlegion; und der Schlag, den es bedeutet, auf so viel Angenehmes verzichten zu müssen, ist kein gewöhnlicher Schlag, sondern ein Ritterschlag. Und man ist nicht allein. Ringsum sind lauter Kameradinnen, mit denen man durch etwas weit Tieferes, Zwingenderes und Magischeres verbunden ist als nur Zuneigung: nämlich durch Schicksal. Zweierlei Unersetzliches haben diese Mädchen gelernt, wenn sie die erste Krise ihres Dortseins überwunden haben: daß Ehre mit Opfer erkauft wird; und daß Kameradschaft etwas Größeres ist als Freundschaft.

Sie lernen noch mehr im Laufe der Jahre. Sie lernen vor allem das Wichtigste: das, was eine normale Familienerziehung zu lehren häufig vergißt: Sie lernen, daß man Freiheit nicht geschenkt bekommt und daß eine geschenkte Freiheit nichts wert ist. Es bleibt ein Merkmal solcher Schulen, daß sie mit privater Freiheit geizig sind. Freilich, die Uniform gibt Anonymität, und die Anonymität ist manchmal auch ein schmaler Eingang zur Freiheit ... Dennoch, der Tag ist eingeteilt und die Nacht bewacht, man kann nicht allein ausgehen, und wenn man es selbst könnte, man könnte die Uniform nicht überall hinführen, wo man möchte. Nein, man bekommt die Freiheit nicht in den Schoß geworfen; was man davon braucht, muß man sich stehlen. Man kennt das zweite Leben dieser strengen Erziehungsstätten, das inoffizielle Leben hinter und unter dem offiziellen, die Heimlichkeiten, die zugesteckten Zettel, das Getuschel, die Wagnisse, denen das Verbot ihren Zauber gibt, die Selbstjustiz und das Alle-für-einen, oft scheinbar bekämpft von den Erziehern, in Wirklichkeit von den wahrhaft Weisen unter ihnen heimlich gewollt und gefördert. Hin und wieder führt das zu einer Tragödie, und dann empört sich die Eintagsmeinung der Öffentlichkeit – als ob

Autounfälle ein Argument gegen Autos wären! Nein, es ist vielleicht das Unschätzbarste an diesen Schulen, daß man aus ihnen früh und gründlich »der Weisheit letzten Schluß« lernt: sich seine Portion Freiheit und Leben täglich zu erobern.

Und daß man es seltsamerweise ohne Haß und Verbitterung lernt. Auf solchen Anstalten weint man zweimal: das erstemal, wenn man kommt, das zweitemal, wenn man geht. Aber das zweitemal sind es ganz andere Tränen ... Sie leiten das lebenslängliche Gefühl ein, mit dem man später an jene Zeit denkt, die »doch schön« war: an den nachts heimlich erkletterten stolzen Turm von Ecouen ... an das Rauschen der uralten Bäume im Park von St. Denis.

In Oxford und Cambridge

Aus dem Leben der studierenden Jugend in England

Die Namen Oxford und Cambridge bergen ein Geheimnis. Sie sind mit anderen Universitäten – ganz gleich, ob in England oder anderswo – nicht in einem Atem zu nennen. Es gibt Universitäten, die ihnen an Alter, an wissenschaftlichem Ruf und an glanzvollen Lehrern ebenbürtig oder überlegen sind. Aber es gibt keine, die jedem ihrer Studenten so wie Oxford und Cambridge eine Prägung fürs ganze Leben gibt. Man wird niemandem auf den ersten Blick ansehen, ob er in Göttingen, Bologna oder Paris studiert hat; aber ob er ein Oxford- oder Cambridgemann ist, das merkt man noch dem würdigsten silberhaarigen englischen Parlamentarier oder Großbanker nach ein paar Worten an ... Oxford und Cambridge sind mehr als nur Universitäten; sie sind Laboratorien, ja fast alchimistische Retorten, Zuchtstätten der Spezies »Gentleman«.

Aber wodurch werden sie das? Der Kontinentale ist versucht zu denken, daß man in langen Überlegungen und Experimenten systematisch analysiert hätte, welche Eigenschaften den Gentleman ausmachen und welche Erziehungsmittel diese Eigenschaften fördern, um dann ebenso systematisch eine Synthese all dieser Erziehungsmethoden herzustellen. Sehr kontinental gedacht! Es ist einer der bezeichnendsten Unterschiede zwischen dem Kontinent und England, daß hier die Einrichtungen fast durchweg geplant, gewollt und gemacht sind, während sie dort wie Pflanzen zu wachsen lieben. Die Gesetze, nach denen sie wachsen, halten mit verblüffender Genauigkeit die Linie ein, auf der Willkür und Weisheit sich treffen ... Am Anfang des vielbewunderten englischen Erziehungssystems steht keine ideale Konzeption – auch nicht das Ideal des Gentlemans; das hat sich nachher so nebenbei ergeben –, sondern eine gewisse weise Bequemlichkeit der englischen Familie. Die englische Familie belastet sich nicht gern allzusehr mit der Erziehung ihrer Kinder; sie verabscheut pädagogische Konflikte und Spannungen. So mußten andere Einrichtungen geschaffen werden, die die eigentliche Erziehung übernahmen. Die meisten Kinder kommen sehr früh, mit vier, fünf Jahren, zur Schule und sehr früh, mit zehn, zwölf Jahren, ganz aus dem Hause; das Heer der Public schools, der sportlich-strengen Internate, mit Eton und Harrow an der Spitze, wartet auf jedes englische Kind, dessen Eltern sich nur irgendwie eine »anständige Erziehung« für ihre Kinder leisten können. (Und die Familie bleibt fortan für den jungen Engländer Zuflucht und Idyll im Hintergrunde, etwas Ähnliches wie das Häuschen auf dem Lande, in dem man zu Weekend und Ferien Erholung sucht.)

Die Krone dieser öffentlichen Erziehung aber sind eben Oxford und Cambridge. Die Engländer haben sich selbst diese beiden Institute kein drittes Mal nachmachen können – sie sind Geschenke der Geschichte und nicht auf synthetischem Wege herbeizuzaubern. Ihr Alter, ihre Tradition, ihr ehrwürdiges »So war es immer, und so wird es immer sein« ist ein unersetzbarer Teil ihrer Macht und ihres Zaubers.

Oxford und Cambridge umfassen das ganze Leben ihrer Studenten. Hier wie dort eine Konföderation von rund zwanzig »Colleges«, undefinierbaren Gebilden, die zwischen Kloster und Klub die Mitte halten. Aus ihrer klösterlichen Vergangenheit haben die Colleges die frommen Namen –

Trinity, Christ Church, Immanuel usw. – und die wunderbaren Kapellen und Kreuzgänge behalten, und auch die schwarzen »caps and gowns«, Reste einstiger Talare, wirken noch ein wenig klösterlich. (Ohne cap and gown nach Einbruch der Dunkelheit auszugehen kostet eine Geldstrafe von rund 5 Mark.) Aber klubmäßig wirken die modernen hellen und behaglichen Wohn- und Lesezimmer, die »backs« – große Parkanlagen mit wunderbaren Rasenflächen (die zu überschreiten nur Graduierte das Recht haben; Untergeordnete zahlen eine stattliche Geldstrafe dafür). Und Sportklub ist jedes College selbstverständlich auch: Jedes stellt eine Ruder-, Kricket- und Rugbymannschaft ... In so einem College also lebt der Student. Er wohnt dort, er ißt dort (in großen Refektorien an langen spartanischen Tischen – an einem großen erhöhten Quertisch, dem high table, speisen gleichzeitig die Professoren und »Hon's«), er arbeitet, trainiert, er debattiert in einem der unzähligen Debattierklubs, die kleine Parlamente sind und auf das große Parlament vorbereiten – und er gehört mit allem, was er tut und treibt, zu seinem College wie ein Matrose zu seinem Schiff. Aber Korpsgeist und Tradition sind nicht das einzige, was den Geist von Oxford und Cambridge ausmacht. Korpsgeist und Tradition gibt es auch anderswo; und es mag auch anderswo die überraschende Harmonie zwischen Geist und Körper geben, die hier herrscht – Cambridge und Oxford sind für ihre Leistungen im Rudern nicht minder berühmt als für ihre Leistungen in der Wissenschaft, und Schlagmann des Universitätsachters oder Captain einer College-Rugbymannschaft zu werden ist nicht weniger ehrenvoll als Magister oder Doktor gar zu heißen. Das alles aber gibt noch keinen hinreichenden Begriff von dem Geist dieser Stätten und führt noch nicht an das eigentliche Geheimnis von Oxford und Cambridge heran. Für dies Geheimnis hat die deutsche Sprache kein Schlagwort. Man kann es nur aus Beispielen herausfühlen:

Die Studenten von Cambridge und Oxford entstammen fast durchweg den reichsten und vornehmsten englischen Familien, wissen genau, wie »man« sich korrekt anzieht; aber sie tragen unter ihren gowns ein für allemal eine alte, nie gebügelte Flanellhose und eine beliebig oft geflickte Sportjacke. Man würde sich unmöglich machen, wenn man Kleiderluxus triebe – und freilich auch, wenn man seine »flanells« nicht mit der ganzen Eleganz der Unbefangenheit trüge.

Oxforder wie Cambridger sind sehr stolz, wenn ihr Boot einen Sieg davongetragen hat, und sie sind sich nicht zu gut dazu, wochenlang für einen solchen Sieg asketisch zu leben und mit zusammengebissenen Zähnen zu trainieren. Nach gewonnenem Sieg aber schmücken sie ihr Boot mit einem Kohlkopf oder mit einer alten Weidenrute – ein wirklicher Blumenstrauß wäre schlechtester Ton!

Oxford und Cambridge blicken mit Ehrfurcht aufs Parlament – die meisten Studenten fühlen sich als künftige Parlamentarier, sie üben sich für ihre Aufgabe in vielen parlamentarischen Debattierklubs, und sie würden jeden sehr merkwürdig ansehen, der sich respektlos über diese altehrwürdige Institution äußerte; aber sie gründen gleichzeitig langlebige Gesellschaften, in denen mit allem Pomp parlamentarischer Sitten in Referat und Korreferat Themen behandelt werden wie »daß es besser Hunde als Katzen regnet«, »daß Professoren überflüssig sind« oder auch ganz schlicht, »daß Schwarz Weiß ist«.

Spürt man das Geheimnis? Was Oxford und Cambridge besitzen und was sie ihren Adepten beibringen, ist Überlegenheit über sich selbst. Alles können und sich dann über alles lustig machen können; Zucht nicht in Strammheit, sondern in Anmut beweisen; Ehrgeiz mit Bescheidenheit so zu paaren, daß keins das andere behindert ... das Äußerste von sich zu verlangen und dann über das Erreichte lächeln zu können: das etwa ist das Bildungsideal von Oxford und Cambridge; und das macht diese beiden Stätten zur Schule des Gentleman.

Großmächte des Sports

Als 1896 zum erstenmal nach mehr als zweitausend Jahren wieder Olympische Spiele abgehalten wurden, glaubte man damit an die Tradition der antiken Olympischen Spiele anzuknüpfen. Aber wenn zwei Weltalter dasselbe tun, so ist es nicht dasselbe. Das Olympia der Hellenen war eine nationale Feier, in der sich die Griechen ihrer Einheit bewußt wurden.

Das moderne Olympia ist ein Wettkampf der Länder und Völker; und überall, wo Länder kämpfen, gibt es Großmächte und Kleinstaaten – das ist im Sport nicht anders als in der Politik. Aber wenn man sich die sportlichen Großmächte einmal näher ansieht, so zeigt sich etwas sehr Merkwürdiges: Es sind vielfach ganz andere Länder, als man nach ihrer Größe und Bedeutung erwarten würde. Das große, ehrwürdige, uralte China mit seinen 400 Millionen Einwohnern kann es an sportlicher Bedeutung nicht entfernt mit dem kleinen Finnland aufnehmen, das noch nicht 4 Millionen Menschen zählt; die Schweiz hat schon mehr Kämpfer von Weltklasse gestellt als der ganze südamerikanische Kontinent; Japan, politisch seit mindestens dreißig Jahren Weltmacht, ist es sportlich erst seit genau vier Jahren; das kleine Österreich war der Fußballmeister des ganzen europäischen Kontinents, und der langjährige Weltmeister im Fußball war eine noch kleinere Macht: Uruguay.

Die sportlichen Aussichten gegen Amerika sind freilich für *jedes* Land schlecht; sie wären selbst dann noch zweifelhaft, wenn sich alle anderen Länder zu einer einzigen Mannschaft vereinigten. Diese ungeheure Überlegenheit der Amerikaner gibt fast ebenso große Rätsel auf wie die überwältigenden Leistungen mancher kleinen Nationen. Gewiß, Amerika ist groß und reich, und niemand wird sich wundern, es in der Spitzengruppe der Länder zu finden. Aber erklärt das schon die ständige qualitative Überlegenheit der Amerikaner auf manchen Sportgebieten? Wie kommt es, daß sich immer wieder, Jahr für Jahr, unter den 132 Millionen Amerikanern ein paar Leute finden, die über zwei Meter hoch springen, und unter allen übrigen Menschen nie?

Und so geht es nicht minder rätselhaft weiter. Es folgt dichtgedrängt eine Gruppe von etwa einem halben Dutzend Ländern, die erbittert um den zweiten Platz kämpfen – eine sehr bunte Gesellschaft; da findet man auf gleicher Stufe Weltreiche und Länder, die kaum den Umfang einer Provinz dieser Reiche ausweisen. 1932 in Los Angeles ergab sich folgende Reihenfolge: Italien, Schweden, Frankreich, Finnland, Deutschland, Japan und England. Sieben Charakterköpfe von sportlichen Großmächten! Italien, das letztemal die erfolgreichste, ist eine der jüngsten von ihnen. Nur im Fechten und Radfahren waren die Italiener schon immer obenan, ohne doch bis in die Mitte der zwanziger Jahre hinein mehr als eine sportliche Mittelmacht darzustellen. Dann kam ein gewaltiger Vormarsch auf fast allen sportlichen Gebieten – deutlich eine Folge des allgemein erwachten nationalen Ehrgeizes. Sein Elan trug Italien in Los Angeles bis auf den zweiten Platz.

Schweden, dritter des letzten Olympia, verkörpert eine der ältesten und vornehmsten Sporttraditionen, die es in Europa gibt. Seit dem ersten Olympia sind die Vertreter Schwedens überall in der Spitzengruppe, als müßte das so sein: im Ringen und Reiten, im Schießen und Schwimmen.

Daß Frankreich und Deutschland unter den sportlichen

Großmächten erscheinen, ist nicht verwunderlich. Die Franzosen stellen ebenso zähe wie brillante Kämpfer, die Deutschen (selten in der entscheidenden Stunde vom Glück begünstigt) zeigen in der Hingabe an die sportliche Idee einen tiefen Ernst – wie bei allen Dingen, von denen sie wirklich ergriffen werden. Vielleicht ist es gerade dieser zähnezusammenbeißende Ernst, der unseren Kämpfern dann so oft in der Stunde der Erfüllung die Nerven durchgehen läßt. Der stärkste Gegensatz zu den Deutschen sind darin die Engländer – heute wie immer eine der ersten Großmächte des Sports, obwohl die Siegesausbeute in Los Angeles verhältnismäßig gering war. Die Engländer beherrschen die Kunst, immer dann am besten zu sein, wenn es gilt. Sie haben auch nie vergessen, daß Sport in erster Linie ein Vergnügen ist, eine männliche Freude an der freien und spielenden Bewährung. Sie nehmen eine sportliche Niederlage nicht tragisch; sie trainieren sich nicht tot. Und dann, wenn es darauf ankommt, gehen sie hin und gewinnen. Kein Land hat so viele olympische Überraschungssieger gestellt wie England.

Kein Land aber ist an und für sich eine solche olympische Überraschung wie Finnland. Man faßt sich an den Kopf, wenn man sich klarmacht, was hier vorgeht; ein kleines, armes Land mit noch nicht vier Millionen Menschen, mit schlechten Trainingsbedingungen, hartem Klima, kurzem Sommer – ein solches Land bringt Jahr für Jahr neue Sportsleute heraus, die auf gewissen Gebieten allem überlegen sind, was die weite Welt ihnen entgegenstellt. Auf einige Konkurrenzen scheinen die Finnen schlechthin abonniert zu sein: Langlauf und Ringkampf – alles, was Ausdauer, Härte, Zähigkeit erfordert. Viermal hintereinander gewannen die Finnen die zehntausend Meter, zweimal den Marathonlauf – einundfünfzig olympische Goldmedaillen in sechzehn Jahren!

Und nun die jüngste Großmacht: Japan. Sein Aufstieg hatte etwas atemraubend Plötzliches und Dramatisches, für europäische Augen fast Unheimliches: 1912 stellte Japan zwei Teilnehmer; sie blieben erfolglos. 1928 waren aus zwei Teilnehmern schon zwei Sieger geworden – aber auch das schien noch nichts Erschütterndes. Dann aber, 1932, traten die Japaner mit einer ganz jungen Schwimmermannschaft an, vierzehn-, fünfzehnjährigen Schuljungen zum Teil, die von den sieggewohnten Amerikanern vielleicht nicht einmal ganz ernst genommen wurden. Und das Ergebnis: Japan gewann die 100 Meter Freistil, die 100 Meter Rücken, die 1500 Meter, die 4-mal-200-Meter-Staffel, das 200-Meter-Brustschwimmen. Die Weltrekorde purzelten nur so. Diesmal, 1936, hat Japan die zahlenmäßig stärkste Mannschaft geschickt, die es bisher je aufbrachte.

Das ist das Besondere an der Großmachtstellung im Sport: sie muß immer neu erobert werden – sie verteidigt sich nicht von selbst wie die politische Macht. Die geographische Welt ist aufgeteilt – die Welt des sportlichen Sieges und Ruhms aber wird immer neu verteilt, erworbener Lorbeer wird leicht verloren, immer wieder ist frischer zu gewinnen, und Sieger und Besiegter von gestern stehen heute wieder mit gleicher Chance am Start... vielleicht, daß schon in vier Wochen die Liste der sportlichen Großmächte ganz neu geschrieben werden muß.

... auf dem Rücken der Pferde

Dieser Aufsatz ist die Niederschrift mündlicher Ausführungen von Aruth Wartan. Wartan ist als Sohn eines Gutsbesitzers und Pferdezüchters im Südkaukasus geboren, mit den Pferden aufgewachsen und als Reiter und Reitlehrer um die ganze Welt gekommen. Er ist ein guter Kenner sämtlicher Reitschulen der Welt.

Es ist jetzt drei, vier Jahre her: das denkwürdige Freundschaftsturnier deutscher und französischer Reiteroffiziere, das der deutschen Reiterei einen so rauschenden Triumph brachte. Beide Mannschaften kamen mit ihren eigenen Pferden, und die Deutschen gewannen, gewannen überlegen. Und dann beschloß man, in großartiger Gebelaune, das ganze Turnier noch einmal zu wiederholen – mit vertauschten Pferden. Bei den Franzosen mochte dabei auch ein wenig der Gedanke mitspielen, daß die Deutschen weniger durch reiterliche Überlegenheit als durch die Überlegenheit ihrer Pferde gesiegt hätten; und tatsächlich waren die ostpreußischen Pferde, mit denen sie antraten, damals wohl schon die besten Turnierpferde Europas. Man tauschte also; und die deutschen Reiter, auf den französischen Pferden, gewannen wieder. Etwas knapper; aber immer noch sicher genug.

Wer dieses Turnier damals mit ansah, wußte, daß die Deutschen die Führung im europäischen Reitsport erobert hatten; und ihre fast ununterbrochene Siegeskette seither hat es bestätigt.

Das hat auf den ersten Blick etwas Paradoxes; denn die Deutschen sind zweifellos kein geborenes »Reitervolk« – wie die Mongolen, die Kaukasier, die Kosaken von einst, die Ungarn, die Araber. Sie verdanken ihren Triumph nicht so sehr der angeborenen Begabung und der instinktiven Leidenschaft zum Reiten als der wissenschaftlichen Exaktheit, der Gründlichkeit, der Methodik, der Beharrlichkeit, mit der sie dieses Gebiet wie so viele andere »erobert« haben.

Auf den zweiten Blick aber hat es etwas ausgesprochen Überzeugendes und Befriedigendes, daß gerade ein Volk mit diesen Eigenschaften im europäischen Reitsport die Spitze erhielt. Denn es entspricht dem ganzen Stil europäischen Reitens. Europa reitet anders als Asien, anders als Afrika. Es gibt drei große Stile des Reitens, in sich abgeschlossene Reiterkulturen, unvergleichbar miteinander selbst in ihren Spitzenleistungen. Sie lassen sich nicht auf einen Nenner bringen; denn Reiten ist ja keine Sportart mit einer glatten Rekordskala, sondern eine Kunst, in der sich das ganze Lebensgefühl ausdrückt ... Die reiterlichen Leistungen der Mongolen und der heutigen deutschen Turnierreiter lassen sich so wenig aneinander messen und abschätzend vergleichen wie ein buddhistischer Tempel und eine gotische Kathedrale.

Man schicke ein paar der kaukasischen Reiter, die noch die alte Tradition von Dschingis Khan her im Blute haben, auf ein europäisches Reitturnier, in die ausgeklügeltschwierigen Hindernisse eines Sprunggartens! Sie würden so schlechte Figur machen wie ein Fisch auf dem Lande. Aber die besten Turnierreiter Europas würden auf den Reitturnieren der asiatischen Steppen oder der kaukasischen Hochflächen wahrscheinlich nicht glücklicher abschneiden. Denn auch dort gibt es Turniere, und was für welche! Sie mögen zivilisierten Europäern roh und abstoßend erscheinen, aber eins läßt sich nicht abstreiten: Sie verlangen eine reiterliche Meisterschaft, die atemraubend ist. Man spielt dort nicht Polo – aber man spielt zum Beispiel das Hammelrennen: Die Konkurrenten reiten in Linie vom Start weg zu einem mehrere Kilometer entfernten Ziel. Hundert Meter voraus einer, der beim Reiten einen lebenden Hammel im Arm trägt. Diesen Hammel muß man ihm im Jagen entreißen; wer ihn als erster durchs Ziel trägt, hat gewonnen. Das Tier wird dabei buchstäblich in Stücke gerissen, und das Rennen wird zu einer Reiterschlacht aller gegen alle; was dabei von Pferd und Reiter an Wendigkeit, Mut, Geistesgegenwart und Akrobatik verlangt und geleistet wird, ist nicht zu schildern, und wenn man es sieht, möchte man seinen Augen nicht trauen. Eine harmlosere Turnierübung ist folgende: In die Erde ist senkrecht eine Flasche eingegraben, auf den Hals eine Münze gelegt. An dieser Flasche reitet man in Karriere vorbei und schießt im Reiten auf die Flasche hinunter; verlangt wird, daß sowohl die Münze wie der Flaschenboden getroffen wird ...

Das sind Übungen, die nur zentaurische Wesen beherrschen können, und wirklich habe ich nirgends eine solche Einheit von Reiter und Pferd erlebt wie bei diesen Völkern der asiatischen Steppen und Hochebenen, wo man sozusagen auf dem Pferde geboren wird. Freilich wird diese »Einheit« auf einem Wege erzielt, der europäischem Empfinden barbarisch und brutal scheinen mag; die jungen Pferde werden nicht, wie hier, mit aller Feinfühligkeit und Schonung zugeritten und an den Menschen gewöhnt, sondern sie werden »gebrochen«. Das Verhältnis zwischen Mensch und Pferd beginnt mit Todfeindschaft, mit einem Kampf bis zur restlosen Ergebung – und es endet dann freilich mit einer Intimität, die wiederum jeden europäischen Begriff übersteigt.

Die mongolisch-asiatische Reitkunst – man wird dieses Urteil einem Mann, der selbst noch in ihrer Atmosphäre aufgewachsen ist, nicht verargen – ist mir immer als die Vollendung menschlichen Reitens überhaupt erschienen. Sie ist natürlich und gleichsam wildgewachsen, aber dabei nicht beschränkt-primitiv, sondern in ihren Spitzenleistungen von einer äußersten Raffiniertheit, die – paradox, aber wahr – schließlich doch nur der Natur, nicht der Kunst zugänglich ist. Und sie ist bei aller Wildheit und Härte niemals eigentlich grausam und rücksichtslos wie die Reiterschule der Araber – der dritte der großen Reitstile.

Der Araber und Nordafrikaner ist ein ganz großer Pferdekenner und Pferdezüchter. Er hat das schönste, klügste, ausdauerndste und anhänglichste Tier zustande gebracht, das die Welt kennt. Aber er reitet es auf eine Art, die Europäern und Asiaten gleich fremdartig bleibt.

Haben Sie einmal eine »Fantasia«, ein Reiterfest des Spahis, mit angesehen? Ich leugne nicht, daß es für Laien faszinierend wirkt: die herrlichen Tiere mit wehenden Mähnen und Schweifen, die Reiter in phantastischem Putz, mit wehenden Schleiern. Aber was tun sie wirklich? Sie jagen in Linie dahin, stehen auf den Steigbügeln, schießen über die Pferdeköpfe und schreien. Ein betörender Anblick – aber kaum eine große Kunst. Dann halten sie im Augenblick aus vollstem Lauf; ein phantastischer Effekt, aber ausschließlich auf Kosten des Pferdes erzielt; denn die Araber gebrauchen die grausamste Kandare der Welt, einen Sporn, der beim Anziehen in den Gaumen des Pferdes sticht. Selbstverständlich bringt eine solche Bremse das Pferd in einer Sekunde zum Stehen …

Man verlange aber einmal von einem Spahi, was jeder Kosak der alten Zarenarmee als Elementarstes lernte: sich unter dem Pferdeleib herumzuschwingen oder auch nur im Reiten etwas vom Boden aufzuheben – er wird es nicht können; er wird sich übrigens auch glatt weigern, sich derartig anzustrengen. Die Anstrengung ist Sache des Pferdes

– das ist die Quintessenz der arabischen Reitkunst. Man hat ein großartiges Pferd gezüchtet, nun mag es zeigen, was es kann! Um über das arabische Reiten Bescheid zu wissen, braucht man nur einen arabischen Sattel anzusehen: ein prunkvoller Sessel mit schräger Lehne, auf dem der Reiter lässig, elegant und bequem zurückgelehnt sitzt – aber er sitzt dort, wo ein guter Reiter nach unseren Begriffen nie sitzen soll: auf den Nieren des Pferdes!

Im mongolisch-kosakischen Reitstil lebt die hemmungslose, wilde Natur Asiens, im arabischen die Trägheit, Üppigkeit und Grausamkeit des Orients. Der europäische Stil – heute am vollendetsten ausgeprägt in der italienischen Schule, die wiederum zur höchsten Kunst entwickelt ist von den deutschen Reitern – ist ganz das Produkt westlichen Zweckdenkens, ein nicht gewachsener, sondern erdachter, ja errechneter Stil, künstlich, aber höchst intelligent, human und praktisch zugleich.

Das edle europäische Pferd – englisches und andalusisches Vollblut, ungarisches und ostpreußisches Warmblut vor allem – ruht aus dem arabischen Blut, aber man hat ihm mehr und mehr kältere heimische Rassen beigemischt und so ein hartes, ausdauerndes, treues und intelligentes Pferd erzielt. Noch vor zwanzig Jahren war beispielsweise der Trakehner viel »heißer« im Blute als heute, äußerlich vielleicht schöner, auch feuriger im Temperament. Auf Jagden war er die ersten zwanzig Kilometer lang kaum zu halten; aber er verausgabte sich und wurde immer frommer und zahmer, je länger der Weg wurde. Heute ist das anders; der Ostpreuße von heute besticht vielleicht weniger, aber er ist ein eisernes Pferd geworden, zäh, unermüdlich, ein Pferd, das nie versagt ...

Eine ähnliche Entwicklung machte der Reitstil durch. Noch kurz vor dem Kriege herrschte in Europa die englische Schule: eine sehr elegante Art des Reitens, mit langem

Steigbügel und sehr aufrechtem Sitz. Ging es bergab, legte sich der Reiter zurück; ebenso, wenn das Pferd über einem Hindernis wieder nach unten ging – man kennt diese schöne Haltung von vielen alten Stichen und Bildern. Die Italiener als erste »errechneten« sich eine ganz andere Reitart, die gegen das Körpergefühl geht, aber erweisbar praktischer ist: mit ganz kurzem Steigbügel, sehr weit vorn auf dem Nacken des Pferdes, gleichsam angeklammert zu sitzen und unter allen Umständen, auch bergab, auch über dem Hindernis, das Gewicht nach vorn zu legen, selbst wenn man dabei das Gefühl hat, kopfüber zu gehen ... Das Pferd hat bei dieser Reitart Hüfte und Hinterbeine, mit denen es die Hauptarbeit tut, stets ganz frei; es kann also schneller »gehen« und ermüdet weniger rasch. Genug der Einzelheiten! Die italienische Schule hatte die Einsicht für sich, die englische Tradition und Gefühl. Als kurz vor dem Kriege Graf Erik Holk mit der neuen Reitart Rennen um Rennen gewann, als gar der deutsche Kronprinz sie als erster in seinem Regiment einführte, gab es noch einen Sturm unter den Generalen ... Heute reitet man diesen Stil auf dem ganzen Kontinent, und England, das als einziges Land bei »seiner« Schule geblieben ist, hat dafür mit einer Kette von sportlichen Mißerfolgen bezahlen müssen.

Wissenschaftler haben diesen Stil erfunden, an seiner Wiege stand nicht die Leidenschaft, sondern die Überlegung, und alte Steppenreiter mögen manchmal ein Gefühl von Treibhausluft haben, wenn sie heute ein Berliner, Turiner oder Amsterdamer Reitturnier ansehen. Und doch: Überlegung und Leidenschaft scheinen in Europa keine Gegensätze zu sein ... Wenn Pferd und Reiter mit fast unwirklicher Präzision durch das Hindernislabyrinth eines Sprunggartens schweben, dann fühlt auch der Fremde sich plötzlich zuinnerst angerührt vom gemeinsamen Reitergeist; dann spürt er auch in dieser kühleren, beherrschten und zivilisierten Luft wieder den Atem der großen geheimnisvollen Leidenschaft, die den Menschen allerorten das Glück auf dem Rücken der Pferde suchen läßt – einer Leidenschaft, vor der alle Unterschiede der Schulen und Stile schließlich zu nichts werden.

Es war einmal …

Kintoppromantik

Tarzanfilme immer noch gefragt – in Amerika

Ach, gibt es sie eigentlich noch? Sie beginnt schon ein wenig nach guter alter Zeit zu schmecken, die Romantik des schönen, alten, wilden, wüsten Kintopps. Die Entwicklung hat sie, wie man das nennt, überwunden, sie ist darüber hinweggeschritten. Der Film von heute, technisch vollkommen, artistisch raffiniert, längst gesellschaftsfähig, lächelt mitleidig über seine wilde Jugend. Er ist erwachsen geworden. Wir sind alle so erwachsen geworden ...

Ich träume als Kind mich zurücke ... Da erstehen sie wieder, die kleinen, düsteren, schlecht ventilierten Schläuche von Kinos, in denen auf einer regnenden Leinwand Personen mit seltsam ruckartigen Bewegungen eine ganze Wunderwelt von Abenteuer, Liebe, Gefahr und Heldentum herzauberten. Wo ist er hin, der starke Maciste, der mit bloßer Armkraft fahrende Autos anhielt, der Telegrafenstangen als Waffe benutzte und, wenn's not tat, mit Boxschlägen kleinere Häuser umlegte? Und der wunderbare Tom Mix mit seinem nie fehlenden Lasso, mit seinen Steppenmustangs, die er von oben und unten ritt und im vollen Galopp wechselte – hui! piff paff! knallte die Pistole des meuchlerischen Sioux hart über den Sattelknauf des eben verlassenen Renners –?! Ja, mit der Kintoppromantik beginnen auch die Übermenschen des alten Kintopps auszusterben. Der schöne Valentino ist tot, der geschmeidige Doug Fairbanks hat sich zur Ruhe gesetzt, nur Harry Piel arbeitet noch in alter Frische. Gewiß, ein wenig sind auch die Albers und Gable noch »von ihrer Familie«; sie haben sich von dem höllischen Feuer des alten Kintopps einen Funken bewahrt; aber sie benutzen ihn eigentlich bloß, um Mädchenherzen zu entzünden – eine harmlose Art von Brandstiftung, wenn ich an die brennenden Urwälder denke, aus denen in meiner Jugend Tarzan mit Hilfe eines treuen Affen die ohnmächtige Geliebte rettete ... Die Mädchen spielten damals überhaupt noch eine geringere Rolle als heute. Natürlich mußte es sie geben, damit sie aus Gefahren gerettet werden und zum Schluß dem Helden seinen Lohn reichen konnten. Aber viel wichtiger als der Lohn waren die Heldentaten selbst. Warum untersagte man uns Kindern eigentlich den Kintopp so heftig – als ob wir dort etwas Schlechtes hätten lernen können?! Der Kintopp bot die moralischste Erziehung, die man sich denken kann. Er bot Vorbilder von Kraft, Mut, Aufopferung, Treue und Männlichkeit, daß Goethe und Schiller vor Neid erblassen könnten. Er bot das Bild einer vollkommenen sittlichen Weltordnung. Nirgendwo in der Welt konnte man so genau wie im Kintopp auf den ersten Blick unterscheiden, was gut und böse war – verrieten sich doch die Bösen meist schon durch ihre Hautfarbe und ihre Schnurrbärte! – und nirgendwo stand der Sieg des Guten so felsenfest. Gewiß mußte dieser Sieg errungen werden – errungen im wörtlichsten Sinne, meist auf dem Dach eines Wolkenkratzers, wo bald der eine, bald der andere der Gegner in 42 Stock Höhe über den Rand hing! Aber was zum Schluß zerschmettert unten lag, war stets das böse Prinzip, und zu der wunderbar gelösten Spannung gesellte sich deutlich das Gefühl moralischer Erbauung. Wenn es so etwas gäbe – man sollte den alten Kintoppstücken noch nachträglich das Prädikat »pädagogisch wertvoll« verleihen.

Trotzdem wollen wir nicht allzusehr klagen, daß der Kintopp bei uns ausstirbt. Es ist nicht immer eine reine

Freude, im reifen Alter wiederzusehen, wofür man sich in der Jugend begeistert hat; Erwachsene brauchen anderes Spielzeug als Kinder... Aber wir wollen auch auf die Amerikaner nicht herabsehen, die sich mehr Kindlichkeit bewahrt haben und unverdrossen ihren tausendundeinten Tarzanfilm produzieren. Wir dürfen die Leute, die diesen Filmen immer wieder mit begeisterungsblanken Augen zusehen (und sie damit zu einem bombensicheren Geschäft machen) sogar ein wenig beneiden: Denn ihrer ist das Himmelreich.

Wiedersehen mit Fräulein Else

Ein verdienstvolles Berliner Kinotheater zeigte dieser Tage wieder einmal den Film »Fräulein Else«, einen stummen Film aus dem Jahre 1929. Es hat sich gelohnt, hinzugehen und ihn sich anzusehen. Es war ein eigentümliches und lehrreiches Erlebnis.

1929 – eigentlich ist das doch noch gar nicht so lange her. Ich erinnere mich noch ganz gut an die Premiere des Films, in dem berühmten kalten Februar 1929. Sie war ein gewisses Ereignis – Filmpremieren konnten damals durchaus ein Ereignis sein. Vor dem Capitol war große Autoparade. Zwei ziemlich bescheidene Plätze kosteten sechs Mark. Damals war ja alles schrecklich teuer, aber, das war das Komische, man konnte es bezahlen. Im Foyer sah man Stresemann.

Heute, nach vier kleinen Jahren, wirkt dieser Film wie das petrefakte Zeugnis einer verschollenen Kulturepoche. Seine Lebendigkeit hat etwas durchaus Gespenstisches angenommen; und nicht etwa nur deswegen, weil sie vollkommen lautlos ist. Freilich ist dies der erste Schock, den einem das Wiedersehen versetzt! Herrgott, das ist ja ein stummer Film! Und so waren die also! Man sitzt ein wenig fassungslos davor.

Vor ein paar Jahren machten sich, wie dieser und jener sich vielleicht noch erinnert, verschiedene Berliner Kinos einen Jux daraus, uralte Filme »aus der Kinderstube des Films« vorzuführen und dem billigen Gelächter eines wenig nachdenklichen Publikums preiszugeben. Das war roh;

man lacht nicht über die ungeschickten ersten Gehversuche eines Kindes. Es war aber außerdem töricht; denn der stumme Film, der hier seine Anfänge dem Gelächter aussetzte, blieb zeit seines Lebens gegen Lächerlichkeit empfindlich; er blieb stets mit einem nicht zu verbergenden Gebrechen, mit einer Art Körperfehler behaftet: Er blieb stumm. Dieselben Leute, die 1929 über die ungeschickte Fotografie und die überdeutliche Theatralik der Filme von 1909 gelacht haben, würden heute über die Filme von 1929 lachen: über die Zwischentitel, die den Schauspielern gleichsam wie gotische Spruchbänder aus dem Munde hängen, während ihre Lippen sich ohnmächtig abzappeln und die Ohren des Zuschauers betrügerisch mit einer schallenden Potpourrimusik vollgestopft werden. Das wirklich Erschütternde aber sind gar nicht diese technischen Unvollkommenheiten; sie sind, wie alles Technische, im tiefsten Grunde gleichgültig und zweiten Ranges. Das wirklich Erschütternde ist die ungeheure, rekordsüchtige, krankhafte Vollkommenheit, mit der der stumme Film seine technischen Möglichkeiten ausgenutzt und bis ins Paradoxe gesteigert hat. Nach einem geheimnisvollen Gesetz bringt ja fast jedes Gebrechen als Gegengewicht eine besondere Begabung mit sich; so hat auch der stumme Film, das ist ja oft festgestellt worden, grade durch seine Stummheit die ihm eigentümliche ungeheure Behendigkeit der Darstellung gewonnen. Und mit dem fanatischen sportlichen Ehrgeiz, den so oft grade Gebrechliche entwickeln, legt er *nun* alles darauf an, diese seine Begabung zu zeigen, sie spielen zu lassen, mit ihr zu prahlen. Fern von der Gelassenheit, mit der andere, wohlgeratene Kunstarten ihre Mittel verwalten, arbeitet er in jedem Augenblick mit dem äußersten Krafteinsatz, zeigt er bei jeder, auch der unglücklichsten Gelegenheit, was er kann. Alles schildert er mit derselben überhitzten, fieberhaften, durcheinandergeschnittenen und – montierten Technik. Die harmlosesten Vorgänge bekommen in dieser Technik etwas unbegreiflich Aufregendes: Reiseeinkäufe, Schlittenausflüge, eine bürgerliche Abendgesellschaft – alles erscheint wie ein fieberhafter Höllentraum.

In diesem höllischen, nervösen Durcheinander, das den Zuschauer in kürzester Zeit völlig verwirrt und auf das Unmöglichste gefaßt macht, sieht er sein eigenes, kaum vergangenes Leben wieder – so wie es sich vor vier kleinen Jahren abgespielt hat. Es ist tief erschreckend, schon in seinen Äußerlichkeiten. Solche Kleider trugen also die Frauen damals? Es ist merkwürdig, wie sich in vergangenen Kleidermoden die ganze Lächerlichkeit ihrer Epoche verfängt. An den Vorkriegsmoden hat man es oft genug beobachtet; heute kann man es lächelnd und schaudernd an den Moden von 1929 feststellen. Diese zu kurz geratenen Mönchskutten, diese asketischen Säcke, an den Knien mit Schere und Lineal abgeschnitten (und wenn auf der Schulter eine Stoffblume saß, war es ein Abendkleid) – ja, das haben wir wirklich schön gefunden, und wie stolz waren wir darauf! Weiß man noch? Die eine Partei fand diese Mode himmelschreiend obszön, sie fühlte die Grundfesten der Sittlichkeit wanken und sah schon Feuer über Sodom und Gomorrha regnen. Die andere machte aus den kurzen Kleidern fast eine Weltanschauung: Moderne Frauen, Kameradschaft, Gleichberechtigung, neue Sachlichkeit – o wie erwachsen wir uns vorkamen! Was ist das für eine Bosheit des Schicksals, die uns immer erst ein paar Jahre später merken läßt, wie komisch wir in diesem Augenblick grade sind! Damals merkte es offenbar wirklich kein Mensch, daß diese Mode einfach komisch war und weiter nichts – so komisch wie die seltsame Sportreligion, die Europa damals erfaßt hatte. Man sieht in diesem Film, mit nervöser Hast hineinmontiert, ein paar Bilder von der Winterolympiade 1928, und die fauchende Erregung der Zuschauermassen, die gut eingefangen ist, weckt eine Erinnerung an den religiösen Wahnsinn, mit dem man damals dem Sport huldigte, eine fast unglaubliche Erinnerung.

Aber der Film sorgt gleich dafür, daß niemand auf die Erklärung verfällt, damals seien die Menschen eben dumm und schlecht gewesen, und seitdem hätten wir es herrlich weit gebracht. Sagte ich schon, daß er in seiner Art ein sehr guter Film ist? Er enthält ein paar ausgesprochen schöne und gedichtete Stellen; und grade zwischen den Sportaufnahmen gibt es so eine: wenn da plötzlich, groß aufgenommen, Elisabeth Bergner und ihr Begleiter ins Bild treten, wie sie, ihre jungen Gesichter gegen die Sonne beschattend, voll Kinderferienglück über die jubelnde Menge hinweg in den jubelnden Winterhimmel blicken – dann wird man gerührt inne, daß Anmut, Schwung und Liebreiz des Lebens kein Vorrecht von 1933 ist.

Elisabeth Bergner; man kann von diesem Film nicht sprechen, ohne auch von ihr zu sprechen. Damals, 1929, war der Film ganz einfach ein »Bergner-Film« – zu Unrecht, denn es gibt noch ein paar andere sehr wichtige Schauspielerleistungen darin; aber wo die Bergner auftrat, gab es keine andern Götter neben ihr. Erinnert man sich noch an die abgöttische Verehrung, mit der Berlin damals zu dieser Schauspielerin aufblickte? An das Adjektiv »bergnerhaft«, das als höchstes Lob anderen Künstlerinnen zuerkannt wurde? Weiß man noch, wie Berlin damals von falschen Bergners wimmelte, wie die bravsten und blondesten jungen Leute um ihretwillen dem Autogrammfetischismus verfielen? Damals konnte man, wenn man ein bißchen etwas Besonderes sein wollte (und wer wollte damals nicht etwas Besonderes sein!), sich nicht anders helfen, als indem man auf sie schimpfte. Heute, da aus dem »Hosianna« ein »Kreuzige« geworden ist, sieht man sie mit andern, unbefangeneren Augen an; heute ist es nicht mehr ordinär, von ihr entzückt zu sein, ihren Ernst, ihre Klugheit, ihre überzierliche, spitze o-beinige Anmut als etwas Seltsames und Köstliches zu empfinden. Aber absonderlich und fast erschütternd bleibt doch der Gedanke, daß eine ganze Stadt, eine Stadt von ein paar Millionen kreuzbraven, ordentlichen und normalen Einwohnern in dies fast unwirkliche Geschöpf, in dies Halbmädchen, diesen überzarten, überzüchteten, femininen Jungen bis zur Narrheit verliebt gewesen ist. Das sind doch noch dieselben Leute, die heute für Hans Albers sind! Waren sie damals verhext? Oder waren sie so versnobt, hunderttausendfach etwas nachzureden, woran sie keinen Augenblick glaubten? Ungelöstes Rätsel.

Heute jedenfalls, da der Zauber zerfallen ist, sieht man den Film nicht mehr einfach als einen Bergnerfilm; man hat jetzt auch Augen für das, was es außer der Bergner in diesem Film noch gibt. Es gibt da vor allen Dingen noch zwei große Schauspieler, die merkwürdige und exemplarische Rollen spielen: Bassermann und Steinrück. Bassermann ist der Börsenspekulant und Steinrück ein Kunsthändler. Börsenspekulant, Kunsthändler: Das sind in diesem Film noch Stichworte für eine sehr respektvolle Vorstellung von Glanz, *high life*, Aristokratie; 1929, das war noch vor der Zeit der Konkurie und der Skandalprozesse. Merkwürdig ist nur die Vorstellung von Aristokratie, die dieser Film anscheinend voraussetzt. Steinrücks Kunsthändler zum Beispiel sieht wie ein befrackter Schlächter aus, und ungefähr so benimmt er sich auch; aber der Regisseur und der Fotograf dieses Films sind weit entfernt davon, ihn deshalb mit Kritik oder auch nur mit Ironie zu behandeln.

Man ist heut ein wenig erschreckt von soviel achselzuckender Hinnahme. Aber Hinnehmen und Nichtsoschlimmfinden, das ist die durchgehende moralische Haltung dieses Films. Es geschehen sehr böse Dinge darin.

Jener Spekulant unterschlägt und verspielt Mündelgelder; in der Klemme, läßt er es geschehen, daß seine kleine Tochter für ihn betteln geschickt wird; und jener Kunsthändler knüpft seine Hilfe an die Bedingung, daß dieses junge Mädchen sich ihm nackt zeigt. Es ist, wenn man es sich recht überlegt, eine Handlung von kreischender Fürchterlichkeit. Dergleichen ist freilich zu allen Zeiten und auf die verschiedensten Arten dargestellt worden, aber wohl nie mit so viel Duldsamkeit und Entschuldigung, mit so viel Allesverstehen und Allesverzeihen wie in diesem Film. Gleich unfähig zu Anklage und Verurteilung wie zur zynischen Bejahung des Bösen, stellt dieser Film das Furchtbare mit einer verlegenen Geste der Beschönigung dar, mißbilligend, aber verzeihend, und in Wahrheit nur auf die sentimentale Pointe erpicht.

So viel moralische Hilflosigkeit erschüttert. Erstaunlicher noch als diese alles entschuldigende Haltung selbst sind die Mittel, mit denen hier begütigt und entschuldigt wird. Entsprach es wirklich der herrschenden Moral von 1929, daß Schlappheit, Gejammer und Zusammenbruch als mitleiderregend und versöhnend angesehen wurden? Hier jedenfalls soll zum Beispiel jenem ungetreuen Spekulanten ausgerechnet ein ganz unwürdiger Zusammenbruch die gerührte Verzeihung des Zuschauers verschaffen. Haben wir 1929 wirklich nicht dagegen protestiert, uns so billig rühren zu lassen? War die Gesellschaft von 1929 wirklich so entnervt, wie sie sich hier gibt, war sie wirklich eine sterbende Gesellschaft, und ist dieser Film ihr treues Dokument?

Er wirkt heute fast völlig wie ein Totentanz, und seine lautlose Gespensterbehendigkeit paßt gut dazu. Man sieht nicht ohne Grauen eine Gesellschaft ahnungslos ihr eigenes Sterben fotografieren, man meint die letzten Bürger zu sehen: nervös und übersensibel, snobistisch, götzendienerisch, ihrer eigenen Kultur und Moral untreu, bereit, sich alles nachzusehen, gottverlassen und todgeweiht.

Aber diese späten Bürger, sind das nicht wir? Ist das, was wir hier sehen, nicht unser eigenes, noch gestern gelebtes Leben? Es ist alptraumhaft, ihm heute zuzusehen, kaum anders, als ob man im Traum sich selbst als Leiche sieht. Aber an dem Schreck, mit dem wir erwachen, merken wir, daß wir leben, und das ungläubige Erstaunen, mit dem wir diesem todesnahen Leben zusahen, das vor wenig Jahren fast unser eigenes war, zeigt uns, wie fern wir dem Tode sind. Diese Gespensterwelt ist nicht das wahre und ganze Abbild der bürgerlichen Gesellschaft von 1929 – wir stellen es aufatmend fest; aufatmend, aber zugleich mit der tiefen Beklemmung des Reiters, der erfährt, daß er über den Bodensee geritten ist. Wir haben zuviel mit diesen Gespenstern gemein gehabt, als daß wir sie ganz verleugnen dürften. Wer in diesen Film geht, geht in sich.

Nachruf auf das Klavier

Hat es noch Sinn, die Augen davor zu verschließen? Das Klavier ist tot, unser alter, treuer musikalischer Freund und Hausgenosse ist nicht mehr. Aus der Liste des bürgerlichen Haushaltszubehörs ist es stillschweigend gestrichen, die höheren Töchter werden nicht mehr zum Klavierspielen, sondern zu anderen Fertigkeiten abgerichtet, die Jahresberichte der Klavierindustrie weisen die erschütterndste Absatzschrumpfung auf; nicht mehr geschieht es bei den nächtlichen schwärmerischen Sitzungen der Jünglinge, daß einer ans Klavier stürzt, um die Appassionata oder den Marsch der Davidsbündler herunterzudonnern, und um das Treiben der Virtuosen, die langsam aus den großen Konzertsälen in die kleineren umziehen, weht spürbar schon der Vergänglichkeitshauch, der die Erscheinungen der letzten Könige und der letzten Droschkenkutscher so rührend macht.

Ja, es ist tot, das Klavier, unmerklich ist es hinübergegangen, und damit ist wieder ein Bollwerk des bürgerlichen Individualismus gefallen – mag darüber jubeln, wem der Sinn danach steht! Denn das Klavier war, darin ist kein Zweifel, das Instrument des bürgerlichen Individualismus, sein Instrument in jedem Sinn und Doppelsinn. Es ist gewiß kein Zufall, daß gerade das 19. Jahrhundert, im Geigenbau etwa und im Orgelbau ganz tot und unfruchtbar, das Klavier mit so erfinderischer Liebe vom Spinett bis zum modernen Konzertflügel hinaufpflegte, daß es all seinen wahrlich nicht geringen Neuerungsmut und Einfallsreichtum an das Klavier wandte und nicht an ältere, vielleicht edlere Instrumente: denn im Klavier erkannte der bürgerliche Mensch sich selbst wieder, das Klavier war der Individualist unter den Instrumenten, mit seinen Schwächen und mit seiner rauschenden Stärke. Man sehe die einfachen klassischen Instrumente an, eine Geige etwa oder eine Flöte: welch bescheidene, begrenzte, bodenständige Gebilde, wie primitiv, wie leicht durchschaubar im Technischen – bäuerliche Instrumente gleichsam, naiv verwachsen mit ihrem Material wie der Bauer mit seinem Boden, jedes nur einer, seiner Sprache kundig, im höchsten Grade aufeinander angewiesen: Erst ihr Zusammen und Gegeneinander im Orchester ergab wahrhafte Musik, Spannung, Konflikt, Harmonie. Dagegen das Klavier! Ein spätes, kluges, verzwicktes Gebilde, dem Spieler selbst im Innersten unbekannt. Der Geigenspieler wußte selbstverständlich mit seinem einfachen, zutraulichen Instrument Bescheid, er konnte es stimmen, eine zerrissene Saite neu aufziehen, Stimme und Steg zurechtrücken – das Klavier bot dem Musikanten nur, geheimnisvoll lächelnd, die blanke Tastatur; das Innere und Eigentliche, den Herzschlag, das künstliche Aderwerk und Nervennetz, die Seelenwerkstatt, das verbarg dieser echte Individualist voll Scham und Stolz. Aber was bot es alles mit der Tastatur allein! Welche Fülle der Gesichte, welche Weite und Freiheit des Blicks, was für ein Reichtum an Gefühlen und Einfällen, welche geistreich-vielseitige Sprache! Das Klavier konnte, wozu die anderen Instrumente sich erst mühsam zusammenfinden mußten, drei, vier, sechs Stimm-Gedankengänge auf einmal verfolgen und in ihrer Spannung und Harmonie übersehen, es konnte den gebrochensten und zusammengesetztesten harmonischen Gefühlen nachspüren, es konnte in sich selbst jede dissonante Wirrsal und Zerrissenheit und jedes Unisono machtvoller Einigkeit empfinden; es war ein Mikrokosmos, einsam, frei, stolz, allseitig, sich selbst genug. Freilich, es gab auch einiges, was ihm abging, worin es den Primitiven den Vortritt lassen mußte; vor allem, es konnte nicht singen; sein Ton, wie wuchtig, wie glänzend immer, war kurzlebig, es konnte nicht lange denselben Ton aushalten, es war auf Tempo, Veränderung, Neuigkeiten, Abwechslung angewiesen wie auf Lebensluft, in der Dauer und in der Ruhe erstickte es. Aber mußte es diese Schwäche dem wahren Bürger, dem faustischen Welteroberer nämlich, nicht gerade liebenswert machen? Wozu Dauer, wozu Ruhe? War die Welt nicht weit und das Leben der Menschen nicht kurz genug? »Gib, große Erde, stärkre Sensationen – !«

Ja, das Klavier war nicht nur das Symbol des Individualismus, es war auch sein Instrument, seine Waffe im eigentlichsten Sinn; wie er sich mit Eisenbahn und Dampfschiff den Raum, mit der Dynamomaschine die elektrische Kraft, mit der liberalen Idee den Staat, mit dem Welthandel den Segen der Erde, mit Kanonen Kolonien und Kontinente unterwarf, um alles dem Raschen, dem Klugen und Mutigen wie einen Teppich unter die Füße zu breiten: so mit dem Klavier die Musik. Der Klavierspieler mußte nicht mehr wie der Streicher oder Bläser, gebunden an den Faden seiner Stimme, eingespannt in die Disziplin des Orchesters, bemüht und bescheiden seinen Einzelpart verfolgen, um ahnungsweise und mit halbem Ohr die Harmonie des Ganzen mitzugenießen; nein, wenn er den Deckel seines Instruments aufschlug, dann breitete sich unter seinen zehn Fingern die Welt aus wie eine Landschaft unter dem Blick eines Fliegers. Der Geiger war ein bescheidener Diener der Musik; der Klavierspieler war ihr Herr. »Klaviertitan« – merkwürdig, daß man trotz Paganini nie von einem Geigen-, trotz Amadio nie von einem Flötentitanen gesprochen hat.

Nur das Klavier machte aus seinem Meister einen Titanen – und nicht einmal nur aus seinem Meister; im Scheinen war jeder Klavierspieler ein wenig Titan, jeder schwang den Donnerkeil und den Dreizack chromatischer Sechzehntelgänge, jeder wälzte die Felsen der Bassoktaven vor sich her, jedem schenkte sein Instrument die großartige Freiheit des Improvisierens. Ja, das war vielleicht das tiefste Geheimnis des Klaviers, daß es tollkühn machte, daß es selbst den Nüchternen zur Phantastik und zur Ausschweifung des Gefühls hinriß, daß es ihn weit emporhob über all die musikalischen Formen, Bindungen und Gesetze, die die andern, die Einfältigen, nötig haben mochten. Denn es war unmöglich, nicht berauscht, nicht genial gemacht zu werden von dem Gefühl der Freiheit und Allmacht, das das Klavier dem Musikanten schenkte, diesem Reiter- und Fliegergefühl. Schüfe man ein Denkmal des Klavierspielers, es müßte ihn darstellen, wie er, in seinem Sitz wie in einem Sattel zurückgelehnt, mit der linken Hand, noch herrscherlich unentschlossen und die eigene Willkür genießend, präludierend durch die Tasten fährt – nichts anders als ein Reiter, der seinem schnaubenden Pferd die Mähne krault, ehe er ihm den Kopf freigibt, damit es ihn trägt, wohin er will.

Wohin er will – alle echte Klaviermusik ist aus dieser Haltung des Improvisators entstanden, und wenn sie richtig gespielt wird, dann muß man immer wieder glauben, sie sei eben in diesem Augenblick im Kopf des Spielers entstanden. Das fängt mit Beethoven an, der freilich vor seinen Phantasien eine Weile, bis opus 90, noch den dünnen Schleier der liberalen, großzügigen Sonatenform hängen läßt – »quasi una fantasia« könnten auch diese Sonaten alle schon heißen. Nach ihm hört selbst das auf. Schuberts Impromptus, Chopins Etüden, Schumanns Albumblätter und Arabesken, Brahms' Intermezzi, Liszts Transkriptionen, Debussys Préludes – keine Formbegriffe mehr, nur noch zufällige, willkürliche Namen, hinter denen ein ungedämmtes Meer von Schwung, Laune, Freiheit, Willkür, Genie rauscht. An allen diesen Schöpfungen spürt man kaum noch die verständige, besonnen formende Hand des Menschen; es ist, als hätte das Klavier selbst diesen ganzen wirren, triefenden Reichtum an den Strand geworfen. Und wirklich, waren nicht alle oder doch fast alle großen Komponisten des Klaviers zugleich große Virtuosen – »Klaviertitanen«? Spürt man nicht, wenn man einen Band Chopin oder Liszt aufschlägt, wie sehr das gespielt sein will, nicht gelesen oder gehört, nein gespielt? An allen diesen Stücken hat das Klavier ebensoviel Anteil wie der Mensch, sie sind keine geistgeborenen, kristallenen Erzeugnisse der Einsamkeit, sie sind wie lebende Wesen in einem Rausch zu zweien entstanden, sie verdanken ihr Dasein dem Rausch des Klavierspielens, und dunkel tragen und pflanzen sie die alte Verführung fort – abergläubische Zeiten würden all diese Werke verbrennen, als Früchte der Teufelsbuhlschaft. Was waren das auch für Männer, die sich dem Klavier ergaben und diese Gebilde mit ihm zeugten – Genies, ja, und ebenso Gezeichnete. Der taube Misanthrop Beethoven, der Bohemien Schubert, Chopin, der an Schwindsucht, Schumann, der im Wahnsinn starb, der Waldschrat Brahms, das Irrlicht Liszt – ist einer darunter, den man sich wie Johann Sebastian baumhaft ragend im Kreise seiner zwanzig musizierenden Söhne denken könnte? Und diese ihre Musik, die alle sieben mal sieben Farben des Rausches und alle Schatten und Halbschatten der Müdigkeit kennt, die das Witzigste und das Stolzeste, das Zornigste und das Zärtlichste ausspricht, was Menschen denken können – macht sie zufrieden und ruhig, sättigt sie, ist sie nahrhaft wie eine Kantate von Bach? Nein, gerade das ist sie nicht. Sie ist traurig und macht traurig. In ihrem Grunde und an ihrem Ende tönt überall, dunkel mitschwingend und die Freude, die kurzlebige, noch freudiger machend: Ermattung, Einsamkeit, Verzicht, Nacht, Alter, Tod. Es ist eine Musik, die um das Ende weiß, das für den wahren Individualisten immer Einsamkeit heißt, und die großen Meister des Klaviers gleichen jenem Seefahrer, der alle Meere der Welt befuhr und als Beute ein Netz Schwermut mit nach Hause brachte. Sind sie damit gerichtet? Ist dem Klavier damit sein Urteil gesprochen? Heute, 1933, werden viele »Ja!« rufen. Aber gemach: Damit, wie er auf solche Fragen antwortet, spricht jeder nur ein Urteil über sich selbst.

Gleichviel, das Klavier ist tot. Seit Jahrzehnten hat es der Zeitgeist immer enger umstellt. Seit Debussy tot ist, hat es keinen großen Komponisten mehr verführt, und lebt seit d'Alberts Tode noch einer von den wirklichen Klaviertitanen? Der Virtuosentyp von heute ist, scheint mir, nicht mehr der echte: mit seinem Präzisionsideal, seiner Disziplin und Sachlichkeit – Tugenden, gewiß, aber nicht die Tugenden des wahren Klavierspielers. Der bürgerliche Individualismus, faul und müde geworden, lebt musikalisch vom Grammophonhören. Die tätige, begeisterte Jugend aber ist wieder mit Geige und Blockflöte in die Collegia musica gezogen, zur musikalischen Infanterie gleichsam; sie empfindet Gemeinschaft, Dienst und Geborgenheit wieder als stärkeren Reiz denn Einsamkeit, Macht und Gefahr – wer will ihr das streitig machen? Jede Generation trifft in solchen Dingen ihre eigene Wahl. Das Klavier aber ist darüber unvermerkt gestorben, und seinen letzten Liebhabern bleibt nur übrig, ihm den Zoll der Trauer zu entrichten.

Sei dir denn die Erde leicht, Klavier, alter Jugendfreund, Gefährte so vieler Freuden und Räusche! Ich hoffe, Deine Tugenden gebührend gepriesen, deine Schwächen hinlänglich verklärt zu haben. Nun aber, während ich die Feder weglege, erlaube mir, daß ich ein wenig deinen Sargdeckel aufklappe, um eine Chopinpolonaise auf dir erdonnern zu lassen – die in fis-moll zum Beispiel, mit dem Mazurkatrio. Nur um mir, für den Privatgebrauch, zu beweisen, daß du doch unsterblich bist.

Schumannalbum

Ja, es ist ein Album, und seine Seiten sind Albumblätter. Es ist in dickes gepreßtes Leder gebunden, es riecht nach altem vergilbendem Papier (so müssen verjährte Liebesbriefe riechen), und es liegt ganz unten in einer alten Bücherkiste, einer von denen, an die man an regnerischen Sommersonntagen herangeht. Schlägt man es aber auf und blickt man ihm lange genug in seine Notenaugen: Ja, dann ist es ein Puppentheater, kein Zweifel. Nur dort fließen die Bäche so silberhell, sie sind ja auch aus Silberpapier, und dort steht die Ruine, eine reizend-trauervolle kleine Kulisse, und oben links klebt der volle Mond, anderswo gibt es so viel Vollmond gar nicht. Wie sie rings herumliegen, die handlichen kleinen Kulissen, Schloß und Burg und Sommergarten, und der Rhein und Italien, und grüne Bäume und Tore und Alleen, und Gondeln und Fächer und Mantilla – alles so klein, so zierlich, zum In-die-Hand-Nehmen, und doch erregend und voll Magie! Da liegen auch die Marionetten herum, kläglich, stumm und zerknickt, in Schlaf gehext. Und wie sie auch angezogen sind, als Hidalgos und fahrende Ritter, als Spielleute und Gondolieri und Perserprinzen und Biedermeierherren, alle haben sie dieselben Gesichter und dieselben blauen Jünglingsaugen, ach, und sogar dieselbe Träne ist ihnen allen schon zierlich an die Wange geklebt; ihre Liebsten sind alle schon lange tot. Aber man darf ihnen nicht zu lange die alten Lieder vorsummen, dann werden sie lebendig. Unheimliches, reizendes Schauspiel, sie stehen auf, sie bewegen sich an unsichtbaren Fäden, mit sanften, linkischen Bewegungen betreten sie die Bühne, sie legen steif und lieblich die Hand aufs Herz, sie blicken auf zum Silbermond, sie schwärmen, sie spielen, sie leben wieder. – Sie lieben. Ihre Leben ist Liebe – unglückliche Liebe. Gibt es eine andere Liebe als die unglückliche? Es ist der wunderschöne Monat Mai, so fängt es an, und ihre Seele macht eine wunderliebliche kleine Musik, ein Nichts von Musik, wie aus einer Spieldose, aber schon ganz voll von Frage und Bangen und süßer und trüber Ahnung; nein, nie wird das gut enden. Sie wandeln unter den Bäumen einher, die kleinen Biedermeierherren, ihre langen weichen blonden Locken schimmern, und ihre geschweiften Fräcke vollführen schmachtende Bewegungen, morgens zagen sie, und abends klagen sie, und die liebenswürdigen kleinen Gesten ihrer Sehnsucht sind von zärtlicher Eleganz. Dies alles aber ist noch das Glück; nun kommt der Schmerz heran, und jetzt auf einmal zeigt sich, daß unsere Helden niedliche kleine Bösewichtsbärte tragen wie der dritte Napoleon, und die zerraufen sie sich und werfen sich dazu mit kleinen Schwüngen in die Brust und singen: »Ich grolle nicht!«, so edel sind sie und grollen doch. Und nun ist es aus? Behüte, nun fängt es an. Jetzt wird der Schmerz ausgekostet, jetzt wird geweint, verziehen, gelästert, gespottet, Abbitte getan, geträumt und wieder geweint. Allnächtlich im Traume sehen sie sie, und sie haben im Traume geweinet. Es ist, als wäre alle Liebe nur ein Vorwand gewesen, um jetzt den Schmerz singen zu können, einen puppenhaftakkuraten, liebenswürdigen Schmerz, einen geistreichen, zierlichen und umständlichen Schmerz, der ihnen wohl ansteht, den kleinen schlanken Herren mit ihren weißen Hosen ohne Bügelfalten und ihren geschweiften Zylindern. Wie traurig sie sich von dannen schleppen, nach links in die Kulisse! Und flugs, kaum von dannen geschleppt, sind sie schon wieder da, ein neues artiges Aperçu des Grams ist ihnen beigefallen. Zum Schluß begraben sie ihre Lieder, sie tun es mit anmutigem Pomp, mit Myrten und Rosen und duftigen Zypressen und Flittergold, und siehe, es ist ein Buch daraus geworden, wie man jetzt erfährt. Aber ganz spät noch sehen sie es wieder im Traum, das Angesicht so lieb und schön, und sie wissen wahrhaft rührend davon zu künden, mit einem Schluchzer auf »Traum«, und danach steigt die Melodie zögernd, in Synkopen, ins Dunkel hinab – und wie es immer dunkler um sie wird, weiß man auf einmal nicht mehr, ist dies Dunkel nur die Versenkung unserer kleinen Puppenbühne, oder ist es das wirkliche, das furchtbar-tröstliche Urdunkel der alten Nacht?

Aber inzwischen haben schon die Mägdlein die Szene eingenommen, und es gibt ein Geraschel und ein Gewisper von ihren vielen Geheimnissen. Ein wenig lieblich-albern scheinen sie auf den ersten Blick, und um sie ist ein Duft von Lavendel und Räucherkerzchen, eine Luft, die muffig und betörend zugleich ist und schlecht zu atmen; wer lange darin bleibt, dem beginnen die Augen zu tränen – oder ist es etwa so, daß er zu weinen beginnt, oder sollte das gar dasselbe sein? Oh, die langverstorbenen Bräute der Bürgerzeit! Frauenliebe und -leben! Ein wenig Pein bereitet es, dieser Liebe zuzuhören, die schüchtern und schwärmerisch, lau und schwül ist; aber zugleich macht sie wieder eine kleine, rührende, tief eindringende und süße Musik. Sind das die unerreichbaren Frauen, um die sich vorhin die armen Dichter bis in den Traum und bis in den Wahnsinn abhärmten? Unerklärlich. Sie erröten ja, wenn sie singen, daß sie blind zu sein glauben, seit sie ihn gesehen; sie wollen ja nur in Demut ihn betrachten, selig nur und traurig sein. Nichts sonst! Und wenn sie unter dem Nußbaum sitzen, dann flüstert er ihnen nichts als vom Bräutigam und nächsten Jahr; denn er, der Herrlichste von allen, ist nicht anders vorzustellen denn als ein Bräutigam; so sittige Pfade wandelt ihre Leidenschaft. Zart und süß und töricht stehen sie da, mit leicht dümmlichen Augen, die sie, an unsichtbaren Fäden gezogen, auf- und niederschlagen.

Wer mag es nur sein, dem ihre Liebe gilt? Wer ist der glückliche Bräutigam, an den sie sich verschwenden? Er tritt nicht auf. Der Raum um ihn ist ausgespart. Keine Musik erklingt, ihn anzukündigen. Und wie manchmal eine unbedachte Geste einen Traum zerreißt, so verfliegt, wenn wir nach ihm fragen, die ganze Zauberei – die Bühne ist leer, die Musik verstummt, und leblos liegen die Puppen und Instrumente herum.

Vielleicht war es einer von den vollbärtigen Pionieren, die eben damals, als diese Lieder entstanden, die Eisenbahn erfanden, den Dynamo, die Mitrailleuse und das ganze lärmvolle, gewaltsame und schwitzende technische Arsenal des 19. Jahrhunderts. Vielleicht trug er Berlocken an der Uhrkette, gewann ein großes Vermögen und zeugte sechs bis acht Kinder, die später Professoren, Ärzte, Staatsbeamte und Richter wurden, in großen plüschreichen Wohnungen lebten und in ihren Mußestunden ihre Frau am Pianino begleiteten, wenn sie diese Lieder sang. Und sie waren es dann, die dafür sorgten, daß diese Lieder in schweres, rotes, dauerhaftes, gepreßtes Leder gebunden wurden – so daß sie, die Verheerungen der Zeit bestehend, auf uns Spätlinge kamen und an einem regnerischen Sommersonntag aus der Tiefe einer alten Bücherkiste auferstanden, um uns als flüchtig-holder Spuk mit ihren fremden, absonderlichen Süßigkeiten zu erschrecken.

Die Sage von der Nachwelt

In meiner Jugend wurde sie noch erzählt, die Sage von der Nachwelt, und ich habe ihr noch mit frommem Ohr gelauscht. Es war eine von den schönen Sagen, die dem Gläubigen die Welt verklären, das Gute siegte, dem Edlen winkte ewiger Ruhm, das Schlechte sank nach kurzem trügerischem Triumph in Nacht und Vergessenheit, und das alles tat die Nachwelt, die zu ewigem strahlenden Leben eben dann erwachte, wenn ihre Gegenspielerin, die Mitwelt, ihr klägliches schnödes Sündendasein beschloß. Meiner kindlichen Phantasie stellten sich die Nachwelt und die Mitwelt fast als leibhaftige Figuren dar, Schauspielerinnen eines mythischen Dramas. Die Mitwelt, mit Glanz und Flitter behangen, aber von gemeinen Zügen, fett und sinnlich anzusehen, gutmütig und flatterhaft wie eine Hure, grobe, niedere Genüsse und einen anrüchigen Ruhm austeilend, war am Ende fast ein Gegenstand des Mitleids, wenn sie arm und abgetakelt wieder einmal einsehen mußte, daß sie den kürzeren gezogen hatte – sie zog immer den kürzeren. Der Sieg der Nachwelt stand schon fest, ehe der Vorhang über dem Spiel sich hob. Die Nachwelt war so etwas wie eine Schillersche Frauengestalt. Ich muß gestehen, daß ich sie nicht so leibhaft und plastisch vor mir sah wie die Mitwelt, sie war zu übersinnlich, rein und hehr. Sie trug, so schien mir, ein langes weißes Gewand und in der Hand etwas wie eine Fackel oder ein Schwert, womit sie aber niemandem Böses tat, sie trug es nur zu dekorativen

Zwecken. Ihr Auge, ich sah es nicht so recht, aber ich wußte: es strahlte, sie war edel, stark und gut, und das Echte blieb ihr unverloren.

Das Schönste aber an dieser Sage war, daß alles wirklich so war. Die Nachwelt gab es wirklich, noch nicht jetzt freilich, dafür war es ja die Nachwelt, aber sie kam, sie erstand ganz gewiß, und durch ihr bloßes Kommen stellte sie die rechte Ordnung der Welt wieder her, verteilte sie wenigstens für die Vergangenheit Ruhm und Verdammnis nach gerechtem Maß. Wie der echte Moslem vom Paradiese spricht (»als ob er selbst allda gewesen wäre«), so sprach der echte Dichter und Denker von der Nachwelt, gläubig bewußt, daß sie ihm, wenn sein Leib zerfiel, reichlich zu allem verhelfen werde, was die scheele Mitwelt ihm vorenthielt. Es war gut, von vornherein zur Nachwelt zu halten und sich mit der Mitwelt nicht zu tief einzulassen. Freilich, es gab Teufelskerle, die nach einem auf dem Lotterbett der Mitwelt verbuhlten Leben sich auch bei der Nachwelt noch beliebt zu machen wußten. Aber das waren Ausnahmen, es war nicht das Rechte, es war kein Verlaß darauf. Der wahre Weg ins Paradies der Nachwelt führte über eine arme Dachkammer, Wasser, Brot und Hauslehrerstellen, ungedruckte Manuskripte, geflickte Anzüge, Hunger und frühen Tod. Das waren die schönsten Stellen in der schönen Sage von der Nachwelt, wenn von den armen großen Dichtern und Musikern erzählt wurde, die, um ihrer Gaben willen aus dem strengen Elternhaus gestoßen, überall verachtet, gepufft und herumgetrieben, jung und einsam starben – »Handwerker trugen ihn; kein Geistlicher hat ihn begleitet« –: die Nachwelt aber empfing sie sogleich mit einem Tusch und Ehrenpforten, sie setzte ihnen Denkmäler und nannte Straßen und Städte nach ihnen, und war des Jubels kein Ende. Freilich, ein bitterer Tropfen fiel in diese Freude: Die armen Jungen selbst waren tot, sie wußten nichts mehr von ihrem Glück, und nicht ein Hauch drang in ihre Gruft von allen Jubiläumsreden, nicht ein Düftlein von all den edlen Speisen und Getränken, die ihnen zu Ehren an ihrem hundertsten Todestag genossen wurden. Aber das war grade schön. Es gab all dem Paradiesesjubel den Zusatz von Erdenbitternis, der dem frommen Hörer erst recht die Freudentränen in die Augen trieb.

Wie ungern nehme ich Abschied von dieser schönen Sage! Was gäbe ich darum, noch ein wenig verweilen, ausmalen, ausschmücken, noch einmal mein Herz an dem frommen und tröstlichen Klang sättigen zu dürfen! Wie schmerzt es mich, das wahre Gesicht der Nachwelt entschleiern zu müssen, das dem geträumten so wenig gleicht!

Und doch entbindet mich nichts von dieser traurigen Pflicht. Wohl mehr als ein Dichter hat heute, da die Mitwelt mit ihren niedrigen, aber nahrhaften Gaben so knauserig geworden ist, den Blick schärfer als sonst auf die Nachwelt gerichtet, um zu ermessen, ob wenigstens dort noch der ewige Lohn seiner harrt, von dem die Alten sungen. Wie furchtbar ist er enttäuscht worden! Was hat er erblicken müssen! Alles ist Trug, was er so dankbar geglaubt hat. Armiden sieht er nun, entblößt von allen Reizen.

Zunächst wird ihm offenbar, daß die Nachwelt ihr hohes Amt nicht mehr ernst nimmt – wenn sie es je getan hat. Sie interessiert sich kaum mehr für den toten Dichter, sie läßt ihre Gräber ungepflegt und murmelt, wenn man sie doch schon einmal daran erinnert, abschätzig, mit schiefem Mund und hochgezogener Braue, etwas von »abgestandenem Historismus«, »Angelegenheit von Literaturgeschichten«, »Museumskram«. In Wahrheit geht sie ganz anderen Beschäftigungen nach, sie will nur noch Mitwelt sein. Denn, welch entsetzliche Überraschung, die Nachwelt und die Mitwelt, die Priesterin und die Dirne, sie sind ein und dieselbe Frau. Jede Nachwelt ist nebenbei Mitwelt, und kaum daß sie nachlässig und zerstreut ihr heiliges Amt zelebriert hat, hüllt sie sich auch schon in Tand und mischt sich unter ihre Buhlen. Dem Dichter, der die Lustlosigkeit und Nachlässigkeit ansieht, mit der die Nachwelt ihren edlen Pflichten nachkommt, mit der sie Jubiläen notiert und seufzend feiert (gähnend, wie den Geburtstag eines Erbonkels) – dem Dichter wird bang zumute. Wird er sich bei der Nachwelt überhaupt Gehör verschaffen können?

Freilich rückt er sich tröstend die paar posthumen Karrieren vor Augen, die es in der Tat gibt. Aber es ist wunderbar genug, daß es sie gibt. Denn in Wahrheit kommt man ohne einen Empfehlungsbrief von der Mitwelt über das Vorzimmer der Nachwelt selten hinaus. Welch neue schreckliche Überraschung! Die beiden Feindinnen kämpfen gar nicht wirklich miteinander; alles ist Scheingefecht und abgekartetes Spiel; hinter der Kulisse läßt sich die Nachwelt von der Mitwelt die besten Tips ins Ohr flüstern. Freilich plündert sie nachher hochmütig das Bukett, das ihr die Mitwelt überreicht hat, und zertritt manche Blume, die die Mitwelt noch liebevoll gepflegt hat – voll jener kritiklos-törichten Mitweltsliebe, der man nun doch manches abbittet, da es immerhin eine Art Liebe war. Aber fast nie kommt es vor, daß die Nachwelt selbst noch einmal in den Garten geht und eine Blume pflückt, die schon die Mitwelt verschmäht hat. Und wenn es schon einmal vorkommt – es sind die drei, vier legendären Fälle, denen die Nachwelt ihren ganzen Ruhm und Ruf verdankt –, dann geschieht es gewiß nur, um irgendeine andere Nachwelt zu ärgern und abzutrumpfen. Denn, Verwirrung über Verwirrung, es gibt gar nicht nur eine Nachwelt, es gibt Nachwelten über Nachwelten, eine immer hochmütiger, kälter und böser als die andere, und jede bestrebt, die vorige lächerlich und verächtlich zu machen.

Dem Dichter, der mit seinem Fernglas die Züge und Gebärden der Nachwelt ablinst, wird bang und bänger zu Sinn. Das edle Antlitz, das er zu erblicken hoffte, hat allzu scharfe, böse, rechthaberische, altjüngferlich-verhärtete Züge ... Aber da, was ist das? Was ist es, was die Vettel da treibt? Sollte das wirklich möglich sein? Er läßt entsetzt das Glas sinken, hebt es dann ungläubig noch einmal an die Augen und erblickt schaudernd das Furchtbare: Vampirhaft, leichenfledderisch beugt sich die Nachwelt über die Gräber, die sie eben noch bekränzte, kratzt sie auf, scharrt die Leiber der Toten heraus, schlachtet sie noch einmal und beginnt sie nebenan in einer Metzgerküche mit scheußlichen Zutaten zu Wurst zu verarbeiten. Sie nimmt Melodien von Schubert, dreht sie durch eine Art von ungeheuerlicher Fleischmaschine, vermischt sie mit allerhand Unflat und Ausgespienem und stellt das so Erzeugte als Großfilm oder Operette in den Laden. Sie tut ein paar Strophen aus dem Mailied von Goethe mit selbstgedichteten Strophen zusammen, knetet das Ganze gut durch, gießt eine sacharingesüßte, fette Tunke darüber und verkauft es als Schlager. Inzwischen wischt sie sich schnell einmal den Mund ab, um eine Geburtstagsrede auf Goethe zu halten, die grade wieder fällig ist.

Dem Dichter entsinkt das Glas. Nur ein Wunsch beseelt ihn noch: nicht auf die Nachwelt zu kommen. Schüchtern blickt er zurück nach den Fleischtöpfen der Mitwelt; grade sperrt sie die letzten in den Schrank, um damit ihre jungen, kräftigen Politiker zu atzen. Der Dichter nickt melancholisch. Einen Blick sendet er noch zu dem gräßlich entstellten Bilde der Nachwelt hin, einen Augenblick lang lauscht er noch dem kindlich-süßen Ton der zerstörten Sage nach.

Lauscht und beginnt wieder wie der Seidenwurm zu spinnen.

Anhang

Nachwort

Sebastian Haffner war nicht nur ein origineller, sondern auch ein sehr vielseitiger Autor. Immer wieder erregte er Aufsehen. In den sechziger Jahren wurde er als umstrittener Kommentator des Zeitgeschehens in der Bundesrepublik bekannt, und nach seinem Rückzug aus dem journalistischen Tagesgeschäft machten ihn seine Geschichtsdarstellungen, vor allem die 1978 erschienenen *Anmerkungen zu Hitler*, berühmt.

Die literarischen Facetten seines Werkes blieben dagegen bis zu seinem Tod 1999 nahezu unbemerkt. Das änderte sich erst im Sommer 2000, als seine Erinnerungen, die er 1939 im englischen Exil verfaßt hatte, unter dem Titel *Geschichte eines Deutschen* mit großem Erfolg veröffentlicht wurden.

Die nun in diesem Band versammelten Feuilletons, die Sebastian Haffner noch unter seinem Geburtsnamen Raimund Pretzel publizierte, entstanden in unmittelbarer zeitlicher Nachbarschaft zu der *Geschichte eines Deutschen.* Damals, in den dreißiger Jahren, befand er sich in einer Übergangsphase. Aus dem ambitionierten Nachwuchsschriftsteller wurde ein politischer Journalist.

Schon während seiner Schulzeit hatte der 1907 geborene Haffner damit begonnen, Dramen, Gedichte und Erzählungen zu schreiben. Gerne wäre er Schriftsteller geworden. Doch nachdem er 1925 das Abitur bestanden hatte, studierte er auf Wunsch seines Vaters Rechtswissenschaften, durchlief anschließend das juristische Referendariat und strebte eine Karriere als Verwaltungsbeamter an. In seiner Freizeit arbeitete er allerdings weiterhin an verschiedenen literarischen Projekten, darunter auch an dem Roman *Die Tochter*, der 1929 von einer Hamburger Zeitung abgedruckt wurde.

Nach Hitlers Machtantritt nahm Haffner, ein überzeugter Gegner des neuen Regimes, Abstand von seinen beruflichen Plänen und bemühte sich um andere Verdienstmöglichkeiten. In dieser Situation erwiesen sich seine literarischen Neigungen und die dadurch entstandenen Kontakte als nützlich. Beim Ullstein Verlag war man auf ihn aufmerksam geworden, und so kam es, daß er seit dem Sommer 1933 Feuilletons für das Unterhaltungsblatt der *Vossischen Zeitung* schreiben durfte.

Damit war ihm ein verheißungsvoller Karriereeinstieg geglückt, gehörte doch die traditionsreiche, politisch linksliberal ausgerichtete *Vossische Zeitung* zu den renommiertesten Blättern in Deutschland. Für ihr Feuilleton hatten während der Weimarer Republik so unterschiedliche Autoren wie Thomas Mann, Erich Kästner oder Kurt Tucholsky Beiträge verfaßt.

Ein wenig hatte Haffner freilich auch von den politischen Umständen profitiert. Denn 1933 mußten viele bürgerliche Zeitungen ihre jüdischen Mitarbeiter entlassen, falls diese nicht ohnehin schon emigriert waren. Junge, talentierte und politisch unverdächtige Autoren, wie Kurt Kusenberg, Dolf Sternberger oder eben Sebastian Haffner, konnten in die frei gewordenen Stellen nachrücken. Sie alle waren gewissermaßen »Nazi-Gewinnler«, wie Haffner Jahrzehnte später mit koketter Bescheidenheit feststellte.

Sympathisanten oder gar Anhänger Hitlers waren diese jungen Journalisten aber keineswegs. Im Gegenteil: die meisten von ihnen standen dem nationalsozialistischen Regime kritisch gegenüber, und gelegentlich versuchten sie sogar, ihre Überzeugungen zwischen den Zeilen durchscheinen zu lassen. Für dieses »verdeckte Schreiben« (Dolf Sternberger) eigneten sich Feuilletons ganz besonders. Denn in der Wahl seiner Themen war der Feuilletonist deutlich unabhängiger als die Kollegen anderer Ressorts, und in der komplexen Sprache eines literarischen Textes konnte er die eine oder andere kritische Anspielung sehr viel leichter verstecken als in einem Bericht oder Kommentar.

Allerdings waren die verantwortlichen Redakteure häufig vorsichtiger als ihre Autoren – eine Erfahrung, die auch der junge Sebastian Haffner einige Male machen mußte. Für eine eindeutige Kritik am Nationalsozialismus, wie Haffner sie in seinem »Kleinen Credo« formulierte, bestanden im »Dritten Reich« wohl keinerlei Aussichten, in Druck zu gehen.

Aber selbst beiläufig geäußerte Anspielungen wurden entweder ganz gestrichen oder zumindest abgeschwächt. Haffners Artikel über das weihnachtliche Berlin enthielt etwa in der handschriftlichen Erstfassung eine kleine Sottise gegen die von den Nationalsozialisten propagierte Volksgemeinschaft. »Weihnachten ist (...) immer noch der eigentliche Nationalfeiertag der Deutschen, und dabei wird es wohl auch bleiben. Es ist ein Fest, das der deutsche Volksgeist, der nun einmal der Geist des Individualismus ist, selbst erfunden hat ...« In der veröffentlichten Version steht an dieser Stelle lediglich: »Weihnachten ist ein Fest, das der deutsche Volksgeist offenbar selbst erfunden hat ...«

Auch in einigen anderen Artikeln schimmert Kritik an den politischen Verhältnissen durch. »Das Leben der Fußgänger« kann etwa als eine Allegorie auf die Bemühungen einzelner Menschen, sich der drohenden Vereinnahmung durch den totalitären Staat zu entziehen, gedeutet werden; und den Hintergrund zu »Die Geschichte vom Hammel

Tonton« bildet das Schicksal einer Emigrantin, deren freudlosen Alltag Haffner beschreibt.

Aber auch aus diesem Text wurde für die Druckfassung eine politische Anspielung entfernt. Wie aus dem Typoskript hervorgeht, hatte Haffner gleich zu Beginn seine menschliche Hauptfigur, die Emigrantin Klara, mit jenen »Spänen, die dort fallen, wo gehobelt wird« in Verbindung gebracht. Das klang mitfühlend, beinahe anklagend. Gemeinhin besaß im »Dritten Reich« die Redensart »Wo gehobelt wird, da fallen Späne« indes einen eher affirmativen Charakter, wurden doch damit harte Maßnahmen der Nationalsozialisten als zwar bedauerlich, aber letztlich notwendig entschuldigt.

Inwieweit diese versteckten politischen Botschaften – oder das, was davon übrig blieb, nachdem die Redakteure und Zensoren ihre Arbeit verrichtet hatten – tatsächlich die Leser erreichten, ist nur schwer abzuschätzen. Letztlich hing es vom einzelnen ab, ob er bereit war, in Unterhaltungsliteratur nach einem politischen Subtext zu suchen, und ob er die jeweiligen Andeutungen verstand.

Aber Haffners Feuilletons enthalten nicht nur politische, sondern auch zahlreiche literarische Anspielungen. Sie reichen von der Erwähnung des Riesen Gargantua, einer Titelfigur aus François Rabelais' Renaissanceroman, über diverse Goethe-Zitate bis zu einem Hinweis auf die unheilkündende Bedeutung des Regens in den Kurzgeschichten Ernest Hemingways. Insgesamt vermitteln sie einen Eindruck von der Belesenheit des jungen Sebastian Haffner sowie, zumindest ansatzweise, von seiner bildungsbürgerlichen Sozialisation.

Doch das sind nicht die einzigen biographischen Anhaltspunkte in Haffners Feuilletons. Offensichtlich nahm er rege am großstädtischen Kultur- und Vergnügungsbetrieb teil, und als junger Mann aus gutem Hause besaß er außerdem ein tieferes Verständnis für die Usancen der bürgerlichen Gesellschaft. Er kannte die verschiedenen guten Dienste, die eine Zigarette im Umgang mit anderen Menschen leisten kann, und er wußte um die Schwierigkeiten, am Telefon eine angeregte Konversation zu führen.

Zuweilen verraten die Feuilletons sogar sehr persönliche Ansichten und Vorlieben ihres Autors. Hin und wieder bemerkt man eine kritische Reserviertheit gegenüber der modernen, technisierten Welt und eine leicht melancholische Sympathie für die Vergangenheit. Auffällig ist außerdem, daß Haffner gerne gemeinhin mißbilligte Verhaltensweisen in Schutz nahm, mitunter wahrscheinlich auch in eigener Sache. Denn wenn er etwa wohlwollend über »Die Langschläfer«, das »Rumliegenlassen« oder »Vom Laster des Rauchens« berichtete, verteidigte er vermutlich gleichzeitig liebgewordene Gewohnheiten.

Haffners beruflicher Werdegang hat ebenfalls deutliche Spuren in seinen Feuilletons hinterlassen. Rheinsberg kannte er zum Beispiel gut von einem längeren Aufenthalt in seiner Referendarszeit, und die meisten Anregungen für seine verschiedenen Artikel über Frankreich stammen aus der ersten Hälfte des Jahres 1934, als er in Paris an seiner Dissertation arbeitete. Zu der Behördengroteske »Dürfen Beamte essen?« inspirierten ihn vermutlich Beobachtungen, die er noch während seiner Ausbildungsphase gemacht hatte, und auch beim Thema Ehescheidung konnte er auf berufliche Erfahrungen zurückgreifen, wurde er doch häufig mit entsprechenden Fällen betraut, als er Mitte der dreißiger Jahre aushilfsweise für einige Gerichte und Kanzleien tätig war.

Diese juristischen Beiträge erschienen allerdings nicht mehr in der *Vossischen Zeitung*. Berlins älteste Tageszeitung war bereits Ende März 1934 eingestellt worden, nachdem sie unter den Bedingungen der Diktatur ihrem traditionell hohen Anspruch immer weniger hatte gerecht werden können. Statt dessen veröffentlichte *Die Koralle*, eine merkwürdige Mischung aus Wissenschaftsillustrierter und Witzblatt, die meisten von Haffners juristischen Artikeln. Auch einige seiner Feuilletons waren dort – sowie in der konservativ ausgerichteten *Deutschen Allgemeinen Zeitung* und in dem Modejournal *Die Neue Linie* – zu lesen.

Ein weiterer Abnehmer von Haffners Feuilletons war schließlich *Die Dame*, ein exquisites Modemagazin, das wie *Die Koralle* dem inzwischen vom Parteiverlag der NSDAP übernommenen Ullstein-Konzern gehörte. Im Herbst 1933 wurden weit über 30 000 Exemplare der zweimal im Monat erscheinenden Frauenzeitschrift verkauft, und vermutlich ging ihre Auflagenzahl, allen gesellschaftlichen Egalisierungsbestrebungen der Nationalsozialisten zum Trotz, in den Folgejahren nicht wesentlich zurück.

Das ist eigentlich erstaunlich. Denn Exklusivität, mondäne Vornehmheit, ja Snobismus prägten das Image dieses Journals. Einen entsprechenden Eindruck vermittelte bereits die repräsentative Aufmachung: die farbigen Modezeichnungen, die hochwertig reproduzierten Fotos und die aufwendigen Illustrationen – aber selbstverständlich auch der Inhalt. Über den Fortsetzungsromanen standen die Namen bekannter Autoren wie Marie Luise Kaschnitz, Wolfgang Weyrauch oder Alexander Lernet-Holenia, und zahlreiche Reisereportagen berichteten von den entlegensten Gegenden der Erde. Daneben informierte *Die Dame* natürlich ausführlich über die neuesten Entwicklungen auf dem Gebiet der Haute Couture und Kosmetik, des weiteren über die aktuellen Trends in Kultur, Lebensart und Sport – hier vorzugsweise über Turf, Tennis oder Autorennen – sowie über das Privatleben der internationalen und nationalen Prominenz von Greta Garbo bis Hermann Göring.

1937 zahlte sich Haffners langjährige freie Mitarbeit bei

verschiedenen Blättern des Ullstein Verlags aus. Er erhielt eine Redakteursstelle bei der *Neuen Modenwelt*, einer weiteren, allerdings eher konventionellen Frauenzeitschrift dieses Hauses. Damit war ihm einerseits der vollständige Einstieg in den Journalismus gelungen, während andererseits seine Karriere als Jurist, die er noch bis 1936 mit gelegentlichen Aushilfstätigkeiten fortgeführt hatte, ein für allemal zu Ende ging.

Eine noch weitaus folgenreichere Entscheidung traf er nur ein Jahr später, im Sommer 1938, als er mit seiner zukünftigen Frau aus politischen und privaten Gründen – wobei letztere wohl ausschlaggebend waren – nach England emigrierte. Haffner stand nun vor einem völligen beruflichen Neuanfang. Schon bald wandte er sich politischen Themen zu und wählte, um seine in Berlin verbliebenen Verwandten zu schützen, für seine Publikationen das Pseudonym Sebastian Haffner. Unter diesem Namen wurde er in kurzer Zeit als Experte für das nationalsozialistische Deutschland bekannt, und noch während des Krieges begann – eine ganz außergewöhnliche Leistung für einen Emigranten – seine steile Karriere in der britischen Presse.

Mitte der fünfziger Jahre kehrte er nach Deutschland zurück. In Werner Höfers *Internationalem Frühschoppen* und als Kolumnist der Tageszeitung *Die Welt*, seit 1963 bei der Illustrierten *Stern* lernte ihn eine breite Öffentlichkeit kennen. Aber er war ein anderer geworden. Das leichte, unbeschwerte und heitere Moment, das in den meisten seiner Feuilletons überwiegt, schien verschwunden. Ernst und gemessen trat er nun auf, häufig in der Rolle eines Bedenkenträgers, der eindringlich mal vor den Gefahren des Kommunismus, mal vor dem »neuen Faschismus« in der Bundesrepublik warnte.

Und dennoch: viele der Merkmale, die seine politischen und historischen Analysen prägen, sind bereits in seinen

Feuilletons enthalten. Haffners Einstellung und Temperament mögen sich im Laufe der Zeit und mit den Gegenständen seiner Ausführungen verändert haben. Gewisse Vorgehensweisen, Argumentationsmuster und stilistische Elemente behielt er jedoch bei, und manche dieser Eigenarten wurden nachgerade zu Markenzeichen seines Werkes.

Ein tiefes Einfühlungsvermögen in menschliche Verhaltensweisen gehörte zum Beispiel immer zu den Stärken von Sebastian Haffners Beiträgen. In den dreißiger Jahren nutzte er diese Fähigkeit dazu, um etwa dem Phänomen der »Männlichen Eitelkeit« auf die Spur zu kommen oder um »Die Kunst, sich beschenken zu lassen« feinsinnig zu erläutern. Später ließ er ein vergleichbares Gespür erkennen, wenn er sich über politische Vorgänge äußerte, die massenpsychologischen Hintergründe gesellschaftlicher Entwicklungen aufdeckte oder Menschen der Vergangenheit porträtierte.

Ein weiteres Charakteristikum von Haffners Arbeiten sind seine provokanten Thesen, mit denen er immer wieder Aufsehen erregte und die ihm den Ruf eines Querdenkers einbrachten. Schon in einigen Feuilletons setzte er seinen ganzen Ehrgeiz daran, die Leser vom genauen Gegenteil einer landläufigen Ansicht zu überzeugen. Er warb für das Wetter als einen interessanten Gesprächsgegenstand, forderte zur Unpünktlichkeit auf und gab einer Neujahrsbetrachtung den schelmischen Titel »Aller Anfang ist leicht!!«. Geradezu programmatisch wirkt in dieser Hinsicht der Anfangssatz des Feuilletons »Deine Maske verrät Dich!«: »Die meisten Gemeinplätze werden zu Wahrheiten, wenn man sie auf den Kopf stellt.«

Mit dieser Methode hat er auch die Leser seiner politischen und historischen Beiträge regelmäßig verblüfft und zuweilen gegen sich aufgebracht. 1966, als er sich energisch für eine neue Ostpolitik einsetzte, würdigte er etwa Walter

Ulbricht, den vielen Bundesbürgern geradezu verhaßten Staatsratsvorsitzenden der DDR, als den »erfolgreichste[n] deutsche[n] Politiker nach Bismarck und neben Adenauer«.

Manchen seiner kühnen Thesen lag jedoch einfach nur jene spielerische Denkweise zugrunde, die er 1934 in seinem »Kleinen Credo« am Beispiel des geschmackvollen Menschen entwickelt hatte. Das jedenfalls steht zu vermuten, wenn er sich, ebenfalls Mitte der sechziger Jahre, über »Unseren sinkenden Lebensstandard« verbreitete.

Derart kontroverse Ansichten plausibel zu vertreten, stellt in der Regel eine schwierige argumentative Herausforderung dar, die sich oft nur mit Hilfe von Übertreibungen und Stilisierungen bewältigen läßt. Beachtliche Fähigkeiten in der rhetorischen Kunst der Schwarzweiß-Malerei besaß Haffner freilich schon als Feuilletonautor. Ein gutes Beispiel dafür ist »Der Mitreisende«. Von Beginn an macht Haffner aus seiner Hauptfigur einen unerträglichen Störenfried, immer neue Vorwürfe und Beschuldigungen trägt er vor und in kurzen Abständen läßt er Pointe auf Pointe folgen. Das überzeugt – und dem amüsierten Leser entgeht dabei völlig die polemische Einseitigkeit dieses Artikels, ganz so, als ob er noch nie einem angenehmen Mitreisenden begegnet wäre.

Haffners Lamento über den Mitreisenden wirkt freilich auch deshalb so eingängig, weil es auf weit verbreitete, geradezu stereotype Ressentiments Bezug nimmt. Das ist durchaus bezeichnend. Denn zeit seines Lebens hatte Haffner, quasi als Kontrastprogramm zu seiner Vorliebe für provozierende Thesen, eine Schwäche für Klischees. In den Feuilletons tritt diese Neigung besonders deutlich hervor. Wenn er etwa fremde Länder und Kulturen schildert, tauchen die allseits bekannten Gemeinplätze fast unweigerlich auf: die russische Schwermut, die französische Lebensart, die englische Skurrilität.

Aber auch in seinen Einlassungen zum Thema Ehe und Familie nahm er gerne die eine oder andere schablonenhafte Charakterisierung vor. In »Heute 11–12 Uhr: Ehekrach!« ging er beispielsweise ausführlich auf die typisch männliche Angewohnheit ein, den Tag mit intensiver Zeitungslektüre zu beginnen. Anscheinend hielt der Autor diese Eigenart gewissermaßen für ein natürliches Bedürfnis – denn: »Die Zeitung ist der Schnuller des erwachsenen Mannes.«

Dieses Zitat offenbart eine weitere Spezialität Haffners, nämlich sein Talent, bestimmte Sachverhalte treffend zu veranschaulichen und auf den Punkt zu bringen. Immer wieder, und ganz besonders häufig in seinen frühen Texten, hat er zu diesem Zweck Bilder, Metaphern und literarische Vergleiche eingesetzt. Allerdings sind nicht alle der zahlreichen Assoziationen, die er in seinen Feuilletons herstellte, unbedingt gelungen. Manche Vergleiche, beispielsweise aus seiner »Fantasie über Getränke«, wirken heute ziemlich willkürlich, wenn nicht sogar mißglückt.

Als er dies schrieb, stand Haffner nun einmal erst am Beginn einer großen Karriere und eines langen Lebens, das ihn weit und in vielerlei Hinsicht von dem Feuilletonautor der dreißiger Jahre entfernen sollte. – Aber eben doch nicht ganz und gar.

Jürgen Peter Schmied

Nachweise und Erläuterungen

Im Laufe des Jahres

Aller Anfang ist leicht!! In: *Koralle. Wochenschrift für Unterhaltung, Wissen, Lebensfreude* vom 5. Januar 1936.

Kalender. In: *Die Dame*. Zweites Dezemberheft 1934.

Monate. Handschriftliches Manuskript von 1934. In: Nachlaß Sebastian Haffner.

»ein Scherzo, wie es dem alten tauben Beethoven die Wut über einen verlorenen Groschen entlockte.« (S. 21/22) – Sebastian Haffner bezieht sich auf Ludwig van Beethovens *Rondo a capriccio* in G-Dur, op.129. (Wie erst nach dem Zweiten Weltkrieg herausgefunden wurde, hat Beethoven dieses Klavierstück, das mit einer sehr hohen Opuszahl versehen worden ist, vermutlich bereits zwischen 1795 und 1798 komponiert, also zu einem Zeitpunkt, als er weder alt noch taub war.)

»den (...) Tennisdress« (S. 25) – vor »Tennisdress« wurde nachträglich von Haffner ein leider nicht entzifferbares Wort eingefügt.

Kindliches Fest. In: *Vossische Zeitung* vom 1. Oktober 1933.

Berlin. In: *Vossische Zeitung* vom 24. Dezember 1933.

Adolf Glaßbrenner (1810–1876) und David Kalisch (1820–1872) (S. 32) wurden in der Zeit des Vormärz als Journalisten und volkstümliche Berliner Schriftsteller bekannt. Glaßbrenner begründete in den dreißiger und vierziger Jahren mit der Heftreihe *Berlin, wie es ist – und trinkt* eine humoristische Berliner Volksliteratur, und Kalisch, Mitbegründer der satirischen Zeitschrift *Kladderadatsch*, verfaßte populäre Lustspiele, etwa *Berlin, wie es weint und lacht*, das 1858 uraufgeführt wurde.

Badenweilermärsche (S. 34) – Marsch, der im August 1914 nach der Erstürmung des französischen Vogesenstädtchens Badenweiler von einem bayerischen Regimentsmusikmeister komponiert wurde. Im »Dritten Reich« wurde der Badenweiler Marsch bei öffentlichen Auftritten Adolf Hitlers gespielt.

Marie-Luisen (S. 34) – Anspielung auf den Schlager »Schön ist jeder Tag, den du mir schenkst, Marie-Luise« von 1933; Komposition und Text: Will Meisel; Interpret: Charles Kullmann.

Ich und der Weihnachtsmann. Undatiertes Typoskript. In: Nachlaß Sebastian Haffner.

Wunder des Alltags

Die Ansichtspostkarte. Typoskript von 1937. In: Nachlaß Sebastian Haffner.

Robben im »Ruhestand«. In: *Koralle. Wochenschrift für Unterhaltung, Wissen, Lebensfreude* vom 28. Juli 1935.

Vom Wetter. Undatiertes Typoskript. In: Nachlaß Sebastian Haffner.

Fantasie über Getränke. In: *Die Dame.* Zweites Märzheft 1935.

Die Zigarette. Typoskript von 1937. In: Nachlaß Sebastian Haffner.

Vom Geheimbund der Erfolgreichen. In: *Deutsche Allgemeine Zeitung* vom 13. September 1934.

Die Tücken der Technik

Ketzerische Autochronik. Undatiertes Typoskript. In: Nachlaß Sebastian Haffner.

»wurde … der spanische Erbfolgekrieg nicht durch die Feldherrnkunst Lord Marlboroughs, sondern durch ein von Lady Marlborough im unrechten Augenblick verschüttetes Glas Wasser entschieden.« (S. 83) – Sebastian Haffner bezieht sich hier auf das 1840 entstandene Lustspiel *Das Glas Wasser, oder Ursachen und Wirkungen* des französischen Dramatikers Eugène Scribe. Es spielt im Jahr 1710 am Hof der englischen Königin Anne. Im sechsten

Aufzug des vierten Aktes läßt Lady Marlborough, die erste Hofdame, ein Glas Wasser fallen, das sie der Königin bringen soll. Daraus entsteht ein Eklat, in dessen Folge die Lady ihre einflußreiche Stellung verliert und die politische Gegenpartei an die Macht gelangt. Damit verbunden war der Rückzug Großbritanniens aus dem Spanischen Erbfolgekrieg und die Abberufung des erfolgreichen Feldherrn Lord Marlborough.

»und die Weltgeschichte wäre anders verlaufen, wenn Cleopatras Nase einen Zentimeter länger oder kürzer gewesen wäre.« (S. 83) – Sebastian Haffner stützt sich dabei auf Blaise Pascals *Pensées* von 1670: »Die Nase der Kleopatra: wäre sie kürzer gewesen, das Gesicht der ganzen Erde würde verändert sein.«

Das Leben der Fußgänger. In: *Vossische Zeitung* vom 30. März 1934.

Zeckspiel (S. 88) – Fangspiel.

Neue Haustiere. In: *Vossische Zeitung* vom 6. Oktober 1933.

»die Brieftaube der Sehnsucht, die Schubert besungen hat ...« (S. 97) – Anspielung auf das von Franz Schubert vertonte Lied »Die Taubenpost«, Deutschverzeichnis 965A, das den postum veröffentlichten Liederzyklus *Schwanengesang* abschließt.

Der Dämon in der Hörmuschel. In: *Die Neue Linie* vom April 1936.

Die lieben Mitmenschen

Heute 11–12 Uhr: Ehekrach! In: *Koralle. Wochenschrift für Unterhaltung, Wissen, Lebensfreude* vom 31. Dezember 1936.

Paul-Boncour, Joseph (S. 106) – französischer Politiker (1873–1972) der sozialistischen Parteiengruppierungen, der verschiedene hohe Staatsämter bekleidete. In den dreißiger Jahren war er kurzzeitig Ministerpräsident und von 1932 bis 1936 ständiger Delegierter beim Völkerbund.

»Neuer Zwischenfall an der mandschurisch-mongolischen Grenze« (S. 106) – Sebastian Haffner spielt hier vermutlich auf die Bestrebungen Tokyos an, den japanischen Einfluß auf dem asiatischen Kontinent zu vergrößern. Seit der 1931 erfolgten Besetzung der Mandschurei durch japanische Truppen und der damit verbundenen Loslösung von China kam es in dieser Region immer wieder zu Krisen, die 1937 im Japanisch-Chinesischen Krieg kulminierten.

Wo hast du dir das wieder geholt? In: *Koralle. Wochenschrift für Unterhaltung, Wissen, Lebensfreude* vom 29. Februar 1936.

Abessinien (S. 109) – Im Oktober 1935 fielen italienische Truppen in Abessinien, dem heutigen Äthiopien, ein und eroberten bis zum Sommer des nächsten Jahres das ganze Land. Die vom Völkerbund gegen Italien verhängten Sanktionen wurden von verschiedenen Nationen nicht eingehalten und im Juli 1936 schließlich offiziell eingestellt.

Der Mitreisende. Undatiertes Typoskript. In: Nachlaß Sebastian Haffner.

Die Fensteröffner und die Fensterschließer. Typoskript von 1934. In: Nachlaß Sebastian Haffner.

Russische Weißgardisten (S. 121) – Angehörige der zaristischen »Weißen Armee«, die im russischen Bürgerkrieg von 1918 bis 1920 gegen die sowjetische »Rote Armee« kämpfte. Nach der endgültigen Niederlage emigrierten die Überlebenden ins Ausland, wo sie sich teilweise organisierten.

Vor den Garderobenschranken … In: *Vossische Zeitung* vom 15. Oktober 1933.

Marotten und Laster

Männliche Eitelkeit. In: *Deutsche Allgemeine Zeitung* vom 1. Januar 1936.

Vom Laster des Rauchens. In: *Vossische Zeitung* vom 13. August 1933.

Rumliegenlassen. In: *Vossische Zeitung* vom 12. Oktober 1933.

Die Pünktlichen. In: *Die Dame*. Zweites Oktoberheft 1934.

Die Langschläfer. In: *Deutsche Allgemeine Zeitung* vom 16. September 1934.

Ermunterung zum Müßiggang. In: *Die Dame.* Zweites Juliheft 1937.

σχολή (S. 155) – altgriech. Muße, Freizeit, Langsamkeit, Schule.

Ratschläge und Lebensweisheiten

Gute Ratschläge für Briefschreiber. In: *Koralle. Wochenschrift für Unterhaltung, Wissen, Lebensfreude* vom 31. Januar 1937.

Vorsicht, nicht zu neckisch! In: *Koralle. Wochenschrift für Unterhaltung, Wissen, Lebensfreude* vom 30. August 1936.

Die Kunst, sich beschenken zu lassen. In: *Die Dame.* Erstes Dezemberheft 1934.

Über den Umgang mit Geld. Handschriftliches Manuskript von 1935. In: Nachlaß Sebastian Haffner.

Opfer des Kostüms. In: *Die Dame.* Erstes Februarheft 1935.

Deine Maske verrät Dich! In: *Koralle. Wochenschrift für Unterhaltung, Wissen, Lebensfreude* vom 7. Februar 1937.

Lazzaroni (S. 186) – neapolitanische Bettler, Gelegenheitsarbeiter, möglicherweise auch Ganoven.

Lob der List. In: *Koralle. Wochenschrift für Unterhaltung, Wissen, Lebensfreude* vom 11. August 1935.

Schlacht von Salamis (S. 189) – Die Seeschlacht von Salamis fand im September 480 v. Chr. statt und endete mit einem vollständigen Sieg der griechischen über die persische Flotte.

Archonten (S. 189) – oberste Staatsbeamte in manchen griechischen Stadtstaaten.

Pferde-Moral. In: *Koralle. Wochenschrift für Unterhaltung, Wissen, Lebensfreude* vom 8. August 1937.

Wer führt, verliert …? In: *Koralle. Wochenschrift für Unterhaltung, Wissen, Lebensfreude* vom 26. Juli 1936.

Stil, Mode, Lebensart

Kleines Credo. Handschriftliches Manuskript von 1934. In: Nachlaß Sebastian Haffner.

Wilhelmstraße (S. 205) – In der Wilhelmstraße befanden sich einige Reichsministerien, vor allem das Auswärtige Amt und die Reichskanzlei.

Oranienburg (S. 205) – In Oranienburg bei Berlin entstand 1933 eines der ersten nationalsozialistischen Konzentrationslager.

Die Hose. In: *Die Dame.* Zweites Juniheft 1935.

Alle Moden erzählen Kulturgeschichte. Undatiertes Typoskript. In: Nachlaß Sebastian Haffner.

Pariser Modehäuser machen Puppenkleider. In: *Die Dame.* Drittes Augustheft 1938.

Über die Kunst, Frauen zu fotografieren. In: *Die Dame.* Erstes Septemberheft 1938.

Herzensbrecher Rauhbein. In: *Koralle. Wochenschrift für Unterhaltung, Wissen, Lebensfreude* vom 12. Juli 1936.

Kurioses und Skurriles

Wer hätte nicht schon gelegentlich ... Undatiertes Typoskript. In: Nachlaß Sebastian Haffner.

Wochenend. Undatiertes Typoskript. In: Nachlaß Sebastian Haffner.

Abessinien (S. 221) – Siehe oben Erläuterung zu »Wo hast du dir das wieder geholt?« (S. 387).

»Bene vixit, qui bene latuit.« (S. 223) – Glücklich hat gelebt, wer in glücklicher Verborgenheit lebte. Ovid, *Tristien.*

»Das eigentlich wahrhaft Gute, was wir tun, geschieht größtenteils Clam, Vi et Precario.« (S. 223) – d. h. heimlich, gewaltsam und auf Bitten abverlangt. Goethe, *Maximen und Reflexionen* 135 (nach Heckers Numerierung).

Jene historische Linie ... Undatiertes Typoskript. In: Nachlaß Sebastian Haffner.

Innenseite. Englische Miniaturen. Undatierte, wahrscheinlich Ende des Jahres 1938 entstandene Typoskripte. In: Nachlaß Sebastian Haffner.

Kinder-Ehen. In: *Koralle. Wochenschrift für Unterhaltung, Wissen, Lebensfreude* vom 11. April 1937.

»Affen-Prozeß« (S. 239) – Im sogenannten »Affen-Prozeß« wurde 1925 der Lehrer John Scopes angeklagt, weil er entgegen einem Gesetz des Staates Tennessee die Evolutionstheorie im Unterricht behandelt hatte.

Hier wird schnell geheiratet! In: *Koralle. Wochenschrift für Unterhaltung, Wissen, Lebensfreude* vom 11. Juli 1937.

Juristische Grenzfälle

Auch *Sie* können morgen Richter sein! In: *Koralle. Wochenschrift für Unterhaltung, Wissen, Lebensfreude* vom 20. November 1938.

Dürfen Beamte essen? Undatiertes, wahrscheinlich 1933 oder 1934 entstandenes Typoskript. In: Nachlaß Sebastian Haffner.

Paragraph und Leben im Ehescheidungsrecht. Undatiertes Typoskript. In: Nachlaß Sebastian Haffner.

Stärker als Paragraphen! In: *Koralle. Wochenschrift für Unterhaltung, Wissen, Lebensfreude* vom 18. Oktober 1936.

Sebastian Haffner bezieht sich auf den psychologischen Kriminalfilm *Stärker als Paragraphen*, dessen Premiere am 27. August 1936 im Berliner Capitol stattfand. Regie führte Jürgen von Alten, in den Hauptrollen waren Paul Hartmann, Karl Hellmer, Manja Behrens und Aribert Wäscher zu sehen. Der Bankier Lörik wird wegen Mordes zu zehn Jahren Zuchthaus verurteilt, obwohl er seine Täterschaft immer bestritten hat. Als ein neuer Verdächtiger auftaucht und das Verfahren wieder aufgenommen wird, gesteht Lörik gegenüber seinem Verteidiger Dr. Birk den Mord, wohlwissend, daß der Anwalt einer strengen Schweigepflicht unterliegt. Dr. Birk macht dennoch im Gerichtssaal von seiner Kenntnis Gebrauch, um die Verurteilung eines Unschuldigen zu verhindern.

Was ist eine »hinkende Ehe«? In: *Koralle. Wochenschrift für Unterhaltung, Wissen, Lebensfreude* vom 7. März 1937.

Unterwegs

Rheinsberg, Elegie des Ruhms. In: *Vossische Zeitung* vom 10. August 1933.

Hohenfriedberger (S. 274) – Hohenfriedberger Marsch, der an den preußischen Sieg in der Schlacht bei Hohenfriedberg von 1745 im Zweiten Schlesischen Krieg erinnert. Ob Friedrich der Große ihn tatsächlich selbst komponiert hat, ist umstritten, nach neueren Kenntnissen eher unwahrscheinlich.

Katt (S. 276) – Henri de Catt war von 1758 bis 1780 Vorleser Friedrichs II. von Preußen und hat Erinnerungen und ausführliche Aufzeichnungen von Gesprächen mit Friedrich hinterlassen.

Prinz Heinrich, der in Rheinsberg »fast fünfzig Jahre gelebt hat...« (S. 277) – Prinz Heinrich, geboren 1726, bekam Schloß Rheinsberg 1744 von seinem Bruder König Friedrich II. geschenkt, aber erst seit 1753 hielt er sich dort bis zu seinem Tod 1802 regelmäßig auf, unterbrochen nur durch die Zeit des Siebenjährigen Krieges.

»in der Zeit von Lunéville und Marengo...« (S. 278) – Bei Marengo in Oberitalien besiegte 1800 Napoleon das österreichische Heer, und im Frieden von Lunéville (bei Nancy) mußte Österreich 1801 die linksrheinischen Gebiete des Reiches an Frankreich abtreten.

Französische Alexandriner (S. 278) – Anspielung auf die »klassische« französische Literatur, vertreten beispielsweise durch die Dramatiker Jean Racine oder Pierre Corneille, die im Gegensatz zu den »modernen« Autoren den virtuosen Umgang mit dem antiken Versmaß pflegten.

»der Sieger von Prag, der selbst diesen Titel durch den nutzlosen, aber eindrucksmächtigen Opfertod Schwerins verlor...« (S. 278) – Das preußische Heer besiegte am 6. Mai 1757 in der verlustreichen Schlacht von Prag die österreichische Armee. Dabei kam Generalfeldmarschall Kurt Christoph Graf von Schwerin

(1684–1757) in einem verfrühten Angriff ums Leben, während sich Prinz Heinrich als Regimentskommandeur besonders auszeichnete.

»August Wilhelm, sein jüngster Bruder, der nach Kolin in Ungnade fiel und wenige Monate später starb.« (S. 279) – Bei Kolin war das preußische Heer am 18. Juni 1757 von der österreichischen Armee besiegt worden. Im Anschluß vertraute Friedrich der Große einen Teil der Armee seinem 1722 geborenen und zum Thronfolger bestimmten Bruder August Wilhelm an. Nachdem dieses Korps von österreichischen Truppen in der Lausitz aufgerieben worden war, ließ Friedrich seinen Bruder vor der versammelten Generalität demütigen. August Wilhelm starb etwa ein Jahr später. (Wie Sebastian Haffners Vater bereits in einem Brief vom 15. August 1933 monierte, war nicht August Wilhelm der jüngste Bruder Friedrichs, sondern der 1730 geborene Prinz Ferdinand.)

»fils de la folie« (S. 280) – Sohn des Wahnsinns.

Übersetzung der Grabschrift (S. 280/281) –

»Durch Geburt geworfen in diesen Strudel von eitlem Dunst,
Den die Leute
Ruhm und Größe nennen,
Doch dessen Nichtigkeit der Weise kennt;
Gepackt von allen Übeln der Menschheit;
Gequält von den Passionen anderer;
Getrieben von den eigenen;
Oft Opfer der Verleumdung;
Von Ungerechtigkeit gehemmt;
Und in Trauer gestürzt durch den Verlust
Geliebter Angehöriger,
Fester und treuer Freunde ...«

»Ihn berühren nicht mehr,
Weder Lob noch Schimpf,
Der in der Ewigkeit ruht ...«

Marienburg – Verschüttete Geschichte. In: *Vossische Zeitung* vom 2. Januar 1934.

Nogatfestung (S. 282) – die Nogat, östlicher Mündungsarm der Weichsel.

Winrich *von Kniprode* (S. 283) – Unter Winrich von Kniprode, der von 1351 bis 1382 Hochmeister des Deutschen Ordens war, erlebte der Ordensstaat seine Blütezeit.

»Marienburg: 1410 erlitt und bestand es die erste, die berühmteste Belagerung, als nach der Schlacht bei Tannenberg Heinrich von Plauen noch einmal das Schicksal des Ordens zu wenden schien.« (S. 283) – Bei Tannenberg wurde das Heer des Deutschen Ordens 1410 von einer polnisch-litauischen Armee vernichtend geschlagen. Unter der Führung Heinrich von Plauens konnte die Marienburg der anschließenden neunwöchigen Belagerung erfolgreich widerstehen, und damit war die Existenz des Ordensstaates zunächst gesichert.

»Von den schwedisch-polnischen Kriegen ...« (S. 283) – Die Schwedisch-Polnischen Kriege fanden von 1621 bis 1629/35 und von 1655 bis 1660 statt.

»die Sigismunde und Stanislaus Lesczinski ...« (S. 283) – polnische Könige, die ersten beiden aus dem Geschlecht der Jagiellonen: Sigismund I., genannt der Alte, regierte von 1506 bis 1548, Sigismund II. August von 1548 bis 1572, Sigismund III., ein katholisches Mitglied des schwedischen Königshauses Wasa, von 1587 bis 1632. Stanislaus I. Lesczińksi war von 1704 bis 1709 König von Polen, bis er von dem sächsischen König August dem Starken verdrängt wurde. 1733 noch einmal zum König von Polen gewählt, konnte sich Stanislaus erneut nicht behaupten.

Remter (S. 283) – Refektorium, Speisesaal.

Komturei (S. 287) – (kleinste) Verwaltungseinheit.

Starostei (S. 288) – Als »Starost« wurde in Polen der königliche Beamte eines kleineren Bezirkes oder der Inhaber eines Kronguts bezeichnet.

»als die Burg unter preußische Hoheit kam: 1772.« (S. 288) – Mit der Ersten Teilung Polens von 1772 fiel Marienstadt, einschließlich der Burg, an das Königreich Preußen.

Max von Schenkendorff (S. 289) – volkstümlicher, patriotischer Dichter (1783–1817), der an den Befreiungskriegen gegen Napoleon I. teilnahm.

Kartaunen (S. 289) – schwere Geschütze.

Zwei Völker essen. Undatiertes, wahrscheinlich 1934 entstandenes Typoskript. In: Nachlaß Sebastian Haffner.

Bessarabien an der Seine. In: *Vossische Zeitung* vom 11. März 1934.

Bessarabien (S. 298) – historische Landschaft, begrenzt durch die Flüsse Pruth, Dnjestr und Donau sowie durch das Schwarze

Meer. Heute gehört dieses Gebiet im wesentlichen zu Moldawien, der südliche Teil zur Ukraine.

Wolfsschlucht (S. 298) – In der verrufenen Wolfsschlucht werden in Carl Maria von Webers Oper *Der Freischütz* – uraufgeführt 1821 – mit Hilfe des Höllengeistes Samuel Zauberkugeln gegossen, die immer ihr Ziel treffen.

Gargantua (S. 299) – Riese mit unheimlichem Appetit, Titelfigur aus dem zwischen 1532 und 1564 veröffentlichten Romanzyklus *Gargantua und Pantagruel* von François Rabelais.

Königsbeisetzung aus Brüssel (S. 301) – Albert I., König der Belgier, wurde am 22. Februar 1934 in Brüssel feierlich beerdigt.

Pawel Pawlitsch speist. In: *Deutsche Allgemeine Zeitung* vom 29. September 1935.

Die Lampen von Paris. Als Druckfahne für: *Vossische Zeitung* vom 26. März 1934. (Diese Ausgabe ist nicht erschienen.) In: Nachlaß Sebastian Haffner.

Die Geschichte vom Hammel Tonton. In: *Vossische Zeitung* vom 17. Januar 1934.

Der Salon Europas. Typoskript von 1935. In: Nachlaß Sebastian Haffner.

Der Angler an der Seine. In: *Die Dame.* Drittes Maiheft 1935.

Erziehung durch Uniform. In: *Die Dame.* Zweites Januarheft 1937.

In Oxford und Cambridge. In: *Die Dame.* Erstes Maiheft 1937.
Hon's (S. 331) – (adelige) Ehrengäste.

Großmächte des Sports. In: *Koralle. Wochenschrift für Unterhaltung, Wissen, Lebensfreude* vom 31. Juli 1936.

... auf dem Rücken der Pferde. In: *Die Dame.* Erstes Aprilheft 1938.

Es war einmal …

Kintoppromantik. In: *Koralle. Wochenschrift für Unterhaltung, Wissen, Lebensfreude* vom 17. Januar 1937.

Wiedersehen mit Fräulein Else. In: *Vossische Zeitung* vom 26. August 1933.

Der Stummfilm *Fräulein Else* wurde am 7. März 1929 im Berliner Capitol uraufgeführt. Das Drehbuch war von Paul Czinner, der gleichzeitig Regie führte, verfaßt worden und basierte auf der gleichnamigen Novelle von Arthur Schnitzler. Die Titelrolle übernahm Elisabeth Bergner, ihren Vater stellte Albert Bassermann dar, und seinen Gegenpart, den Kunsthändler von Dorsday, spielte Albert Steinrück. Dieser verlangt von Fräulein Else, daß er sie nackt betrachten darf, wenn er ihren Vater vor einem Skandal bewahrt. Über diese Demütigung kommt das junge Mädchen nicht hinweg, und der Film endet mit ihrem Selbstmord.

»das petrefakte Zeugnis …« (S. 349) – das versteinerte Zeugnis.

»Erinnert man sich noch an die abgöttische Verehrung, mit der Berlin damals zu dieser Schauspielerin aufblickte? (…) Weiß man noch, wie Berlin damals von falschen Bergners wimmelte …« (S. 352) – Auch in seinen Erinnerungen berichtet Sebastian Haffner davon, daß Elisabeth Bergner unter jungen Leuten als Idol galt, sogar noch bis 1933. In diesem Jahr wurde ihm auf einem Faschingsball ein Mädchen namens Charlie vorgestellt, die er in einem ersten Eindruck wie folgt beschreibt: »Flüchtig betrachtet, erinnerte sie ein wenig an die Schauspielerin Elisabeth Bergner. Das war auch ihr Ehrgeiz; es war der Ehrgeiz jedes Berliner Mädchens damals. Man durfte sich nichts besseres wünschen.« Sebastian Haffner: *Geschichte eines Deutschen. Die Erinnerungen 1914–1933*. München 2002, S. 113.

Nachruf auf das Klavier. Typoskript von 1933. In: Nachlaß Sebastian Haffner.

Appassionata (S. 356) – Ludwig van Beethovens Klaviersonate Nr. 23 in f-Moll, op.57.

Marsch der Davidsbündler (S. 356) – Schlußstück aus dem Klavierzyklus *Carnaval. Scènes mignonnes sur quatre notes*, op.9, von Robert Schumann.

Amadio (S. 358) – John Amadio (1883–1964) war ein neuseeländischer Flötist, der in den zwanziger und dreißiger Jahren vor allem im angelsächsischen Raum – sowohl als Solist als auch als Begleiter von Sängern – für sein virtuoses Spiel berühmt wurde.

D'Albert (S. 361) – Eugène Francis Charles d'Albert (1864–1832) trat sowohl als Komponist, etwa der 1905 uraufgeführten Oper *Tiefland*, hervor als auch als gefeierter Klaviervirtuose.

Schumannalbum. In: *Die Neue Linie* vom September 1934.

In diesem Feuilleton widmete sich Sebastian Haffner einem Band mit Liedern von Robert Schumann, vielleicht handelte es sich sogar um eine Gesamtausgabe. Unter anderem spielt er auf mehrere Lieder aus dem Zyklus *Dichterliebe*, op.48, an, der mit dem Lied »Im wunderschönen Monat Mai« beginnt (S. 364). Außerdem zitiert er aus dem Schlußlied »Mit Myrthen und Rosen, lieblich und hold« des *Liederkreis*, op.24, (S. 365) sowie »Dein Angesicht so lieb und schön« aus op.127 (S. 365). Schließlich erwähnt er den Zyklus *Frauenliebe und -leben*, op.42, (S. 365) und das Lied »Der Nußbaum« aus den *Myrthen*, op.25 (S. 365).

Mitrailleuse (S. 366) – französisches Salvengeschütz, das erstmals im Krieg von 1870/71 eingesetzt wurde; gilt als Vorläufer des Maschinengewehrs.

Die Sage von der Nachwelt. In: *Vossische Zeitung* vom 17. November 1933.

Armida (S. 369) – Verführerische Magierin aus der 1580 erstmals gedruckten epischen Dichtung *Das befreite Jerusalem* von Torquato Tasso. Als Werkzeug der Hölle stiftet sie Verwirrung unter den Kreuzfahrern und entführt den Ritter Rinaldo auf eine Insel. Armida und ihre Geschichte dienten mehrfach als Vorlage für Opernlibretti, die unter anderem von Jean-Baptiste Lully, Christoph Willibald Gluck, Joseph Haydn und Gioacchino Rossini vertont wurden.

atzen (S. 371) – füttern, nähren.

Editorische Notiz

Dieser Band enthält sämtliche Feuilletons Sebastian Haffners aus den dreißiger Jahren – zumindest all jene, die heute bekannt sind. Fragmente, seine Modereportagen und die zahlreichen Buchbesprechungen, die er damals schrieb, wurden nicht berücksichtigt, genau wie jene Artikel, die ihm nicht mit Sicherheit zugeordnet werden konnten.

Als Textgrundlage diente jeweils die veröffentlichte Fassung eines Feuilletons. Bei Artikeln, die nicht publiziert wurden oder deren Druckort nicht ausfindig gemacht werden konnte, mußte auf handschriftliche Entwürfe beziehungsweise Typoskripte zurückgegriffen werden. Sie befinden sich in Sebastian Haffners Nachlaß, den das Bundesarchiv Berlin-Lichterfelde aufbewahrt.

Die Rechtschreibung wurde dem heutigen Stand angeglichen, die wenigen Druckfehler sind stillschweigend verbessert worden. Erläutert wurden alle Begriffe, die sich nicht unmittelbar aus dem Zusammenhang erklären, aber für das Verständnis der Texte notwendig schienen, vor allem literarische, musikalische und historische Anspielungen.